"心之桥"上遇见我

——重庆大学城第一小学校心理健康教育课程创新基地建设

主 编 梁 燕

苏州大学出版社

图书在版编目（CIP）数据

"心之桥"上遇见我：重庆大学城第一小学校心理健康教育课程创新基地建设/梁燕主编．—苏州：苏州大学出版社，2022.7
ISBN 978-7-5672-4020-9

Ⅰ.①心… Ⅱ.①梁… Ⅲ.①心理健康-健康教育-教学研究-小学 Ⅳ.①G444

中国版本图书馆CIP数据核字（2022）第120991号

书　　名：	"心之桥"上遇见我——重庆大学城第一小学校心理健康教育课程创新基地建设
	"XINZHIQIAO" SHANG YUJIAN WO——CHONGQING DAXUECHENG DI-YI XIAOXUEXIAO XINLI JIANKANG JIAOYU KECHENG CHUANGXIN JIDI JIANSHE
主　　编：	梁　燕
责任编辑：	金莉莉
装帧设计：	刘　俊
出版发行：	苏州大学出版社（Soochow University Press）
社　　址：	苏州市十梓街1号　邮编：215006
印　　刷：	镇江文苑制版印刷有限责任公司
邮购热线：	0512-67480030
销售热线：	0512-67481020
开　　本：	700 mm×1 000 mm　1/16　印张：18.5　字数：341千
版　　次：	2022年7月第1版
印　　次：	2022年7月第1次印刷
书　　号：	ISBN 978-7-5672-4020-9
定　　价：	68.00元

图书若有印装错误，本社负责调换
苏州大学出版社营销部　电话：0512-67481020
苏州大学出版社网址　http://www.sudapress.com
苏州大学出版社邮箱　sdcbs@suda.edu.cn

编 写 组

主　编：梁　燕

副主编：周洪友　张　艳　向　蓉
　　　　周　韦

编　者：叶　子　龙晓飞　熊飞跃
　　　　宋志娟　刘善敏　吴　婷
　　　　湛留洋

编　辑：叶　子

校　对：向　蓉　叶　子　熊飞跃
　　　　龙晓飞　宋志娟　刘　强
　　　　杨媛媛　吴　婷　彭　巧

我期待的心理健康教育课程创新基地（序一）

麦 莉

在我心中有一座时常牵挂的"桥"，那就是重庆大学城第一小学校（以下简称"大一小"）从2018年开始创建的沙坪坝区"心之桥"心理健康教育课程创新基地。4年来，在梁燕校长的带领下，大一小人勇于探索，敢于创新，勤于实践，用智慧和勤奋书写了课程创新基地建设的感人篇章，成果丰硕，凝结成专著《"心之桥"上遇见我——重庆大学城第一小学校心理健康教育课程创新基地建设》。有幸先行拜读，读大一小人的顶层设计、实践探索、心得感悟和研究成果，在一页一页的翻阅中，我期待的心理健康教育课程创新基地出现在我眼前。

我期待的心理健康教育课程创新基地是有教育情怀的基地，坚持以立德树人为根本导向，为学生的终身发展赋能。大一小基于"一桥飞架，众美纷呈"办学理念，融合"厚重奉献、通达靓美"的桥文化，进行"心之桥"的整体架构。他们面向全体学生，用丰富多彩的活动滋养学生的心灵，提升学生的心理素质；面对有特别需要的学生，坚信"每一个花朵都可以灿烂绽放"，对学生进行康复训练和心理调适，增强学生的适应力，提升学生的自信心。在学校精心营造的平等、安全、自由、开放的学习环境中，学生合作、探究，收获感动、快乐、希望和美好，为成长晕染积极的心理底色，积蓄心理能量。

我期待的心理健康教育课程创新基地能立足学校课程，基于课程标准，有创造性地开展心理健康教育。大一小人是有创意和开拓精神的，目前，学校依据国家颁发的《中小学心理健康教育指导纲要（2012年修订）》，尝试研发了学校的团体心理辅导课程纲要，制定了《7—12岁儿童学习与发展指南》；他们开发了丰富而有特色的课程资源，新生课程、"游心而愈"团体心理辅导课程、绘本阅读课程、亲子陪伴课程，为不同的群体、不同的潜能和发展水平的学生及家长提供兼具普适规范性和个性化的学习资源。他们改进课程内容的实施方式，丰富心理健康教育（以下简称"心育"）的实践路径，系统梳理学科心育要点，将心理教育融入教育教学全过程。学生在丰富的基础型课程、拓展型课程、探究型课程中体验、感悟、成长。

"心之桥"上遇见我——重庆大学城第一小学校心理健康教育课程创新基地建设

我期待的心理健康教育课程创新基地是教师专业成长的发展中心，也是教师自我探索、完善人格的成长基地。教育需要以情动情、以心育心。心中有阳光的老师更能影响学生、感染学生。大一小重视提升教师的心理教育能力，建立了全覆盖的教师心育培训机制，形成了专职和兼职有机结合的心育教师队伍。教师们认同和践行"生命至上，健康第一"的心育理念，学校每一位教师都具备必需的心理常识，每一位班主任都能上心理团辅课。在培养和提升教师心育专业能力的同时，学校看重教师作为"人"的存在，为教师的自我探索提供机会、创造条件，促成教师自我的成长，助力教师过更美好、更幸福的人生。

我期待的心理健康教育课程创新基地能成为心理健康教育的先锋，发挥示范、引领、辐射作用。多年心育实践，三年基地建设，大一小积累了丰富的经验，并无私地与其他学校共享。学校举办"跨越杯"班级团体心理辅导竞赛，向所有学校开放，共研、共学、共发展；新冠肺炎疫情突然来袭，如何做好心理应对？大一小及时和公开发布学校研制的全校教育方案和班级团体辅导方案；作为重庆市心理健康教育课程创新特色学校，大一小接待来访，倾囊相授，只为播下更多重视心理健康教育的种子，推动区域心理健康教育更好地开展。

翻阅《"心之桥"上遇见我——重庆大学城第一小学校心理健康教育课程创新基地建设》，我看见了我所期待的心理健康教育课程创新基地，也看见大一小人的教育情怀、教育智慧。

一个人走，会走得快些；一群人走，能走得更远！大一小的教师们"聚是一团火，散是满天星"。在建设心理健康教育课程创新基地的过程中，他们将个人成长和学校发展有机整合，把本我、自我、超我有机融合，在"心之桥"上遇到了真我！

愿"心之桥"通往更多的心灵深处，愿能诞生更多的如"心之桥"般的心理健康教育课程创新基地！

遇见自己（序二）

梁　燕

自己，释义为自身、本身；吾，"我"是也。关于"我"，古往今来，人们都在不停地叩问思考、研究探索。公元前，古希腊伟大的思想家、哲学家柏拉图提出著名的哲学命题"我是谁？我从哪里来？我要到哪里去？"引发着世人的思量与求证。先秦时期，道家倡导"道法自然"。顺应自然，不要过于刻意，"去甚，去奢，去泰"，以自然的态度对待自然，对待他人，对待自我。清朝有爱新觉罗·福临的追问："未曾生我谁是我，生我之时我是谁。长大成人方是我，合眼蒙眬又是谁？"述说着对"我"及生命的感叹！

对"我"的认知，人们试图用自己的方式去领悟，有的上升到哲学的高度去思索与诠释，有的用质朴而简洁的方式思考与回应，有的用常人的眼光去感知与看待。于是，有人穷极一生去追寻人生的意义，让自己的人生更精彩、更有意义与价值；有人领悟到"自然—释然—当然—怡然"；有人感悟作为生命主体的"我"应该如何正确认识"我"、解脱"我"、成就"我"。其实，无论简单还是复杂，世间没有一个人可以游离于"我"而活着；无论想与不想，世间没有一个人可以不面对"我"而存在。

既然必须面对，那么便正确对待，我们要学会真正地遇见"我"、认识"我"、接纳"我"、成长"我"。100多年前，奥地利精神病医师、心理学家、精神分析学派创始人西格蒙德·弗洛伊德便给予了我们方法论。他认为，人格结构由本我、自我、超我三部分组成。"本我"即原我，是指原始的自己，包含生存所需要的基本欲望、冲动和生命力。潜意识里的"本我"目标是求得个体的舒适、生存及繁殖，它是无意识的，不被个体所觉察。同属潜意识的"超我"代表社会引发生成的良心，以道德及伦理反制"本我"。而大部分属于意识层次的"自我"则存在于原始需求与道德、伦理之间，以此平衡。健康的"自我"具有适应现实的能力，以涵容"本我"与"超我"的方式，与外在世界互动。作为一所义务教育阶段学校，我们需要开设课程，开展活动，利用"三我"人格理论，帮助师生看见隐藏的"本我"，强化理想的"超我"和强大真实的"自我"。

于是，大一小于2018年7月申报区级第二轮课程创新基地学校，同年11月通过答辩并获得命名——沙坪坝区"心之桥"心理健康教育课程创新基地学校。2019年伊始，学校作为唯一非学科类课程创新基地开始建设。学校聘请沙坪坝区教师进修学院麦莉主任、罗咏梅老师、徐立老师，以及重庆师范大学特殊教育系王滔教授、魏寿洪教授为指导专家，实施过程性引导和资源支持。学校设立了7个创新基地项目，主要对新生入学课程、"游心而愈"团体心理辅导课程、亲子陪伴课程、绘本阅读课程进行研发与修订，对学科教学中实施心理健康教育点进行梳理。旨在立足本校，辐射区域；立足课程，促进健康。

在探索中前行，在前行中挑战，在挑战中收获。经过3年的课程建设，从实践研究到成果凝练，并物化成册，终有《"心之桥"上遇见我——重庆大学城第一小学校心理健康教育课程创新基地建设》孕育而生。本书从四个部分进行架构与呈现。第一部分：基于起点——顶层设计与规划，通过介绍课程创新基地实施方案，帮助大家准确把握课程建设与"心之桥"课程创新基地建设的逻辑关系，明确目标与内容、任务及创新点。第二部分：基于实践——有效探索与尝试，从课程研发、实施及常态化开展的心理健康教育活动反映过程性工作，帮助大家明确心理健康教育的途径与方法，感受教师们的艰辛与努力。第三部分：基于成长——教育感受与故事，通过呈现教育论文、辅导个案、教育故事等，记录教师们指引、关爱和陪伴学生的过程中的点点滴滴，传递来自师者的责任与温暖。第四部分：基于凝练——教育思考与成果，主要展示学校层面研究成果，包括《7—12岁儿童学习与发展指南》、大一小小学生心理健康现状测查后测报告等。可为区域或同类别学校、相关的心理健康研究机构提供可供借鉴的研究成果或数据。

本书的出版不仅反映大一小的课程建设成果，还希望大一小全体师生在课程的建设过程中，在一个个心理健康教育活动中，在大一小搭建的"心之桥"上遇见真实的我。

感谢领导的厚爱与专家的指引！感谢每一个勠力同心、充满智慧与创新精神的大一小人！感谢一起攻坚克难，一起砥砺前行，一起跨桥越海的日子，感谢幸福得像花儿一样的教育时光！

第一部分 基于起点——顶层设计与规划

用课程的力量助推学生成长 / 2
大一小"心之桥"课程创新基地实施方案 / 9

第二部分 基于实践——有效探索与尝试

第一章 课程类 / 22

大一小"一年级新生入学教育"课程纲要 / 22
大一小"游心而愈"团体心理辅导课程纲要 / 45
大一小绘本阅读课程实施方案 / 67
大一小亲子陪伴课程实施方案 / 82

第二章 活动类 / 111

大一小第四届"跨越杯"德育优质课（团体心理辅导）比赛活动
　方案
　　/ 111

"疫"后晴天，美好生活——大一小2020年"5·25"心理健康周活
　动方案 / 133

生命的色彩——大一小2021年"5·25"心理健康周活动方案
　/ 136

第三部分　基于成长——教育感受与故事

教育论文　/　142
辅导个案　/　160
教育故事　/　173
教育感悟　/　184
学科教案　/　186

第四部分　基于凝练——教育思考与成果

《7—12岁儿童学习与发展指南》　/　200
大一小小学生心理健康状况调查研究　/　255
大一小小学生心理健康现状测查后测报告　/　262
大一小教师心理健康状况测评报告　/　277

附录

大事记　/　284

第一部分

基于起点——顶层设计与规划

"心之桥"上遇见我——重庆大学城第一小学校心理健康教育课程创新基地建设

用课程的力量助推学生成长

梁 燕 唐和川

紧随时代和教育前行的步伐，近年来，大一小无论是硬件条件，还是办学理念、学校文化、教育质量都有了惊人变化。至 2022 年学校拥有 2 616 名学生、125 名教师（其中在职在编 108 名），已然成为沙坪坝区办学规模最大、学生人数最多的学校之一。当下，全校师生浸润在"桥文化"中，在"一桥飞架，众美纷呈"办学理念的指引下，在沙坪坝区教委、沙坪坝区教师进修学院的大力推动下，卓有成效地实施着靓美课程建设，努力用课程的力量促进学生的健康成长。

一、深刻领悟，不断优化，稳步进行靓美课程顶层设计

2012 年，沙坪坝区中小学强力推进"'学本式'卓越课堂"建设，围绕"怎么学"和"怎么教"开展教学实践，逐步构建起了"先学后教，互助展评"的"'学本式'卓越课堂"模式；2014 年，全区中小学强力推进校本课程建设，围绕"学什么"和"教什么"着手建设校本课程体系。

1. 解读学校课程内涵和功能

西南大学教育学院靳玉乐教授认为："课程就是提供给学生发展与成长的时间与空间的教育教学活动。"沙坪坝区教委在中小学课程建设方案中将课程地位与功能阐释为"课程在学校教育内涵中处于核心地位，反映着教育的价值取向，承载着教育的主要内容，制约着教育的活动方式，给定着教育的评价依据，体现着学校的文化个性"。可见，学校课程内涵丰富、地位重要、功能强大、意义深远。基于此，我们认为如果把学生比作种子，那么学校课程就是要努力为每一粒种子的萌发、生长提供阳光、雨露与氧气。基于学校课程对于学生成长的重要意义，学校必须精心做好校本课程顶层设计。

2. 开展靓美课程顶层设计

学校严格按照"国家课程校本化、地方课程序列化、三级课程一体化"课程建设原则，基于学校办学理念，立足课程建设目标，发挥教师个性特长，体现本土地域特色，充分尊重学生全面发展和个性成长需要，整合"2+2 阳光桥娃成长行动""乡村学校少年宫活动""校园五大文化节"

等核心课程资源，构建全面、立体、科学的大一小靓美课程体系，开启了靓美课程建设之旅。通过课程培训、实地考察、反思领悟，经专家指引、反复商榷，几经修改，学校构建了完整的靓美课程体系（图1-1）。"桥文化"是大一小在办学历程中逐步积淀、形成的学校文化，是学校教育的原点，其内涵是"创业之奋斗负重精神、坚守之责任精神、引领之奉献精神、自身之厚重精神与楷模精神"。"厚重奉献、通达靓美"是"桥文化"的价值核心。办学理念"一桥飞架，众美纷呈"是在"桥文化"的滋养下形成的，"一桥飞架"是为学生全面发展搭建成长之桥，"众美纷呈"是要实现"多元发展，多彩成长"的育人诉求。育人目标"培育心康体健、品美行雅的靓美小桥娃"是办学理念的下位概念，是对学生6年成长的总体描述。"靓美教育"是大一小不懈追求的办学特色，也是实现育人目标的重要载体，包括靓美管理、靓美德育、靓美课堂、靓美体育四个板块。不言而喻，大一小靓美课程体系是大一小靓美教育实践的重要支撑。

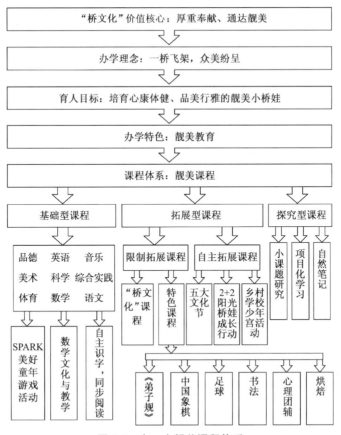

图1-1 大一小靓美课程体系

二、选点破冰，以点带面，逐步启动基础型课程试点改革

我们清醒地认识到，学校课程建设迫在眉睫，且困难重重：其一，学校课程建设整体构建不够深入与成熟；其二，师资严重缺乏，专业能力不强；其三，生源质量差，70%左右的学生系农村拆迁安置家庭子女或外来务工人员子女。但另一方面也存在一定优势，由于学校是新建的，硬件设施好，可用场地多；学校经费不再短缺，课程建设经费可以得到有效保障。学校正视以上现实，尊重教育规律，决定采用"选点破冰、以点带面"策略，逐步启动基础型课程试点改革。学校在基础型课程（品德、语文、数学、英语、音乐、体育、美术、科学、综合实践）中选择了语文、体育、数学三门学科实施课程改革，每门学科依托一个项目来推进学科课程校本化。

1. 语文：引进小学低年级"'自主识字，同步阅读'实验研究"规划课题，构建校本化语文课程

2014年9月，学校成功引进了李虎老师所主持的全国教育科学"十一五"规划课题"小学低年级'自主识字，同步阅读'实验研究"。经过实验教师的共同努力，2020级8个班398名学生全员参与该课题，并取得了显著成效：一是实验开展仅一个月，就有学生达10星级标准；二是一年级下学期期末，80%的学生识字量在2 000字以上，超过一、二年级人教版教材要求的识字总量；三是实现了同步阅读，激发了学生的阅读兴趣，培养了学生的阅读能力。2015年4月，学校在沙坪坝区现场会上，做了题为"自主识字，提升孩子语文素养彩虹桥"专题分享。2016年，蒋利君、程利老师的论文《自主创新走学校特色自主识字、同步读写之路》在《汉字文化（教育卷）》上发表；学校完成自主识字校本教材的编写；程利、唐海超等5位老师参与了《自主识字专刊》的编写；程利等老师还参与《学本教学自主识字改革的实践探索》的编写工作。几年来，还有多篇与自主识字相关的论文在市、区级的比赛中获奖。2017年9月，2023届学生又参与到课程改革中，学校正以自主识字实验为突破口，逐步完善校本化语文课程体系。

2. 体育：引进美国"SPARK美好童年游戏活动"项目，构建校本化体育课程

2014年，美国"SPARK美好童年游戏活动"项目被引入了学校大课间活动与体育课中。大运动量的趣味游戏和锻炼体质的体育课，吸引了众多学生的目光，大家兴趣盎然，积极参与到体育活动中来。别样的大课间、快乐的体育课，成为校园里的一道靓丽风景。3年间，韩挺老师的论

文《美国SPARK课程助力靓美大课间》发表在《教育家》上，其多篇关于课程建设的论文在重庆市基础教育改革论文大赛中获一、二、三等奖。

3. 数学：引进"数学文化与教学"项目，构建校本化数学课程

2015年7月，学校决定启动数学课程校本化工作，选派教师参加北京举行的"数学文化与教学"项目培训活动。2015年9月，"数学文化与教学"项目正式启动。在第二、三届全国小学数学文化优质课大赛说课比赛中，杨媛媛老师的"魔术"和汪芹老师的"挖宝藏"分别获一等奖、二等奖；汪芹老师在沙坪坝区小学数学文化说课比赛中，现场说课"真相只有一个"荣获一等奖；教师们制作的课件在全国小学数学文化优质课大赛和沙坪坝区小学数学文化"动漫课件"比赛中获得多个一、二等奖。2017年3月，李云杰、杨媛媛等老师还被邀请到山西大同市矿区上数学文化示范课，受到当地师生的一致好评，这说明学校数学文化课程已经有一定的借鉴性和推广性。

三、立足发展，内选外聘，分步创设、拓展课程内容

学校紧紧围绕"心康体健、品美行雅"育人目标，结合学生年龄特点，进一步优化、拓展课程。

1. 一年级——《弟子规》

《弟子规》是为人子弟者在家或者外出时，待人接物、处事求学应有的礼仪规范。学习《弟子规》不仅能增强学生的记忆力，促进学生养成良好的读书习惯、掌握恰当的读书方法，还能让学生从小树立明确的价值观、养成良好的生活习惯和培养敦厚、善良的心性，使学生人见人爱、人亲人敬，大大提高学生的人格魅力。学校聘请了市群文馆国学教师来校授课。

2. 二年级——中国象棋

中国象棋是中华民族几千年历史文化的瑰宝，是一项集智力、趣味、竞技、修养为一体的高雅运动。开设中国象棋课旨在让学生学习中国象棋，传承民族文化，培养高雅情趣。学校聘请了重庆市象棋冠军到学校开展专业指导。

3. 三年级——足球

足球是世界第一大球类运动，是非常有激情、有魅力，让学生喜欢的体育项目。开设足球课可以让学生懂足球、爱足球、踢足球，从而通过足球强健体魄、了解世界。学校与沙坪坝区平顶山足球乐园签订合作意向，由合作方派出足球专业运动员担任足球教练。2015年，大一小成功申报成为沙坪坝区青少年校园足球特色学校。

4. 三、四年级——书法

书法是中国的传统艺术，是从历史传承下来的文化瑰宝，是必须弘扬的国粹，其笔墨韵味是打印字无法替代与企及的，让学生去学习、去感悟，写好字，做好人。学校留用擅长书法的退休教师，并聘请区书法家协会会员进行书法教学。

5. 五年级——心理团辅

学校引进专职心理健康教育教师，结合学生心理及年龄特点，研发心理团辅课程资源，对五年级学生实施心理健康教育。

6. 六年级——烘焙

学校聘请酒店糕点部的负责人，专门向学生传授西点制作方法。开设这门课程，学生除了培养劳动兴趣、学习劳动技能、体会劳动的快乐外，还可以增加一些国际理解和文化认同。

四、继承传统，以文化人，阔步实施自主拓展课程项目

学校继承传统，坚持以文化人的原则，阔步实施自主拓展课程项目，扎实开展"五大文化节"和"两活动"。"五大文化节"即读书节（3月）、体育节（4月、10月）、枇杷节（5月）、艺术节（6月）、科技节（11月）。"两活动"即"2+2阳光桥娃成长行动""乡村学校少年宫活动"。每一个节日历时几天、一周、一月不等，活动丰富多彩，学生全员参与。

1. 精彩纷呈的读书节

读书节讲座让大家明白读书的益处；自由阅读让大家静下心来品读文字与作品；美文诵读比赛用美妙的声音诵读作品、讴歌生活；淘书活动让大家互通有无，提供更多阅读机会；聊书活动把大家从泛泛浏览带到深度阅读中；同时聆听著名儿童文学作家沈石溪、段立欣等人的报告，与名家对话，掀起读书热潮。

2. 激情四射的体育节

靓美体育倡导"两动"——随着旋律律动，感悟快乐心动；要求"两劲"——动作有劲儿、风貌提劲儿。体育节是展示靓美体育成果的重要平台，可以激发学生的热情，锻炼学生的体魄，锤炼学生的意志。体育节项目设计合理，时间安排恰当，人员参与广泛，深受学生喜爱。

3. 感恩与分享的枇杷节

枇杷节品尝果实，让学生学会感恩与分享，培养维护公共环境卫生的美德。

4. 多姿多彩的艺术节

艺术节由学校音乐组与美术组分年交替举办。大一小先后独立承担了

2013年"桥娃展风采"和2014年"桥娃天天向上"两场街道演出,孩子们在演出中得到了极大的锻炼,舞台经验大幅提升,精神气质明显改变,学生的出色表现得到家长和社会的高度赞誉。美术作品也有了很大提高,原创多了,构图漂亮了,色彩艳丽了,表达方式多样了。

5. 主题鲜明的科技节

科技节依靠科委的资金、市科技馆的技术和家长的参与,无论是涉及17个项目的首届科技节,还是以"你所不知道的植物世界"为专题研究的第二届科技节,都取得了圆满成功。2015年11月,第三届科技节以"动物教会了我们什么"为主题,让孩子们在"护蛋行动""动物大会"等活动中探究了动物世界的奥秘。2016年,以"小课题研究"为主题的第四届科技节,则让全校每个学生都参与到小课题研究中来。

6. 独具特色的"两活动"

学校每周一开展一小时"2+2阳光桥娃成长行动",每周六开展半天"乡村学校少年宫活动",为学生提供了27个大项、76个小项的可自主选择的课程。学生根据自己的兴趣爱好选择参与,得到不同程度的成长与提升。"乡村学校少年宫活动"也连续两年荣膺市特等奖。

每一个节日、每一个活动都是促进学生综合素养提升的课程,几年来,孩子们的成长变化足以用"惊人"来感叹!

五、扬长避短,全面铺开,快步推进探究型课程开发

探究型课程是学生运用研究性学习方式,发现与提出问题,探究和解决问题,培养其自主与创新精神、研究与实践能力、合作与发展意识的学习活动。学校探究型课程开发包括小课题研究、项目化学习与"自然笔记"三项,拟在一两年内全面铺开,让全校师生都能参与其中。

1. 全面开展小课题研究,夯实探究型课程基础

小课题研究是沙坪坝区有着10多年传统的优势项目,学生先提出生活和学习中发现的有待解决的问题,然后通过教师指导、同伴互助,采用上网查阅资料、翻阅书籍、实地考察、动手实验、请教教师或专家等方式,最终得出结论或产生新的问题,并进行汇报展示。全区每所学校均能独立、高质量地开展小课题研究。近年来,学校先后开展了"陶艺知多少""自动升旗台的秘密""会唱歌的叶子"等小课题研究,不仅在区级比赛中取得了区一、二等奖的佳绩,还培养了学生科学探究的意识与能力,增强了学生的合作精神。小课题"眼见为实之揭秘天鹅湖"更是取得了重庆市小课题比赛一等奖的好成绩。

2. 选择开展项目化学习，拓宽探究型课程领域

项目化学习即每年级每期确立一个研究主题，通过在教师间开展头脑风暴，找准主题与学科的结合点，选取研究内容，利用各项目对学生进行指导，帮助学生去实践和探索，实现各学科内容的整合，建构起更为完整的知识体系，进一步培养学生探究精神与实践能力。

3. 定期开展"自然笔记"，打造探究型课程特色

"自然笔记"是台湾地区与重庆市联合推广的梦想课堂项目，倡导学生走进自然，通过书写自然笔记、手绘自然物这种简单的图文描绘方式，弘扬中国传统文化，营造爱物知恩、节用惜福的良好社会风尚，并在自然笔记中感悟生命、感恩自然。学校率先将此项目作为研究型课程引入校园，成为市级"自然教育示范校"，先后参加四届市级自然笔记大赛，学生进步非常明显。近3年自然笔记作品越来越细致、生动、独特，学生将"组织奖""红蚂蚁观察奖""蓝蜻蜓奇妙发现奖""白海豚最佳分享奖""花蜘蛛最佳网络人气奖"尽收囊中，获奖学生人数累计达70多人。学校还两次获得重庆市"自然教育领头羊"称号。

学校课程建设刚刚起步，虽然还存在着一些亟待解决的问题，但是这些课程的价值已然显现，即带给学校、师生以强大的生长力量。我们会全情投入，做好、做实、做细、做新课程建设，期望通过各类课程的改革与实施，给学生提供更适合发展的空间与时间，让一株株幼苗在充足的阳光与雨露的滋养下，生长，生长，再生长！

大一小"心之桥"课程创新基地实施方案

为深入贯彻教育部《中小学心理健康教育指导纲要（2012年修订）》（以下简称《纲要》）、《关于全面深化课程改革落实立德树人根本任务的意见》（教基二〔2014〕4号）精神，全面落实沙坪坝区教育委员会《关于深入推进普通中小学课程建设的意见》（沙教委发〔2014〕79号）、《关于组织实施小学两类课程建设项目的通知》（沙教委发〔2017〕37号）等文件要求，建设一个基础条件优、创新意识强、建设成果多、引领作用好的心理健康教育课程创新基地，学校特制定大一小"心之桥"课程创新基地实施方案。

一、指导思想

为深入贯彻落实党的十九大精神，落实立德树人根本任务，学校坚持以课程创新为抓手，紧紧围绕《纲要》，通过建设"心之桥"课程创新基地，全力提升学生心育品质，培养学生核心素养和关键能力。

二、基础条件

（一）学校基本情况

大一小始建于1948年，地处重庆市沙坪坝区陈家桥街道，东接西永微电子工业园，南靠重庆大学城，西邻西部新城拓展区，北邻西部最大集装箱结点站土主物流园、渝新欧铁路干线。2018年有教职工130名，学生2 627名，50个教学班。

2011年，学校领导班子挖掘学校历史，凝练学校文化，提出了"一桥飞架，众美纷呈"的办学理念，倡导"厚重奉献、通达靓美"的"桥文化"——架爱心之桥，收获感动；架心灵之桥，收获快乐；架知识之桥，收获智慧；架梦想之桥，收获希望；架靓丽之桥，收获美好，锁定了"办重庆西部新城一流学校"的办学目标，全力践行靓美教育。

（二）课程建设能力

1. 课程建设机制健全

组建了课程研发中心，成立了校长任组长，市区校骨干教师、中层干部为成员的课程研发小组，统筹协调课程开发及实施工作。

2. 课程建设规划系统

围绕"培育心康体健、品美行雅靓美桥娃"育人目标，从基础型课程、拓展型课程、探究型课程三个维度进行了靓美课程顶层设计。

3. 课程建设实施有序

一是启动基础型课程试点改革。语文、体育、数学率先实施基础型课程改革。二是拓展课程内容。1—6年级分别设置新生入学课程和《弟子规》、中国象棋、足球、心理团辅、书法、烘焙特色课程。三是实施自主拓展课程项目。"五大文化节"和"两活动"成为学校自主拓展课程改革的三大载体。四是推进探究型课程开发。全面开展小课题研究，夯实探究型课程基础；开展项目研究，拓宽探究型课程领域；定期开展"自然笔记"活动，打造探究型特色课程。

4. 课程建设成效喜人

学校荣获市"自然笔记项目领头羊学校"称号；"新生入学德育课程""桥娃数学文化实践课程""SPARK快乐童年体育游戏"成为区精品课程。

（三）基地建设基础

1. 面临的困难

第一，心育起步较晚。沙坪坝区教师进修学院专设心理健康教育研修员近7年，全区中小学心理健康工作正由各自为政、自行实施的起步阶段逐步转型至专业指导、规范的建设阶段。相较而言，学校于2013年建特殊学生档案，2015年建心理辅导教室，2016年建资源教室，起步较晚。

第二，心育环境不佳。全区办学水平校级间差异明显。东部名校及东部大中型学校、西部名校分校为优质学校；东部小型学校、西部各街镇中心校、公租房小学为发展中学校；歌乐山、中梁山及西部地区边远学校为薄弱学校。发展中学校及薄弱学校的心育环境均不佳。大一小属于发展中学校，区域正在城镇化进程中，学校面临师资严重不足、家长文化程度不高、家庭教育质量低下、生源质量差等诸多问题。其中，生源质量差成为阻碍教育教学质量提升的关键因素。

第三，心育对象复杂。2011年全市主城区小学生心理健康调查表明，存在至少1项心理问题的学生占50.1%，包含全区样本与数据。全区2018年秋小学随班就读特殊学生388人，平均每校6.5人，最多的学校随班就读学生为30人。大一小为25人，位居全区第2，其中12名学生智力障碍，4名学生肢体障碍，3名学生听力障碍，1名学生多动症，5名学生自闭症；另有107名学生一并进入学校特殊学生档案，其中4名学生的家庭经济非常困难，51人轻度心理异常，41人情绪与行为障碍，11人学习障碍。学生心理问题突出，特殊学生数量大，障碍类型多。

2. 建设的优势

第一，心育师资较强。有2名专职资源教师、1名国家二级心理咨询师、9名中级沙盘师、7名心理卡牌师。

第二，心育特色初显。"心之桥"心理辅导室、资源教室建成投用至今，初步形成了"一点一网三力"心理健康教育特色。一点：坚持"生命至上，健康第一"心育理念为基本点。一网：构建校园心理健康教育工作网络。学校构建了校长主导，德育副校长主管，德育心理名优教师工作室成员领衔，正副班主任实施，家长、社区和大学资源配合的心理健康教育工作网络。三力：一个人的倡导力（梁燕校长）、一组人的推进力（德育心理工作室）、一群人的行动力（全体教师），三力齐聚，共同发力。

第三，心育实践形式多样。针对不同类别的学生，采用分类引导办法，实施心理健康教育与辅导。通过每周开展"心灵蜜语"活动、班级团体心理辅导课，定期举办心理专题讲座（新生入学教育、毕业生教育、"5·25"心理健康日系列活动），以及"悄悄话信箱""班妈妈的小故事""有温度的家访"等品牌活动，提升普通学生的心理健康水平；通过建立特殊学生档案，利用谈话、卡牌、沙盘、绘画等心理辅导技术，改善特殊学生心理状态；通过个性化康复训练与辅导、专题汇报活动、融合运动会等方式，大力促进特殊学生心理素质的发展。

第四，心育成绩良好。学校先后获得"沙区示范心理辅导室""沙区未成年人思想道德建设心理健康教育品牌项目学校""沙区心理健康教育特色学校""重庆市心理健康教育特色学校""慈善'壹基金'项目学校"等市和区荣誉。

第五，心育经验共享。学校具有代表性，分享心育经验，可供发展中学校、薄弱学校借鉴和推广，带动心育工作，提升心育水平，可助力区域教育优质、均衡发展。

三、概念阐释

心理健康：指精神、活动正常，心理素质好。心理健康突出表现在社交、生产、生活上能与其他人较好地沟通或配合，能较好地处理生活中发生的各种情况。

心育：根据学生生理和心理发展的规律和特点，运用心理学的教育方法和手段，培养学生良好的心理素质，促进学生整体素质全面提高。

课程：指学校为实现培养目标而选择的教育内容及其进程的总和，它包括学校老师所教授的各门学科和有目的、有计划的教育活动。

"心之桥": 在"一桥飞架, 众美纷呈"办学理念指导下, 倡导"厚重奉献、通达靓美"的桥文化, 秉持"以美育心, 以心创美"的办学方略, 为培育"心康体健、品美行雅"的靓美小桥娃而精心架设起一座座大桥。架爱心之桥, 收获感动; 架心灵之桥, 收获健康; 架知识之桥, 收获智慧; 架梦想之桥, 收获希望……学校以"心之桥"命名心理辅导室、心理健康课程与课程创新基地。

"心之桥"课程创新基地: 旨在创设以平等、安全、自由、开放、健康、和美学习环境为特征, 以改进心育课程设置与实施方式为重点, 以增强实践认知和学习、交往能力为主线, 以提高综合素质为目标, 促进学生在教师的引导和陪伴下, 在自主、合作、探究中, 提高心理效能, 从而促进教师学习、研究、成长的"工作之家"。

四、建设目标

（一）总目标

建设独特的学科教学环境, 优化课程育人功能, 全面提升课程育人水平, 积累、凝练心育创新基地成果, 并向全区的学校, 特别是发展中学校、薄弱学校提供可借鉴的实践经验, 助力全区心育工作。

（二）分目标

（1）打造良好的校园心育生态, 营造平等、安全、自由、开放、健康、和美的校园氛围。

（2）通过专业培训、课程研发与实施、课题研究, 帮助教师树立"生命至上, 健康第一"的心育理念, 厚植开放、接纳的教育情怀, 增强心育及融合教育的实践认知和操作能力, 提升自我心理调适能力。

（3）围绕"培育'心康体健、品美行雅'的靓美小桥娃"育人目标, 建设系统的班级团队心理辅导课程, 开展个性化的心理辅导活动, 增强学生感受、表达、接纳、适应的心理效能, 提高学生核心素养。

（4）优化新生入学课程, 研发"游心而愈"团体心理辅导课程、绘本阅读课程和亲子陪伴课程, 引导家长树立正确的家庭教育理念, 掌握符合孩子身心发展规律的家庭教育方法, 科学教育, 陪伴孩子成长。

五、创新内容

（一）规划系统、完整的心育课程实施路径

一是学科渗透课程。所有学科均蕴含心育内容, 均须进行情感态度价值观引导。此类课程具有面向全体、自然渗透、影响深远的特点。二是班队体验课程。在教师的引导下, 充分发挥学生的主体作用, 在活动中体验和感悟，发展和完善自我心理品质。三是班级团辅课程。根据学生身心发展规律，研发心育团辅校本课程，对学生进行更集中、更系统、更有效的指导。此类课程具有面向全体、聚焦问题、效果明显的特点。四是个别化辅导课程。借助专业训练器材与心理辅导技术，对特殊学生实施心理干预与康复训练，帮助特殊学生发现问题、调适心理。四类课程互为补充，各有侧重。（图1-2）

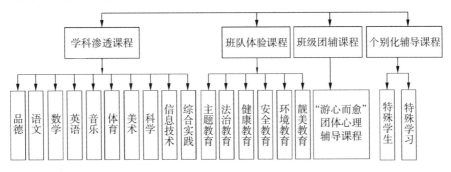

图1-2 心育课程实验路径

创新要点：

（1）以《纲要》为指导，研制涵盖理念、目标、内容、管理、实施、评价6个方面的《大一小心理健康教育课程标准（试行）》。

（2）梳理学科心育要点，提出教学建议，提升学科心育水平。

（3）编写小学1—6年级"游心而愈"团体心理辅导课程教材。

（4）用谈话、卡牌、沙盘、绘画等心理辅导技术，对特殊学生进行个别化辅导。

（二）合理整合和利用各种课程资源

1. 人力资源

一是高校专家资源。继续邀请北京大学、重庆师范大学、沙坪坝区教师进修学院专家来校，培训项目负责人、主持人及研究成员，提高其管理水平与研究能力；培训教师，提升其心育、融合教育理念和专业辅导能力；培训家长，帮助家长掌握陪伴、辅导、教育等心育技能。二是高校学生资源。进一步建设好特教实习基地，让特教实习生更好地为孩子们提供心育服务；继续坚持与重庆师范大学特教系开展"手拉手志愿者服务"活动，强化特殊学生免费康复训练力度。三是校内教师资源。发挥德育心理名优工作室培养、带动、辐射作用，提升教师心育水平。增配1~2名在职在编专业教师，服务于基地建设与特殊学生康训，推进融合教育发展。四是本校学生资源。学生是自身成长的资源，要强化心育功能；同伴是相互影响、相互帮助、相互促进的资源，要提升心育效度；特殊学生心育个案是教师研究、分析、反思和总结的重要资源,要开展个案研究。五是家长资源。明确家长在教育中的重要地位与作用,建设家长资源库,指导家庭教育的开展,发挥家长服务学校、班级和学生的作用,形成家校共育合力。

2. 硬件资源

继续加大心育经费投入,加快个体心理辅导室、团体心理辅导室、感统训练室、宣泄室及职业训练室的建设,借助心理书籍、心理诊断评估系统、情绪宣泄仪器、音乐放松按摩椅、感统训练器材等设施和设备,为学校心育课程的开发与实施提供强大的硬件支持。

3. 绘本资源

充分发挥绘本的育人功能,让其成为中、低年段学生和特殊学生心育的重要资源。

创新要点:

(1)依托高校资源,对教师队伍进行专业培养,对特殊学生进行专业康训;借助学校"德育心理名优教师工作室"平台培养心育骨干,发挥心育的示范、引领、带动作用。

(2)配备专职资源教师以弥补融合教育短板。

(3)参加区级"义务教育普通学校资源教师专业能力状况调查及对策研究",申报、启动区级教师成长课题"团辅课程促进同伴交往的研究""绘本阅读促进中、低年段学生(或特殊学生)心理健康水平的实证研究",提升学校心育水平。

(4)挖掘优秀家长,了解家长特点,形成家长资源库,助力学校心育工作。

(三)促进全体学生全面发展

1. 普通学生

有目的、有计划、有顺序地开展"四个一"心育活动:每周开展一次班级团体心理辅导课;每月开展一次"心灵蜜语"活动;每期开展一次心理健康主题讲座;每年举办一次"5·25"心理健康日系列活动。

2. 特殊学生

深化学校融合教育理念("特别的爱给特别的你""一个都不能少""众人划桨开大船""每一朵花都可以灿烂绽放")及"四更"目标(更爱、更好、更能、更乐)学习领悟,帮助教师树立全人教育观。继续参加"壹基金"海洋天堂全纳教育项目培训;坚持每周对特殊学生进行康复训练和心理调适,帮助学生调节情绪和恢复身体机能;每月开展各种主题竞赛,每期开展汇报表演,每年开展融合教育趣味运动会,帮助学生获得成就感，提振学生自信心，使学生感受成长的快乐。

创新要点：

（1）重视融合教育，关注普通学生的同时，接纳而非拒绝随班就读的轻度残疾学生。

（2）增加特殊学生成长过程记录和印证材料，对特殊学生学业水平进行统计和分析。

六、效能分析

1. 促进学生发展

由专职教师在全校范围内从每个年级抽样一个班，使用自编问卷进行前测调查，了解学生的心理健康水平。课程实施从学生心育水平和潜在需求出发，采用学科渗透、集中辅导、个性化服务等方式，采取阅读和学习绘本故事、举办融合运动会等手段，一是着力减少或消除普通学生因原生家庭、同伴或师生交往、学业压力等问题带来的困惑，二是力求促进特殊学生心智发展、肌体康复，提升特殊学生心理健康水平。每一学年组织课程实施评价会，对实施效果进行监控和反馈。三年后，再由专职教师在全校范围内从每个班级抽样，使用心理健康诊断测验（Mental Health Test，MHT）量表进行调查，获取学生的心理健康干预水平数据。

2. 促进教师发展

一是心育队伍各司其职。强化队伍构架与建设，负责人（校长）发挥倡导力的同时，提升统筹和规划能力及专业指导力；主持人（副校长）带领工作室团队发挥推动力、研究力与执行力；全体教师发挥行动力、指导力与影响力。二是教师自觉运用心育理念。通过参加心育培训、"心灵蜜语"活动等，更新教师观、学生观、人才观、质量观，树立正确的心育理念，在工作中力求公平。三是教师主动提升心育水平。通过学习心理辅导技术、参与工作坊体验活动、开展课题研究、参加优质课竞赛、撰写案例论文，帮助教师提高心育能力。教师可以掌握1~2种心理辅导技术，对学生进行有效教育，处理突发事件，帮助学生健康成长。与此同时，教师们学会自我调适，促使个体身心健康。

3. 促进学校发展

一是心育课程更科学。创新基地建设，将进一步提高心育课程的规范性、系统性、针对性和实效性。二是心育成果更丰富。创新基地建设，可形成方案、调查报告、研究报告、论文集、案例集、教材等一系列重要心育成果。比如，新生入学课程、"游心而愈"团体心理辅导课程、绘本阅读课程、亲子陪伴课程的开发与实施，不仅可以帮助学校的心育更上一层楼，还可以为兄弟学校提供强有力的借鉴。三是心育效果更明显。创新基地建设，有思想、心理、行为问题的学生数量势必下降，有助于实现"培育心康体健、品美行雅的靓美桥娃"的育人目标和"办西部新城一流名校"的办学愿景。

4. 促进基地建设

学校鼓励专兼职教师开展心育研究，打造心育学科团队，培养高水平的心育教师的教学技能与专业技能，不断拓展心育的内涵与外延，积极探索心育核心素养的构成，协助教育业务部门及教研员完成培养（培训）心育师资的任务。学校积极打造心育特色品牌，在同类学校中起到示范、引领、辐射作用，将学校心育课程成果与全区同类学校乃至社区共享，推动区域心理健康教育更好地开展。

七、时序步骤

（一）筹备申报阶段（2018年5月—2018年9月）

（1）学习沙坪坝区教委关于课程创新基地建设的相关文件，基于学校发展现状，确定申报项目。

（2）确定基地负责人，组建项目团队。组织团队成员认真学习《沙坪坝区小学学科课程创新基地建设项目标准（试用）》，梳理和总结前期成果，制定基地建设初步规划。

（3）基地负责人填写课程创新基地申报表，专家论证项目的可行性，修改和完善申报表，撰写建设方案。

（二）启动探索阶段（2018年10月—2019年2月）

（1）成立"心之桥"课程创新基地领导小组，负责项目管理工作；成立工作小组，具体负责项目的启动与实施工作；成立学术指导小组，聘请在课程建设和心理健康教育学科方面有影响力的大学教授、专家担任基地建设学术指导，指导和引领基地建设工作的开展。

（2）邀请学术指导小组专家来校，对相关教师进行课程建设的培训；派遣教师参加"壹基金"项目培训，回校后做经验分享。

（3）利用MHT量表对学生心理现状抽样前测，统计数据，分析问题，形成调查报告。

（4）着手编写"游心而愈"四年级团体心理辅导课程教材。

（三）深入实施阶段（2019年3月—2021年6月）

（1）着手完成"游心而愈"团体心理辅导课程的教材编写工作；完成亲子陪伴课程的研发。

（2）参加区级"义务教育普通学校资源教师专业能力状况调查及对

策研究";申报区级教师成长课题"团辅课程促进同伴交往的研究""绘本阅读促进中、低年段学生（或特殊学生）心理健康水平的实证研究"，助推心理健康教育课程建设，解决心理辅导实践问题。

（3）研究领域从心理团辅延伸到学科教学中，把心理健康理念与技术运用于课堂，创设安全、自由、平等、开放的心理环境。

（4）研究团队每期开展一次课程实施效果分析和研讨，对课程实施效果进行自我监控、自我评估，以便改进和提高。

（5）编撰心育案例及论文集，核心团队成员的研究成果争取在核心刊物上发表。

（6）参与各级培训、教研、科研、论坛活动，邀请专家深度参与，在培养本校教师的同时，为片区教师教学科研交流提供成长平台。

（7）利用MHT量表对学生进行心理现状后期测查，与前测数据进行对比，为定量分析提供科学依据。

（8）开展大一小心育创新课程建设现状及对策研究。教师在教学实践中，分别从课程设置、学生需求、课程实施、教师成长和学生发展五方面开展调查，通过数据分析，把握重点问题，探寻改进措施。

（四）总结和提炼阶段（2021年7月—2021年12月）

（1）总结、提炼心理健康教育课程创新基地建设成果，充分发挥基地的引领和辐射作用。

（2）组织和召开基地建设总结会，回顾建设历程，总结经验与问题，为后期研究做准备。

（3）收集和整理相关资料，撰写3年工作总结和呈现研究成果，迎接区教委的验收。

八、实施保障

（一）组织保障

1. 基地建设学术团队

麦莉（沙坪坝区教师进修学院德体艺部主任、心理教研员）

徐立（沙坪坝区教师进修学院心理教研员）

罗咏梅（沙坪坝区教师进修学院特殊教育教研员）

王滔（重庆师范大学特教系主任）

魏寿洪（重庆师范大学特教系副主任）

2. 基地建设工作团队

负责人：梁燕（校长兼书记、项目负责人）

主持人：张艳（副校长）

研究成员：谢云兰、呙婷婷、胡须美、赵敏、张倩、何丽娜、唐海超、吴婷、湛留洋

（二）理论保障

2014年教育部下发《关于全面深化课程改革落实立德树人根本任务的意见》，首次提出"核心素养"概念，要求培养拥有文化基础、自主发展、社会参与的全面发展的人。文化基础涵盖人文底蕴和科学精神两个层面，强调了人文积淀和人文情怀。自主发展涵盖学会学习和健康生活两个方面，心育可以帮助学生珍爱生命、健全人格、自我管理，从而健康生活。社会参与包括责任担当、实践创新，心育可以帮助学生发展与完善自我，融入集体，参与社会生活及管理，更好地体现责任担当，发挥创新精神。核心素养理念给学校心育工作的开展提供了坚实的理论支撑。

（三）制度保障

制定《重庆大学城第一小学校"心之桥"课程创新基地建设管理制度》《重庆大学城第一小学校"心之桥"课程创新基地研修制度》《重庆大学城第一小学校"心之桥"课程创新基地建设考核评价办法》等制度，明确领导小组、工作小组岗位职责，每学期期末进行工作总结，对在课程基地建设方面有突出贡献的教师进行奖励。

（四）经费保障

学校在教委拨付专项资金的同时，配套投入等额资金，用于场地建设、设施和设备添置、课程开发、专家讲座、专业书籍购买等方面。在足够的经费的支撑下，基地将建设得越来越好。

附：

"大—小'心之桥'课程创新基地"项目实施人员分工表
（调整版）

序号	项目名称	专业指导	负责人	参与教师	备注
1	7—12岁儿童学习与发展指南	王滔 魏寿洪	梁燕 杨媛媛 年级及学科组长	全体教师	文献
2	新生入学课程	麦莉	张艳 龙晓飞 谢云兰	文萍　邱永霞　喻小利　赵敏　周利梅 庹小文　胡须美　田琼瑶　谭英　唐海超 董方荣　陈晓莉　彭朝惠　张璐敏　马华林 刘怡　尹昶　刘家春　宋志娟　罗茜	课程
3	"游心而愈"团体心理辅导课程	麦莉 徐立	张艳 湛留洋 吴婷 宋志娟	冉婷婷　胡须美　张倩　赵敏　彭巧 赖莹　石华面　丁曼曼　付燕　徐乐 游琴　张清　何丽娜　彭朝娟　崔蔓菁 田忠保　唐海超　彭朝惠　刘善敏　张璐敏 谢云兰　胡文文	课程
4	亲子陪伴课程	罗咏梅 魏寿洪	向蓉 周利梅	周子琳　陈晓莉　游琴　谭英　刘怡 贺怡　周长河　李文兰　李敏　喻小利 董方荣　马华林　罗春霞　田忠保　王李 张庆　李靓梅　尹昶　唐丽莉　张璐敏 朱江渝　丁曼曼	课程
5	团体心理辅导课程促进同伴交往的研究	徐立	湛留洋 冉婷婷	胡须美　彭丽娟　张倩　徐乐　李莉 郭华　崔蔓菁　李素君　谭英　尹昶 刘家春　周长河　邱永霞　吴婷	成长课题
6	绘本阅读促进小学低年段学生心理健康水平的实证研究	罗咏梅	熊飞跃 秦成凤 李萌	王晓容　杨川燕　马华林　叶子　杨姗 文萍　李靓梅　万天炳　张清　丁腊	成长课题
7	学生心理健康水平前测与后测	王滔	吴婷 湛留洋 梁燕	各班班主任、重庆师范大学特教系实习教师	报告
8	学科教学中实施心育	王滔 魏寿洪	周洪友 周韦 李云杰 刘善敏 叶子	龙晓飞　宋志娟　各学科组长	教学

第二部分

基于实践——有效探索与尝试

第一章 课程类

大一小"一年级新生入学教育"课程纲要

一年级新生，对小学生活知之甚少，对迥然不同于幼儿园的学习内容、形式也准备不足；新生家长，对自己的角色转变认识也不够，或茫然，或忐忑，或焦虑；一年级教师，有的送走六年级后开始一个新循环，有的刚走出大学校门，对于一年级新生的教育教学感到陌生。一年级新生入学教育，是学校新学年开始的大事之一。对家长来说，这是孩子学习和生活的起点，学习习惯的养成、人际交往能力的培养、集体生活适应能力的培养会影响孩子的一生；对教师来说，孩子对校园生活的适应、喜爱，家长对教师的支持和对班级的参与度关乎班级的文化建设。需求急，任务重，新生入学教育必不可少。

大一小目前有50个班，2 600多人，是沙坪坝区的一所超大型学校。一年级8个班，过去两届的班级平均人数为52人，管理难度特别大。开学很久了还存在这样一些学生：校园内到处逛找不到回来的路的、坐错教室的、听不懂铃声的、课堂上安静不下来的、随意下座位的、上厕所没时间概念的、排队集合推挤嬉闹的……而一年级学生的各种不规范行为会影响整个校园的秩序，前两周的班级管理成效也会直接影响该班后期的建设和家长满意度。

为了让一年级新生尽快熟悉校园，适应小学作息时间，学校近两年采用了开学前组织教师培训、家长培训，制定并发放《新生入学手册》，以及开学两天集中训练的模式。两天集中训练主要是学校集体生活规范训练（如排队集合、取餐就餐、课堂常规等），在一定程度上能帮助一年级新生尽快适应学校的生活，但是离学校设想的有一定距离。在了解市内外部分知名学校的新生入学教育后，我们认识到现在的一年级新生入学教育普遍存在以下几个问题：

（1）一年级新生课程安排紧凑，主管部门没有相关的课程要求，各校新生课程各有所长，亦有不完善之处。

（2）现有的课程着眼于规范学生的行为，立足于学校管理，对学生的核心素养培养思考不够。

（3）新生入学课程没有与班级建设深入、有效结合。
（4）一年级新生课程局限于第一周内，没有延续性和系统性。
（5）只有学生的教育内容，忽略了家长和教师的培训。

为了让孩子们享有靓美教育（包括靓美管理、靓美德育、靓美课堂、靓美体育四大体系），必须以安全有序为前提，以认知、行为训练强化为主，以社会主义核心价值观指导下的道德养成为灵魂。于是，我们立足校情、区情，开发了学校一年级新生入学教育课程，帮助缓解一年级新生的入学焦虑，为孩子们创设一个心理过渡期，消除家长对学生校园生活的担忧，加强和改进学校的德育工作，使整个一年级学生在短时间内快速适应学校生活，养成良好的学习、生活习惯；在贯彻落实学生日常行为规范、促进学生良好行为习惯的养成中，实施社会主义核心价值观教育。

一、课程目标

童蒙养正是儒家的儿童启蒙教育思想，指培养儿童端正的心性及行为，即正心、正德、正见、正行。强调自我行为的约束，不可随心所欲、为所欲为。规则意识、集体意识的培养就是帮助孩子们更快适应小学生活，保证自主学习更有效，所以将课程理念表述为入格、养正。对学生来说，在开学一周内知道小学生要遵守的基本的课间、课堂、集会等集体生活规则，训练在校园集体生活的能力，增强责任心与集体荣誉感，并在课程中适时提升自我的核心素养，用一年的班会课开展深化活动。家长在开学前两个月与开学一周内，应调整心态，以帮助孩子适应小学校园生活。在课程的引导下，家长须化解自身的焦虑，培养孩子集体生活和学习的能力，拥有正向的家庭教育观念。

在此课程理念的引导下，我们制定了如下课程目标：

（1）通过家长用书、学生用书、教师用书的使用，让家长、新生、教师从身心两方面更快适应一年级的校园生活。学生养成校园集体生活的习惯，家长配合并促进学生习惯的养成，教师带领学生一起为建设靓美班级打下基础。

（2）通过新生课程的实施再配合全校教学，一周左右进入常态化、规范化，促进班级建设，保障学校管理。

（3）在新生课程的实施中贯彻社会主义核心价值观，引导学生遵循价值准则，灌输正确的家庭教育理念，让一年级的班级建设符合学生个人成长、学校发展、家庭期待的"三位一体"要求。

二、课程内容

设置学生课程和家长课程。学生课程按时间分为一周短期课程和一年长期课程。一周短期课程内容如下：我准备好了、我上小学啦、我的校园、我的同学、我的课堂、我的班级、家长汇报会。每个单元都由"常规训练+主题内容+安全教育+清扫教育"构成。一周短期课程的学生用书是《上课铃声响》。该书主要是关于开学第一周的课程，有1个预备单元和6个正式单元。一年长期课程主要是班会活动方案和教育案例，对应有教师用书《我们一起进课堂》《"一"路同行》。

家长课程分为集体学习课程和自学课程，学校开发了《家长修炼手册》，主要用于家长在8月的自学。（图2-1）

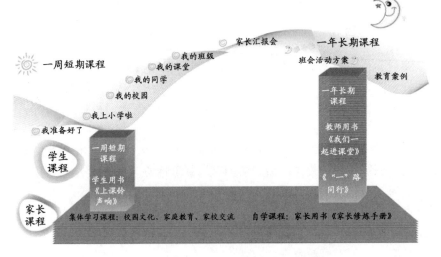

图2-1 一年级新生入学教育课程结构图

（一）一年级新生入学教育一周短期课程安排（表2-1）

表2-1 一年级新生入学教育一周短期课程安排

日程	主题	序号	训练要点	价值准则要点	任课教师
新生报到	我准备好了	1	为开学典礼做准备（排队集合；升旗仪式：站直，肃立，唱国歌）	爱国、责任	正、副班主任

续表

日程	主题	序号	训练要点	价值准则要点	任课教师
开学第一天	第一单元 我上小学啦	朝会	开学典礼训练（放好书包；队列训练：站队，行进；开学典礼：升旗专注，肃立，唱国歌）	爱国、责任	体育教师，正、副班主任
		1	队列行进训练（排队集合：静、齐、快）	责任、文明	
		2	上课铃声响（了解作息时间，熟悉铃声）	责任、诚信	
		3	文明用餐（端盘训练，认识窗口，排队就餐，记座位号，找座位；静言、净盘、爱惜粮食）	文明	
		4	我是小桥娃（会说自己的学校、班级；认识任课老师；与任课老师见面微笑，招手，问好）	责任、友善、文明	
		5	安全教育——走廊安全、课间安全、放学训练（熟悉路径和收拾书包）；每日星桥娃评比：10名	责任、文明	
开学第二天	第二单元 我的校园	1	个人卫生（勤洗手，勤剪指甲）	责任、爱国	班主任
		2	教室年级大课：我的学校（了解校园文化，学唱校歌）	爱校、责任	音乐教师、副班主任
		3	校园探险（熟悉卫生间、办公室、保健室、餐厅、饮水处、音乐教室等）	友善、爱校	正、副班主任
		4	课堂常规：静息，坐，立	友善、责任	班主任
		5	清扫教育：垃圾归家（不乱扔垃圾，主动捡拾垃圾）；每日星桥娃评比：10名	责任、文明	副班主任

续表

日程	主题	序号	训练要点	价值准则要点	任课教师
开学第三天	第三单元 我的同学	1	文明如厕（认识厕所标志，排队、站位、上厕所、扔纸、冲水、洗手）	文明	班主任
		2	同学，你好（熟悉同学，和同学团结、友爱）	友善	心理工作室
		3	课堂常规练习：对齐桌椅，举手	责任、文明	班主任
		4	注意校园安全	责任、文明	副班主任
		5	清扫教育：我会用抹布（认识抹布，用抹布擦黑板，用抹布擦桌椅）；每日星桥娃评比：10名	责任、文明	副班主任
开学第四天	第四单元 我的课堂	1	音量尺（合理控制自己的音量）	文明	班主任
		2	综合学科课堂常规（音乐课、体育课）	文明、责任	音乐、体育、美术教师
		3	社会主义核心价值观、小学生守则	爱国、责任	班主任
		4	上学和放学安全（认识交通标志，遵守交通规则）	责任、文明	副班主任
		5	清扫教育：我会用扫把（学习扫地）；每日星桥娃评比：10名	责任、文明	副班主任
开学第五天	第五单元 我的班级	1	班级（争当小助手，竞选小干部）	责任	班主任
		2	课堂常规（发新书，爱护书，写名字，收传本子，摆放桌面的学具）	责任、友善	班主任
		3	爱护公物（桌椅、栅栏、消防栓等的爱护）	文明、责任	美术教师

续表

日程	主题	序号	训练要点	价值准则要点	任课教师
开学第五天	第五单元 我的班级	4	清扫教育：我会擦地板（会使用抹布擦地板）；每日星桥娃评比：10名	责任、文明	副班主任
		5	学校检查：新生入学教育课程汇报评比（静息、起立、坐姿、举手、课堂口令、整理学具、收传书本、排队、队列变化等）	爱国、友善、责任	正、副班主任
开学第六天	第六单元 家长汇报会	1	第二周周一下午，第一节课：新生入学教育课程家长汇报会（静息、起立、坐姿、举手、课堂口令、整理学具、收传书本、排队、队列变化等）。第二节课：一年级新生入学课程汇报展示活动。推选出3个入学教育课程优秀班级进行全年级展示，志愿者给入学课程星桥娃、优秀家长颁奖，校长对一周短期课程做小结	爱国、责任	正、副班主任，德育处

（二）家长课程安排

家长课程通过《家长修炼手册》实施。主要内容如下：了解学校、新生入学教育课程安排培训、了解班级、调查问卷、家长修炼建议。通过引导家长了解校园文化、办学理念，对学校育人目标产生认同，并与教师积极配合；伴随学生入学课程内容的培训，对家长进行新生课程同步教育；通过前、中、后期3次调查问卷，便于教师了解家庭教育的需求、现状及存在的问题；通过家长五步修炼，明确家长的教育责任，确立清晰的家教观念，并产生家校合力。此外，还有学校家长会、班级家长会、家长开放周、家长进课堂等外延活动。

（三）教师课程安排

教师课程的载体是《我们一起进课堂》《"一"路同行》教师用书，包括课程大纲、与学生用书相应的每节课教育内容的教案、中长期课程的活动方案、教育案例、家长会讲稿等。旨在让教师整体把握新生入学课程框架，明确课程目标，有计划、有准备、有信心地实施新生教育课程。此外，还有岗前教育、第一周每天下班后的教研反思会、课程总结等外延活动。

（四）课程特点

① 源于实际问题，解决实际问题。

② 汇聚了以往优秀班会课例，让一年级学生一入学就接受优质的品德教育，如"如厕那些事儿"。

③ 开设特色课，如"我的学校"年级大课、校园探险课、心理团辅课。一年级教师通过"同学，你好"引导学生表达自我，让学生学会与同学友善相处。中期课程还有一节"我的班级　我的校园"课。

④ 一年级第一周设置单独课程表，所有一年级教师统一安排，全校予以配合。

⑤ 每班每天安排4名家长志愿者协助教师管理，这些家长志愿者全程参与入学课程。这样做的好处是：家长近距离观察孩子的适应情况，设身处地知道教师的辛苦，有利于家校良好关系的建立。

三、课程实施

一周短期课程在每年新生报到注册时开设，为期7天。按照学校新生入学课程表，由一年级全体任课教师组织进行。内容涉及学生在学校与老师、同学相处的教育；课堂、课间、上下学安全、个人卫生等的教育；升旗仪式、国歌等的爱国主义教育，以及校歌、校史等的爱校教育；同伴交往中的诚信教育等。此外，还有由班会活动方案、教育案例组成的一年长期课程。

家长课程从领取录取通知书的7月份开始，采用半天集中学习与假期自学《家长修炼手册》相结合的方式。开学第一周，每天选5~7名家长到校担任志愿者，协助教师完成学生一周短期课程。教师课程从7月份第一周开始，进行一天集中教材培训，之后是年级教研与自学结合。

在课程实施中要注意以下几点：

1. 在入学教育课程中培育和践行社会主义核心价值观

党的十八大报告指出，要扎实推进社会主义文化强国建设，倡导富强、民主、文明、和谐（国家层面价值追求），倡导自由、平等、公正、法治（社会层面价值取向），倡导爱国、敬业、诚信、友善（个人层面价值准则），积极培育和践行社会主义核心价值观。2013年，中共中央办公厅发文《关于培育和践行社会主义核心价值观的意见》，要求将社会主义核心价值观纳入国民教育全过程。党的十九大报告继续要求坚持社会主义核心价值体系。

习近平总书记在北京市海淀区民族小学座谈时说，社会主义核心价值观体现了古圣先贤的思想，体现了仁人志士的夙愿，体现了革命先烈的理想，也寄托着各族人民对美好生活的向往。他要求，社会主义核心价值观教育从少年儿童抓起，融入学校教育全过程，并且提出，在少年儿童中培育和践行社会主义核心价值观，要适应少年儿童的年龄和特点，主要是要做到记住要求、心有榜样、从小做起、接受帮助。

我们认为，个人层面价值准则的实现是基础和前提，其程度决定了社会层面价值取向和国家层面价值追求的实现。把社会主义核心价值观融入国民教育全过程，落实到中小学教育教学和管理服务各环节，深入开展爱国主义教育、国情教育、国家安全教育、民族团结教育、法治教育、诚信教育、文明礼仪教育等，引导学生牢牢把握富强、民主、文明、和谐等国家层面的价值目标，深刻理解自由、平等、公正、法治等社会层面的价值取向，自觉遵守爱国、敬业、诚信、友善等公民层面的价值准则，将社会主义核心价值观内化于心、外化于行。

新生入学课程的目标之一就是对学生开展社会主义核心价值观教育，在常规训练中落实核心价值准则。各班组织学生学习升国旗礼仪，认国旗，唱国歌；背诵24字社会主义核心价值观和15字理想信念，并采取游戏、竞赛等方式激励学生积极参与，与"我的学校"课程内容结合，让学生了解校园文化，学唱校歌，在学生幼小的心里播下爱国、爱校的种子。

当学生意识到"我已经是一名小学生"的时候，其行为也会自觉地发生一些变化，如教师让学生帮忙做一些事，他们会很积极地响应。这个时候，培养学生的责任心就至关重要了。一年级是培养学生责任心的重要时期，关系到学生今后的成长，关系到学生在做人、求知的过程中，培养责任感；"清扫教育；垃圾归家"，让学生知道抹布等清洁工具的作用，学习扫地、拖地等的正确方式，同时也在劳动中培养学生的责任意识、合作意识；"班级"帮助学生树立班级主人翁的意识，争当服务志愿者，争做班级小主人；"爱护公物"强调爱护栏杆、消防栓等公共设施，管好自己，互相监督；"上课铃声响"帮助学生了解作息时间，并知晓小学与幼儿园时间分配和管理要求的不同，从而更好地约束自己，尽快适应小学生活。

文明也是学校新生课程建设的一个重要内容。为了帮助一年级新生养成良好的文明习惯，新生课程中有见面微笑、招手、问好等内容；"队列行进训练"教会学生排队集合的规则，做到安静、有序；"文明用餐"教学生学习用餐礼仪，有序排队不拥挤，安静用餐不浪费；"音量尺"引导学生学习了解噪声的危害、安静的好处；"文明如厕"指导学生文明如厕；"清扫教育：我会用抹布"教会学生清理垃圾，互相监督，维护环境卫生；"注意校园安全"教育学生不攀爬，不追打，不推搡，不做危险的事情……通过这些课程专项而细致的教育与强化训练，一年级学生言行得以规范，文明意识得以增强，文明习惯得以逐步养成。

诚信教育则体现在"同学，你好"等内容的学习中。不说谎，说话算话，遵守承诺，就是一个讲诚信的人。

同时，家长在入学课程中也要有"立德才能树人"的观念，注意自己的言行，关注孩子的健康成长。教师在课程中要自觉践行社会主义核心价值观，用生动形象、联系当下的生活的事例去引导学生。这样才能三方合一，携手同行。

2. 在入学教育课程中开展班级建设

课程设计面向全体一年级新生，但班级教师、学生的个性和家长情况会让课程学习呈现的形式、效果有一定区别。班主任要根据学校文化、班级规划、学生特点等，建设自己的班级文化（如班风、班规、班级口号等），合适的时候与任课教师、家长、学生商议。在入学课程进行中要适当渗透，及时观察和总结。

3. 开展年级教研

新生入学课程是全新的自主开发课程，教师对一年级教学特殊性的忧虑、对校本教材的不熟悉是制约一年级新生入学教育课程实施效果的核心因素。学校集中培训后，更多要靠教师自己熟悉。另外，年级集体教研、同伴交流也是提升教学效果的重要渠道。建议教学一年级新生入学教育课程期间，每天下午放学后所有的正、副班主任开展主题教研，总结当天得失，预备第二天教育内容，熟悉操作流程，进行合理分工。在教研中统一教学进度、组织方式，把握课堂目标，进行班级建设。

4. 几种特殊课例的实施建议

一年级新生入学课程包括讲授、练习、校园实践、欣赏等课型，以适应一年级学生身心发展规律的方式进行，如不长时间讲解，多互动，穿插游戏和故事，让学生当小老师，适时运用小奖品或小组评价，等等。有几节特殊课例，组织内容或形式稍有不同，说明如下：

① 探险课。该课旨在让学生在一节课里通过寻找规定地点和自己发现其他地点，熟悉一年级常用的场地和路线，可以锻炼学生的协同能力，使其更亲近校园，热爱校园生活。可在 2~3 个班同时展开。正、副班主任和家长志愿者，共 12~18 个成年人统一分工，分别守候在音乐教室、食堂、厕所、取饮用水处、一年级教师办公室，在找到这些守候位置的学生的书的相应位置打钩或盖章，可以请保健教师配合。剩余教师和家长全部分散到探险路线（如教室、走廊）上，保障学生安全有序开展探险课，接受学生求助。每个班可提供不一样的探险路线，以免拥挤，如一个班先找厕所，另一个班先找音乐教室，等等。学生很喜欢这节课，易兴奋得到

处跑，为强化安全意识，探险开始前组织学生 4 人一组，分成若干组，拟定探险约定，团结协作，安全、愉快地完成探险任务。

② 心理团辅课。心理团辅课"同学，你好"由心理工作室的 6 名教师完成，在本班内由家长志愿者协助完成。班主任须提前一天让学生思考"代表自己的植物并用动作表现出该植物现在的样子"；"我的学校　我的班级"可在教室外合适的场地进行。

③ 年级大课"我的学校"。该课由 12 分钟的视频观看和 28 分钟的校歌教唱两部分组成。观看视频时，当班教师要根据内容组织学生及时互动。如视频里讲到大一小的吉祥物时，教师要带着学生一起说。后面的时间是音乐教师在广播里教唱校歌，也需要当班教师配合。班主任将视频传到家长群，要求学生和家长一起看视频，并把学生唱校歌的视频发到群里（作为学生当天的家庭作业），以便学生相互学习、教师督查。

5. 家长志愿者参与

开学报到时，每天邀请几名家长志愿者到班上协助课程实施和班级管理。家长志愿者的任务是协助课堂教学，抓拍学生在校园的精彩瞬间，做到每个学生都在镜头里，将这些照片上传至班级 QQ 群。协助教师照看学生（课间、排队集合、就餐），完成调查问卷的统计及其他临时性任务。每天家长都能通过班级 QQ 群查看到学生在校的照片，清楚学生在学校的生活。

在第一周课程结束时，每班评出 5 名优秀家长志愿者，期末每班评出 3 名优秀家长。家长志愿者是家长与学校沟通的一个较为重要的桥梁，有了他们，一年级新生入学教育课程实施起来就轻松许多，教师和家长联系也更为密切。利用好家长志愿者，不仅可以提高家长对学校、教师的认可度和信任度，还可以为以后教育工作的展开提供支持与便利。

6. 开发和使用有效的教学方法

一年级学生的年龄特点决定了教学方法必须具有童趣性、互动性、及时性、反复性，需要经验与创新的结合。开发和使用有效的教学方法，可以提高教学效果，增强训练实效。

① 制作名牌。家长在学生报到前制作好两个名牌：一个是佩戴在左胸的姓名牌，另一个是竖立在桌面上的座位牌。名牌要求姓名突出，美观耐用。便于教师在第一时间叫出学生的名字，也便于同学之间尽快记住彼此的姓名。一般姓名牌佩戴一周，座位牌保留两个月。

② 同伴互助。建立小小组、纵向大组管理单元，促进小组成员的交流和熟悉。在就餐、如厕、讨论、汇报、学习等活动中发挥同伴作用，有助于学生克服人际交往困难，尽快营造良好的班级氛围，帮助学生更好地融入班级和校园生活。

③ 及时总结并反馈。学生更喜欢别人的及时反馈，一个回答、一节课之后的表扬会让他们产生荣誉感。发放点小奖品（如表扬卡、贴画、小糖果、铅笔、本子等），他们定会快乐无比。

④ 多媒体的运用。在新生入学课程的实施中，教师要多准备与教学内容有关的绘本、音频、视频等，可在学生感到疲倦、教学内容抽象、需要增强教学效果时使用。《奇先生妙小姐》《神奇校车》《昆虫记》《科学大求真》等书籍或影视作品就是很好的素材。

⑤ 开发行动口令。简短上口、指令清晰的口令让爱动、爱闹、注意力易分散的新生们行动一致，现场秩序立马改变。

⑥ 后期持续训练强化。一周短期课程能很快规范学生的校园集体生活行为，强化社会主义核心价值观的重要性，在以后一年的长期课程中还须不断训练、强化，以便学生养成好习惯。

四、课程评价

一年级新生入学教育课程的评价是多维度的。有自评、互评、师评、校评，有问卷、观察、访谈。家长和教师的课程学习评价通过3次调查问卷和班级汇报评比、期末靓美班级考核来体现。学生评价有每日星桥娃评比和一周短期课程结束后的靓美星桥娃评比、期末靓美星桥娃评比。

每日星桥娃是根据当天的学习内容和孩子的学习表现，评出10名星桥娃，正、副班主任在被评为星桥娃的学生的课本上标注星星。

【每日星桥娃】

给个笑脸奖励自己吧！

1. 队列行进	
2. 学唱校歌	
3. 了解校园	
4. 规范课堂常规	
5. 我会扫地	

【每日星桥娃】

给个笑脸奖励自己吧！

1. 文明就餐	
2. 对齐桌椅	
3. 微笑进校园	
4. 放学快、静、齐	

一周短期课程结束,综合 5 天的得星情况,按照学校评比标准,评出靓美星桥娃。

学校根据平时抽查情况和汇报展示效果,评出新生入学课程靓美星班级,并颁发奖状,记入期末靓美星班级的评比中。同时评出一年级新生入学教育课程星教师、优秀家长志愿者。

期末,新生课程建设按照学校《靓美班级评比细则》纳入学校靓美星班级评比中,发挥新生入学课程的长期作用,建设靓美星班级,评出优秀家长和优秀教师。

五、所需条件

学校成立一年级新生入学教育课程领导小组、课题组,持续开展入学课程的研讨、培训、实施、评价等工作。发挥上一届带下一届的帮带机制,由德育主管领导和德育处负责指导推进。

① 制度保障:学校根据课程建设的需要,建立、健全与入学课程相关的制度,包括入学课程先进评比制度、教师配备制度、教师教研制度、家长志愿者管理制度、课题研究制度等,以确保入学课程工作的顺利推进。

② 培训保障:学校每学期有计划地选派教师参与各级各类培训,建立学校的校本研讨制度,创设班主任及德育心理名优工作室,立足自身实际,开展丰富、有效的培训。深入课堂教学,注重发现典型,总结经验,及时分析问题,寻找对策,培养课程指导骨干教师。

③ 经费保障:学校为一年级新生入学教育课程的校园环境设置、学校大型活动开展、教师外出培训等方面提供足够的经费。

附：

优秀教案

第一单元　我上小学啦

训练要点　朝会：开学典礼训练

教案设计：刘　怡

一、教学目标

1. 学会整理好自己的书包，知道如何在教室里放好书包，做一名文明的小学生。
2. 参加开学典礼时要注意在前往操场的过程中的队列训练。
3. 升旗仪式时要肃立，神情专注，行注目礼。
4. 社会主义核心价值观教育要点：责任、爱国。

二、教学重点

认真落实在队列行进和升旗仪式时的队列训练。

三、教学过程

（一）导入

师：孩子们，今天我们首先要学习如何放好书包。

（二）放好书包

教师站在讲台上示范，学生观察。（教师准备好书包和椅子）

师：孩子们，首先我们应该双手拿着书包的背带，将背带挂在椅子背上，就像这样。（教师一边说一边示范动作）

教师请一位学生上台展示如何在椅子上放书包，其他学生仔细观察。

师：孩子们，你们都看懂了吗？现在请你们放一放自己的书包吧。

教师巡视、随机指导并表扬做得好的学生。

（三）升旗仪式

师：孩子们，我们现在要参加升旗仪式了，谁还记得昨天升旗仪式的要求？（请2~3名学生说一说）

请学生回答,教师随机点评。

师:孩子们真的很棒!昨天老师讲的关于升旗仪式的要求,很多学生都已经牢记在心中了。请把掌声送给你们自己。下面,我们一起来复习升旗仪式的要求,看看哪些学生说得好,做得也好。

1. 复习升旗仪式要求。

(1) 升旗时,脱帽行注目礼,眼睛看着国旗,表情严肃,不嬉笑。

(2) 唱国歌,观看升国旗。

2. 复习队列训练。

教师让学生在楼道集合,做到快、静、齐。学生按昨天的队列位置站好。

学生复习儿歌:站队时,要对齐。胳膊平,身要直。

学生在教师的带领下,精神饱满,整齐有序地走向操场,参加升旗仪式。

(四) 室内升旗仪式

师:孩子们,我们之前训练的升旗仪式是在室外进行的。如果遇到了下雨天,我们应该在哪儿进行升旗仪式呢?(请2~3名学生回答)

师:孩子们真聪明,请大家把掌声送给他们。室内升旗仪式,主要是在下雨天或者室外无法开展升国旗活动的情况下进行的。孩子们,你们知道怎样才能进行好室内升旗仪式吗?(请2~3名学生回答)

教师强调进行室内升旗仪式时,学生应做好以下几点:① 要全体肃立,面对国旗行注目礼。② 国歌奏响,唱国歌。③ 要保持肃静,按照活动要求进行,不能大声喧哗。

(五) 课堂总结

请几位学生说说学到了什么。

教师总结:孩子们,我们现在已经是一年级的小学生了,我们应该养成良好的行为习惯,争做文明的小学生。另外,在举行升旗仪式时一定要注意礼仪规范,希望你们能牢记于心!

第二单元 我的校园

训练要点 4 课堂常规：静息，坐，立

教案设计：马华林

一、活动目标

1. 学会正确的静息姿势及正确、大方的站姿和坐姿，懂得约束自己的课堂行为。
2. 初步学会小小组交流的形式和方法，遵守课堂规则，友善交流。
3. 通过活动明白养成良好的课堂习惯是小学生的责任。
4. 社会主义核心价值观教育要点：友善、责任。

二、实践体验

（一）训练静息

师：孩子们好，老师今天给大家带来一首有趣的儿歌，想学吗？

1. 教师教儿歌。

　　　　　　　　上课铃声响，
　　　　　　　　快快进课堂。
　　　　　　　　书本、文具放整齐，
　　　　　　　　静等老师把课上。

2. 学生逐句跟老师念儿歌，拍手念一遍。

师：读了儿歌，你们知道了什么？（学生自由回答）

3. 指导学生明确静息要求：双手臂叠放，头向窗户一侧。

师：孩子们真能干，现在让我们来练一练！

4. 练习静息，教师吹口哨，学生迅速、安静地回到教室静息。

师：上课能迅速、安静地静息，这样才是一名遵守纪律的小学生。

（二）训练站姿、坐姿

1. 课前。

师：刚才你们表现不错，现在再教大家一首儿歌。来，让我们一起来听第二首儿歌。

2. 训练口令。

　　师：一二三。　　　　生：请坐端。
　　师：三二一。　　　　生：请静息。

师：小眼睛。　　　　生：看老师。

师：小嘴巴。　　　　生：闭闭好。

师：小耳朵。　　　　生：专心听。

3. 师生合作，边念边做。

师：现在让我们来看看回答问题时应该是怎样的姿势呢？

（师）头正、身直。　　　（生）脚并拢。

（师）小脚并并拢。　　　（生）身子坐得正。

（师）回答问题先站直。　（生）出门站队快、静、齐。

教师示范站姿要求：回答问题，身体站在椅子的右侧，呈立正姿势。如果需要离开座位上台回答，就要将椅子放入桌下。

4. 学生练习起身、站立。

师：孩子们腰板挺得直直的，老师为你们点赞！真正的小学生就是这样有规矩。

（三）训练小小组交流

1. 认识小小组：同桌。

2. 提出要求。

师：课堂交流、发言时，我们经常会让小小组来合作学习。一个小小组发言，其他小小组要专心听，这是尊重同学的表现。

3. 请一个小小组上台示范，其他学生坐端正，眼睛看着台上的同学，明确这样才是认真听。

三、巩固练习

1. 请两个小小组上台示范。

师：现在我们就请一个小小组来给我们示范。台下孩子们仔细观察，认真听。

2. 训练静息、站、坐，教师在旁边指导，台下学生举手评价示范同学的姿势，说说他哪里做得好。

3. 全班训练，一起做游戏。

4. 教师点评，及时表扬表现优秀的学生。

四、活动结束

师：今天，孩子们学会了静息、端坐和正确的站姿，还明白了同桌两个人就是一个小小组，真是聪明又遵守规则的好学生！

第三单元　我的同学

训练要点1　文明如厕

教案设计：谢云兰

一、教学目标

1. 认识厕所标志。
2. 训练如厕6件事：排队、站位、上厕所、扔纸、冲水、洗手。
3. 懂得文明如厕很重要。
4. 社会主义核心价值观教育要点：文明。

二、教学重点、难点

做好如厕6件事。

三、教学准备

1. 课前认识学校的厕所。
2. 准备故事《是谁嗯嗯在我头上》PPT。

四、教学过程

（一）故事导入

1. 教师讲述故事片段。
2. 小结：上厕所要讲文明，要用文明用语。

（二）认识"厕"字，引出课题

1. 认识"厕"字，懂得"厕"字的含义。
（1）出示3个不同写法的"厕"字，让学生认识。
（2）认识"则"字，引出"规则"。
师：这三个字都是"厕"。从古时候到现在，不管这个"厕"字怎么变，其中的"则"都没有变。它表示厕所的建造有规则，上厕所时的言行也要有规矩。
（3）懂得"如厕"的含义，引出课题。
师："如厕"是什么意思？
学生猜一猜。

小结：如厕就是上厕所，这是古时候留下来的一种文雅的说法。今天，我们就来说说"文明如厕"。（贴课题卡片）

（三）认识厕所标志

1. 判断男女厕所标志。

师：孩子们，外出如厕时，你们有没有碰到过分不清男女厕所的时候呢？学生交流。

师：今天，咱们请到了一个特别的小伙伴来帮助大家。大家看看他是谁？（PPT 出示大头儿子图片，播放录音）

2. 依序播放厕所标志，男女生相继起立，判断男女厕所。

师：你们是怎么区分这些厕所标志的呢？

学生交流。

2. 认识学校的厕所标志。

（四）说说喜欢的厕所环境

1. 展示厕所图片。

师：大家喜欢这样的厕所吗？为什么？

2. 说说不喜欢什么样的厕所。

师：看来大家喜欢漂亮、干净的厕所，那你们不喜欢什么样的厕所呢？

生 A：不喜欢脏的、臭的厕所。

生 B：不喜欢破破烂烂的厕所。

小结：保护环境、爱护公共设施是每一个人的责任。如厕时讲文明、讲规则才能营造一个我们喜欢的厕所环境。

（五）做好文明如厕 6 件事

1. 如厕究竟应该做好哪些事呢？

（1）学生自由说。教师规范学生的表述，注意引导。

（2）教师出示如厕 6 件事：排队、站位、上厕所、扔纸、冲水、洗手。

（3）教师带领读一读、记一记。

2. 理解"站位"。

师：你们知道什么叫"站位"吗？这里的"站位"就是上厕所时我们所站的位置。（出示 PPT，明确概念）

3. 怎么做好如厕 6 件事？

师：做好如厕 6 件事，也不是那么容易哟！怎样才能做好这些事呢？

（1）文明排队。

师：什么时候排队？排队要注意什么？

（2）站位要准。

出示站位秘密：中间、靠近。

师：站位时为什么要站中间，要靠近？（出示PPT）

（3）扔纸入篓。

师：上完厕所要扔纸，你们会扔吗？

抽小组上台，练习把纸扔进垃圾篓。

师：如果不扔进去，可以吗？

学生大胆表达。

（4）冲水冲净。

师：上完厕所，咱们一定要记得冲水。你们会冲水吗？

师：踩冲水开关时，踩准，冲干净，不能把开关当作玩具乱踩。

（5）洗手时要节约用水。

师：最后别忘了要洗手哟！洗手时，你们要提醒大家注意什么呢？

师：节约用水，水龙头不能开太大，更不能玩水。

（6）排泄物要入槽。

师：厕所经常臭臭的，你们知道为什么吗？看完调皮的小猴子的行为，你们可能就明白啦！

① 看小猴子如厕图片，判断它的行为。

师：小猴子这样做对吗？厕所臭臭的，一个重要原因是什么呢？

② 解决排泄物的方法——入槽。

师：讲于连的故事。（出示PPT）

师：孩子们，对准重要吗？于连对准导火线撒尿，挽救了一座城市，尽到了一个小公民的责任；我们对准马桶如厕，能维护厕所环境，尽到一个小公民的责任。

（六）课堂总结

师：这节课我们学习了如厕的6件事，做好这些事，才能维护厕所环境，保持厕所的洁净。孩子们，都记住了吗？

师：最后让我们学习一首《如厕歌》，记住如厕的这些事吧！

如厕歌

如厕时，守秩序；轻推门，站准位；

便入槽，纸入篓；冲净厕所，洗洗手，洗洗手。

第四单元　我的课堂

训练要点4　上学和放学安全

教案设计：邱永霞

一、教学目的

1. 让学生认识一些交通标志，了解这些交通标志的作用。
2. 教育学生要遵守交通规则，使学生平安上学和放学。
3. 社会主义核心价值观教育要点：责任、诚信。

二、教学过程

（一）导入

师：我们已经上一年级了，有的同学能够独自一个人或者和小伙伴上学、放学回家了，但是从家到学校的路上会有一定的危险，孩子们一定要注意安全，做一个让爸爸妈妈放心的好孩子。

学生跟教师一起读儿歌：红灯停，绿灯行，黄灯警示要看清；过马路，左右看，交通规则记心中。

（二）新课

1. 认识交通信号灯。

（1）说说交通信号灯是什么样子的。

（2）讲解3种颜色信号灯表示的不同意思：红灯表示禁止通行，绿灯表示通行，黄灯表示警告。

2. 认识交通安全标志。

（1）出示几种交通安全标志让学生辨认。（直行、向左转弯、向右转弯、人行横道、步行）

（2）人行横道是专门为行人设置的安全通道，行人走路要走人行横道。没有人行横道的地方，要靠右侧路边行走，一定要注意前后左右的车辆，否则容易发生意外。

（3）画一画：画出自己认识的交通标志。

3. 遵守交通规则。

（1）再唱《红灯停，绿灯行》安全儿歌。千万不要闯红灯。

（2）在没有红绿灯的地方，一定要左右两边看清楚，确保安全才过马路。

4. 上学和放学路上的注意事项。

（1）上学前一定要吃早饭。

（2）不在路边摊点买零食。

（3）不要在街上或公路上打闹、玩耍。

（4）上学或放学路上，不要和陌生人说话，更不能跟陌生人走。

（5）不坐无证驾驶的车辆。

三、课堂总结

师：为了我们的安全，我们一定要有规则意识，能自觉遵守交通规则。高高兴兴上学来，平平安安回家去，这不仅是对我们自己负责，也是对家长负责。

第五单元 我的班级

训练要点3 爱护公物

教案设计：尹　昶

一、教学目标

1. 教育学生不在桌椅上乱涂乱画，养成爱护桌椅的习惯。

2. 进行不乱涂乱画教育，使学生养成爱护公物的意识，不在其他地方乱涂乱画。

3. 社会主义核心价值观教育要点：文明、责任。

二、教学重点

不乱涂乱画公物。

三、教学准备

课件。

四、教学过程

(一) 欣赏美好事物的图片

1. 街道——马路、广场、社区。
2. 校园——操场、教室、走廊、厕所。
3. 家庭——客厅、厨房、厕所、阳台。

(二) 对比观察谈感受

1. 出示美丽风景的图片。

师：看到这些图片，你们有什么感受？

2. 出示学校被乱画乱涂的桌子、椅子的图片。

师：看到这些图片，你们又有什么感受？

(三) 观看视频1

观看桌子和椅子的童话故事（桌子和椅子被画花了以后的聊天）。

师：是啊，同学们，桌椅也是有生命的，他们受到伤害，也会哭呢！画花了桌椅，可不是文明的好学生。

(四) 观看视频2

观看干净的桌椅与脏乱的桌椅的对话（干净的桌椅嫌弃脏乱的桌椅，不愿意和他们交朋友）

师：现在他们都被画花了，我们应该怎么做才能保护他们，让他们交到朋友呢？

(五) 学生提建议

师：有了这么多的办法，我们的桌椅一定能够交到朋友的。看一看，如果你们的桌椅已经被画花了，我们一起来给他们洗脸吧！

(六) 给桌椅洗脸

学生拿出准备好的清洁用具，给桌椅洗脸。自己的事情自己做，承担起清洁自己桌椅的任务，这才是有责任感的小学生。

(七) 爱惜学校公物

(1) 学校的桌椅要爱护。

师：我们作为大一小的一员，当然要承担起爱护学校公物的责任啦！

(2) 乒乓台。

师：学校的乒乓台怎么爱护？

生：不攀爬。

师：学校的乒乓台，我们来守护，做有责任感的好孩子！

(3) 栅栏、消防设施（小小组合作）。

师：和你的同桌一起讨论，学校的栅栏，我们要怎样保护？

师：我们是学校的一员，要从身边的小事做起，做一个文明的小学生。同时，要爱护班级的物品，也要爱护学校的一花一草，担当起保护公物的责任，这才是有责任感的优秀小学生！

（八）课堂总结

1. 说一说。

师：同学们，你们还发现了学校哪些地方需要我们爱护呢？善于观察的你们，发现了吗？

2. 画一画。

师：用你们的笔，把这些需要我们爱护的地方，画下来吧。

大一小"游心而愈"团体心理辅导课程纲要

心理健康是学生健康成长、和谐发展的重要因素，实施心理健康课程是落实立德树人根本任务的重要保障。为进一步指导学校的"游心而愈"团体心理辅导课程的开展，使其更有针对性、时效性，从而切实提高学生心理素质，促进学生身心健康和全面发展，达成学校育人目标，结合学校实际，制定本纲要。

一、指导思想

以习近平新时代中国特色社会主义思想为指导，深入贯彻落实党的十九大和全国、全市教育大会精神，全面贯彻党的教育方针，落实教育部《纲要》《关于全面深化课程改革落实立德树人根本任务的意见》要求，遵循学生身心发展规律，全面推进素质教育，围绕培养"心康体健、品美行雅"的靓美小桥娃的育人目标，以"心之桥"课程基地建设为载体，以构建心理健康课程为依托，以"游心而愈"团体心理辅导课程为主要实施途径，提高教师心育能力，整体提升学生心理健康水平，助力学校高质量发展。

二、基本原则

坚持德育为先。将立德树人贯穿"游心而愈"团体心理辅导课程全过程，实行以美育心，让学生富有中国心，教育引导学生爱党爱国、爱人民、爱社会主义。

坚持以学生为本。尊重学生的成长规律，以发展学生心理健康，培养学生健康、积极的心理为出发点，根据年段和个体差异，实施心理健康教育，帮助学生健康、快乐成长。

坚持面向全体学生，尊重个体差异。全体教师树立科学的心理健康教育观，运用心理健康教育的方法和手段，面向全体学生，普及心理健康基本知识，教育内容有针对性，符合不同年龄段和个体学生的心理发展特点，促进其身心全面、和谐发展。

坚持预防、发展和干预相结合。注重预防学生成长过程中的心理行为问题，引导学生主动关注自身心理健康状态。及时干预应急、突发事件，对学生学习、生活和社交等方面存在的困扰和成长中出现的心理危机及时给予有效帮助和辅导，对个别有心理问题的学生进行有效矫正，极少数有心理疾病或障碍的学生由专业人员进行治疗，从而提升全体学生心理健康水平。

三、"游心而愈"团体心理辅导课程理念

学校以"心之桥"命名的心理健康教育课程在"一桥飞架，众美纷呈"办学理念的指导下，形成了具有靓美文化底色的"游心而愈"团体心理辅导课程。课程以"靓美人生，从心开启"为理念，以"游乐课堂，愈己助人"为主张，面向全体学生，关注学生成长中的问题和学生的困惑，依照学生的成长规律，定位发展和预防，通过开展系统性的班级团体心理辅导课和程心理健康教育团体活动，降低学生在发展过程中出现适应能力差甚至心理障碍的可能性，改善学生的不成熟行为，提高学生的自我调节技能，促使学生的心理水平稳步提升，逐步加强心理素质，养成适应社会生活的积极态度和良好习惯，培养健全人格。

四、"游心而愈"团体心理辅导课程目标

（一）总体目标

依据《纲要》，着力培养学生的自我意识，以及学习、情绪调节、人际交往、社会适应和生涯规划的能力，应对可能出现的心理危机，同时健全人格和培养良好的个性心理品质。结合学校实际，学校提出以下心理健康教育课程目标。

自我意识：传授科学的心理知识，倡导批判与创新。掌握有关防治与消除心理健康问题的方法，客观、积极地认识自己与周围环境的关系、自己和其他社会成员的关系、自己与社会的关系。学生学会从心理自我、生理自我和社会自我的维度全面地认识自己，悦纳自己，调控自己，客观评价自己，保持心理的健康状态。建立和谐的师生关系，教师对学生保持真诚的态度、积极的评价，促进学生更积极地认识自我。

学习：学习是学生的主要任务。小学阶段学生要在着重培养时间管理能力、纪律意识及良好的学习习惯的基础上，激发对学习持续的兴趣，保持好奇心和探究精神，从学习中体会快乐，学会创造性地解决问题。面对学习中的挫折，保持成长型思维，积极寻找解决办法。以合理的心态看待成绩，用发展型思维看待阶段性成绩，在反思中成长。

情绪调节：认识情绪智力。情绪智力是指加工情绪信息的一种能力，包括正确地评价自己与他人的情绪，恰当地表达情绪及适时调控情绪的能

力。学生通过学习情绪智力心理知识与技能，认识自己的情绪并管理情绪，同时也认识他人情绪及提升人际关系的处理能力。必要时能从老师、家长及心理辅导专业人员获取帮助，运用一定的心理调适方法应对外在压力，维持身心平衡。

人际交往：好的人际关系是获得个体幸福感的重要保障。亲子关系、师生关系、同学关系构成的交往体系对学生心理发展有关键作用。学校通过班级团体心理辅导课和团体心理健康教育活动的形式，帮助学生客观认识自己的优缺点，正确看待外部事件，排解不良情绪，掌握同伴交往的技能，提升同伴交往行为。通过亲子主题活动，改善、提升亲子关系。另外，教师要努力建立和谐、平等的师生关系，同时引导学生能在不同情境中团结协作，营造和谐共处的环境，促进学生健康、快乐成长。

社会适应和生涯规划：社会适应性是个体化与社会化的一系列过程，是学生在不断学习、创造、交往与发展中，逐渐形成独立意识，成为独立的个体，来承担社会责任并应对社会环境变化的心理和行为活动。学生能够自觉遵守社会规范，正确处理人际关系，能够自理生活，能够持续进行个体调适来适应不断变化的环境。生涯发展始于儿童期，小学生处于生涯发展中的成长阶段，在小学进行生涯规划能提高学生对兴趣的认识并帮助学生与未来职业相联系，由此来提高学生的学习兴趣。根据学生的个性特点、兴趣爱好和特长进行综合测评，有意识地引导学生联系未来职业，激发学生的学习兴趣，为其未来形成生涯规划方案奠定基础。

心理危机应对：引导学生认识危机事件，一是突发性危机事件，即公共安全的紧急事件，二是个人难以应对的冲突性生活事件。有目的、有计划地开展预防性干预，对学生心理素质进行培养，使其心理品质不断优化，预防危机的发生。针对心理危机状态中的个体提供及时、适当、有效的心理援助，寻求专业人员帮助心理严重失衡的学生，降低或减轻其可能出现的危害，使其尽快走出困境。根据学生的行为观察分析，从情绪、认知、行为、躯体这四方面对高风险学生进行辨别。建立心理干预机制，营造良好的关系，积极与学生沟通，让学生感受到在校的支持力量。针对不同干预对象和特点适时进行普遍性干预、选择性干预和指定性干预。面向全体开展心理健康教育辅导，利用好团体辅导课、讲座、主题活动、心理咨询等途径，让学生了解事件的性质、影响，掌握宣泄、转移压力的方法，学会自我调控技术，缓解心理压力，促进身体健康发展。

（二）课程年段目标

《纲要》中明确指出各年段学生的阶段目标，结合学校"游心而愈"团体心理辅导课程总体目标及不同年段学生的身心发展特点，制定分学段课程目标，具体如表 2-2 所示。

表 2-2 "游心而愈"团体心理辅导课程分学段课程目标表

	自我意识	学习	情绪调节	人际交往	社会适应和生涯规划	心理危机应对
低年段	1. 认识自身所在的班级、学生、老师等。 2. 认识自己：性别、外在特征、兴趣爱好等。 3. 初步认识自己和周围其他成员的关系。	1. 了解学校和班级的日常规范和基本准则，逐渐培养时间、规则和纪律意识。 2. 初步体验学习的乐趣。 3. 培养良好的学习习惯。	1. 认识自己的情绪：快乐、高兴、难过、悲伤、愤怒等。 2. 认识产生不同情绪的原因并能对其进行描述。 3. 认识他人的情绪，推测该情绪产生的原因。	1. 认识同学、老师和学校其他人员。 2. 掌握人际交往的基本原则：与人为善，尊重他人，也尊重自己。真诚交流，善于倾听，等等。 3. 爱父母，爱老师，爱同学，并能和他们交流。	1. 能生活自理，遵守学校、课堂规范。 2. 清楚自己的兴趣和擅长的事物。 3. 获得对学习、生活正确的态度。	1. 心理筛查，从情绪、认知、行为、躯体四个方面辨别出高风险的学生。 2. 营造融洽、互助的班级与校园氛围，让学生有可供寻求帮助与支持的渠道。 3. 建立家校沟通渠道，让学生感受到家庭的关怀。
中年段	1. 认识自身与周围环境的关系、自己与其他社会成员的关系。 2. 了解自我，接纳自我，有完善自我的意识与行动。 3. 对是否喜欢某事物表达自己的观点。	1. 激发学习兴趣和探究精神，能以小组合作的方式完成学习任务。 2. 积极面对和解决学习中遇到的困难。 3. 自主制订时间安排表，对娱乐与学习时间进行有效安排。	1. 用贴切的语言表达自己的感受。 2. 了解并能分析情绪的产生，促进思考能力的提升。 3. 能反省性地调节情绪。	1. 具有同情心、自信心，与他人和睦相处，人际关系和谐。 2. 能与同伴在学习、劳动等场景中合作，积极沟通，协调分工。 3. 能够处理人际交往中出现的矛盾。会处理同伴交往中的不良情绪。	1. 正确处理人际关系，积极融入群体，遵守社会规范。 2. 形成积极的自我概念，根据对外部世界的探索来调整自己的形象。 3. 初步感知自己的兴趣爱好与未来职业之间的关系。	1. 引导学生客观认识身边的危机和学会积极处理。 2. 增强同学之间的联系，减少学生的孤独感。 3. 引导学生了解危机事件的性质、影响，掌握应对危机事件的方法。

续表

	自我意识	学习	情绪调节	人际交往	社会适应和生涯规划	心理危机应对
高年段	1. 对自己有客观的自我评价，积极自我悦纳，保持健康的自我形象。 2. 情绪稳定，意志坚定，能有效支配自己的心理行为。 3. 能认识并比较自己不同方面能力的强弱，客观看待自己，既不自负，也不自卑。	1. 进一步培养学习兴趣，保持好奇心和探索精神，积极向上，不断进步。 2. 合理看待学习成绩，在克服困难中成长。 3. 进一步提高分析与解决问题的能力。	1. 持续发展表达和评估自身与他人情绪的能力。 2. 善于协调和控制情绪，处理好自身的紧张和不安。 3. 运用情绪管理来激励自己更好地做个人适应、家庭适应、学校适应及同伴适应。	1. 能在不同交往情境中，遵循人际交往准则，与人为善，形成健康、积极的人际关系。 2. 能与同伴在学习、劳动等场景中合作，积极沟通，协调分工。 3. 有维持良好人际关系的能力，从良好的人际关系中相互促进，共同成长。	1. 进行个人调适来适应不断变化的环境。 2. 进行积极的自我探索，扩大对不同职业的了解。 3. 通过生涯教育加深对自己兴趣的认识，帮助自己与未来职业相联系。	1. 进一步认识危机事件及其影响和可能避免的方法。 2. 掌握宣泄、转移心理压力的方法，学会自我调控的方法，缓解心理压力。 3. 逐步形成面对突发情况稳定、积极的心理状态。

五、"游心而愈"团体心理辅导课程主要内容

心理健康教育团体活动课程：面向全校学生，学校和心理辅导教师根据本校、本班学生身心发展实际情况，制定活动目标、内容，开展心理健康教育活动，利用专题讲座、主题活动、亲子活动等方式，提供多样社会生活的模拟场景，成为学生自我体验、自我发展、自我超越、自我实现的重要学习方式。

心理健康教育团体辅导课程：面向全体五、六年级学生，定期开展心理团体辅导课，以班级为辅导单位，以学生成长需要为辅导目标，对学生进行集中、系统、有效的心理辅导。帮助学生正确认识自己的优缺点和兴趣爱好，在各种活动中悦纳自己；着力帮助学生培养学习兴趣和学习能力，端正学习动机，调整学习心态，正确对待成绩，体验学习的乐趣，以发展的眼光对待学习中的困难；开展初步的青春期教育，引导学生进行同伴交往和恰当的异性交往，建立和维持良好的异性关系，扩大人际交往的范围；帮助学生克服学习上的困难，正确面对厌学等负面情绪，学会恰当地、正确地体验和表达情绪；积极促进学生的社会行为，使其逐步认识自

己与社会、国家和世界的关系；培养学生分析和解决问题的能力，为初中阶段学习生活做好准备。

六、"游心而愈"团体心理辅导课程的途径与方法

学校文化建设中渗透心理健康教育因子。在精神文化方面，学校的校风、班风建设渗透心理健康教育理念和内容，建立和谐的师生关系，以美育心，以美育人。在物质文化方面，营造和谐、舒适的校园环境和良好的教学环境，让学生在和谐、开放、友好的环境中学习和生活。

心理健康教育全员全过程渗透和结合个体定制。全体教师将心理健康教育贯穿教育教学全过程，遵循心理健康教育规律，将符合学生心理特点的心理健康教育内容有机渗透到日常教育教学中。教师要尊重学生的个体差异与心理特点，根据学生需求，定制适合学生心理健康的提升方案，将团体辅导课与个别化辅导课相结合，更好促进学生心理健康发展。

开展心理健康教育主题活动与提供特需服务相结合。推出每周"心灵蜜语"、班级团体心理辅导课、定期心理专题讲座、"悄悄话信箱""班妈妈的小故事""有温度的家访"等活动，提升普通学生的心理健康水平；利用谈话、卡牌、沙盘、绘画、舞动等心理辅导技术，改善特殊学生心理状态；通过常规性个性化康复训练与辅导、专题汇报活动、运动会等方式大力促进特殊学生心理品质的发展。借力互联网的发展开展心理健康教育，学生及家长利用互联网资源予以解决问题。

充分发挥体育、美育、劳动教育的作用，培育学生积极的心理品质。体育教师、班主任、其他学科教师适时、科学地引导学生参加体育锻炼。在保障运动安全性的前提下，学生通过一定强度的运动强健体魄、开阔胸怀、强韧内心。持续提升学校体美融合大课间，学生在参与集体体育锻炼的同时，感受音乐、律动、表现形式的美，陶冶心灵。引导学生参加实践活动、社区活动等，切实培养学生热爱生活、珍爱生命的品质。

合理充分使用心理资源教室。利用好资源教室的6个功能区：感统训练室、沙盘辅导室、宣泄室、烘焙室、体能训练区和活动展示区。资源教室纳入学校统一管理，建立和完善相关管理制度，制定资源教室规章制度和使用指南、心理咨询室规章制度、沙盘辅导室规章制度等。

开展多元评价，从课程、活动过程、活动效果多方面对心理健康课程进行评价。教师评价从目标内容、活动设计、教学运用及管理、教学效果等维度进行。学生评价要用发展的眼光来看待，用中立、接纳性的评价理念，以促进学生健康成长为目的，建立定性、定量相结合的评价方式，建立多主体评价模式，多用描述的评语式评价，提倡正面、积极、有建设性

的评价。适当加入家长评价和社区评价，以提升心理健康教育效果。

充分利用校外教育资源开展心理健康教育，实现专家引行、团队保障、家校携手，共同促进学生健康成长。利用好高校专家资源，培训教师，提升心理健康教育、融合教育理念和专业辅导能力；培训家长，帮助家长掌握陪伴、辅导、教育等心育技能。利用好高校学生资源，建设好特教实习基地，让特教实习生更好地为学生提供心育服务；利用好家长资源，明确家长在教育中的重要地位与作用，建设家长资源库，指导家庭教育的开展，发挥家长服务学校、班级、学生的作用，形成家校共育合力。

七、"游心而愈"团体心理辅导课程的组织和实施

加强教师队伍建设，提高教师心理健康教育教学能力和专业水平。发挥德育心理名优工作室的培养、带动、辐射作用，提升教师心育水平。配置2名在职在编专业资源教师，服务于基地建设与特殊学生康复训练，推进融合教育发展。通过学习心理辅导技术、参与工作坊体验活动、开展课题研究、参加优质课竞赛、撰写案例论文，帮助教师提高心育能力。鼓励教师掌握1~2种心理辅导技术，对学生进行有效教育，解决突发事件，帮助学生健康成长。同时，教师们也要学会自我调适，促使个体身心健康发展。

深入开展教学研讨，集全校教师智慧，形成高质量校本读本。心理健康教育读本的编写、审查和使用要符合《纲要》的要求。学生、家长、教师使用的心理健康教育读本必须经上级教育行政部门专家审定后方可使用。

加强心理健康教育的科学研究。强化各级教育行政部门指导，学校课程研发中心将心理健康课程建设纳入科研计划，积极组织论文撰写、课题申报和优秀成果申报。与高校科研机构人员建立交流研讨机制，为心理健康教育提供智力支持。坚持理论与实践相结合，组织专家、教研人员、学校教师和管理者在实践中开展心理健康教育研究，让学校心理健康课程育人更科学、更有针对性。

落实心理健康教育经费保障。教委拨付专项资金的同时，学校配套投入等额资金，并在年度预算中统筹各类资金，保障心理健康教育工作基础经费，用于场地建设、设施和设备添置、课程开发、专家讲座、专业书籍的购买等，经费使用符合相关制度要求。在足够的经费支撑下，"游心而愈"团体心理辅导课程的实施日趋完善。

八、"游心而愈"团体心理辅导课程的评价构建

（一）评价内容与标准

"游心而愈"团体心理辅导课程目标的评价：课程目标是课程实施过程的指挥棒。小学心理健康教育课程目标的落脚点在于促进小学生身心健康、和谐发展。对学校团体辅导课目标的评价首要是判定学校心理健康课程是否以促进学生身心健康发展为宗旨，既要引领学生行为符合国家、社会、学校的要求，又要满足学生多元化的个体需要。其次是课程目标表述准确，具有可操作性。

"游心而愈"团体心理辅导课程材料的评价：课程材料是心理健康教育课程的载体，是学生获取心理健康知识的重要来源之一，直接影响课程实施效果。对课程材料的评价要看其是否服务于课程目标的达成，能否既符合社会主义核心价值观，又满足学生多样化需求与兴趣点，材料内容是否符合学校心理健康学科特点及学生学年段特点。

"游心而愈"团体心理辅导课程效果的评价：课程效果是学校实施课程成效的主要表现。对课程效果的评价主要是看学生是否获得了与心理健康相关的基础知识，是否能运用心理健康知识了解自身的心理发展状况和解决自我调适、人际关系、学业发展等方面的问题。最终落脚于学生的心理素质发展状况与行为的改进。

学生的评价：心理健康教育以学生为本，以学生心理健康水平发展为根本目标，学生的评价是其他方面评价的核心要素。学生的评价主要看学生是否获取了有益的心理健康知识；是否在课堂上能充分发挥主体作用，并获得教师与同伴的尊重与支持；是否在需要心理健康帮助时，得到相关教师的辅导与支持。

教师的评价：教师是心理健康教育课程实施的主要参与者与指导者。教师的评价主要看教师是否能积极参与心理健康育人，营造和谐、温馨的课堂氛围，平等对待每一个学生，并保持开放的态度；是否关注、尊重学生的个体差异，真诚接纳学生；是否能做到在与学生沟通的过程中，保持平等关系，少说教，多交流；是否能根据学生个体需求，提供适时的支持与帮助。

教学过程的评价：主要是看教师的教学理念是否科学，教学方法是否灵活多样，是否能调动学生持续的兴趣，根据学生年龄段特点营造开放、平等、和谐、活跃的课堂氛围；课堂组织是否有序、安排合理与实施有效；课堂活动的设计是否具有针对性、多样性、创新性与时代性，活动开展是否围绕主题有序进行，师生是否积极参与、全身心投入。

（二）评价方法

调查法：通过评价的内容和要求，通过个别访问、座谈讨论深入学生、家长、教师中，收集他们对团体辅导课程内容与方式的意见，掌握学生在接受心理健康教育后心理健康水平的改变等情况。问卷的设计必须讲究科学性，将纸质问卷或网络问卷发放给被调查的学生。在一定时间内，学生按要求如实作答。回收调查表后，及时整理、归类、分享，从而对心理健康教育效果进行评价。

心理测试法：采用《心理健康诊断测验》，采用分层抽样的方式，从全校各个教学班中抽取400名学生完成测试，在学生接受心理健康教育前进行前测试，并且进行阶段性测试，采用数据分析技术总结出学生接受心理健康教育所带来的改变，进而就课程对学生心理素质发展的影响做出评定。积极开展对全校学生的心理健康筛查，通过上机测试、二次测试、一对一面询，筛选出心理健康预警对象，并根据程度分级。为后续学生心理健康辅导计划提供依据。

成长档案袋评价法：依据教学目标，有意识地将与学生心理健康有关的作品及其他测评结果收集起来，反映学生在学习与发展中的优势与不足，了解学生的进步，并进行合理的分析与解释，评估课程育人效果。

自我评价与他人评价法：自我评价是学生对自己的心理健康状态和发展做的一种反思性评价。学生通过撰写个人评价报告来评价接受心理健康教育后自己在情绪调控、人际关系、学习心态等方面的变化。为增强评价的全面性与客观性，结合他人评价，收集来自学生同伴、教师、家庭等各方面的信息，把学生自我评定、同伴评定、教师评定和家长评定相结合，从而获取较全面的评价。

（三）"游心而愈"团体心理辅导课程的评价标准

依据学校培养"心康体健、品美行雅"美桥少年的育人目标和"搭建心灵之桥"的学科内涵，设计"游心而愈"团体心理辅导课程的评价量表，以量化的方式对课堂进行评价，由听课教师、团队负责人填写评价量表并交给执教教师，记录教师课堂的教学情况。

附：

优秀教案

认识惯性思维

吴 婷

【辅导对象】
小学五年级学生。

【主题辨析】
经过小学初级阶段的学习，小学五年级学生初步形成了自己的思维模式，尤其是在学习方面，已有的学习习惯和学习方法使得学生养成了惯性思维。在相对类似的环境中，惯性思维可以帮助学生快速解决相似性问题，但面对新问题、新情境时，解决新问题的经验相对不足，往往会受到惯性思维的局限。因此，本单元针对小学五年级学生的现状，依据思维品质的不同方面设计教学内容。本节课主要围绕惯性思维展开内容设计。

【辅导目标】
1. 通过游戏活动感受到惯性思维给我们带来的影响，包括积极影响和消极影响。
2. 通过活动体验，联系自身情况，尝试识别日常生活中由惯性思维造成的局限性。
3. 分析惯性思维产生的原因，明白有意识的训练可以突破惯性思维，创造更多可能性。

【辅导重点】
了解日常生活中存在的一些难题其实是由惯性思维造成的。

【辅导难点】
分析惯性思维产生的原因。

【辅导方法】
辅导活动过程主要运用的方法有头脑风暴、小组合作等。

【辅导准备】
1. 辅导场地：班级教室或录播教室。
2. 材料：PPT、板书等。

【辅导过程】

一、暖身活动

1. 暖身活动"教练说"

师：同学们，我们今天来玩一个游戏"教练说"。我来充当教练，接下来会发布一系列动作指令，在发布指令的时候我会做出相应的动作。同学们只有听到口令前面有"教练说"3个字时才做相应动作，没有"教练说"3个字的口令，则不做相应动作。如果做了动作，就要暂时退出游戏。明白游戏规则了吗？好的，我们开始。① 所有同学请起立！② 非常好，请坐下。③ 教练说，举起左手。④ 请放下。⑤ 举起右手。⑥ 好的，教练说，摸摸耳朵。⑦ 做得真棒，请放下。⑧ 双手举起来。⑨ 教练说，拍拍桌子。⑩ 教练说，揉一揉双手，放松一下。

2. 活动分享

师：在刚才的活动中，哪些同学没有听到"教练说"指令时就做出动作了呢？

生1：这是平时养成的习惯造成的，一听到口令就马上反应，还没来得及思考就做动作了。

生2：我看到其他人做动作就不自觉地和他们一起做动作了。

师：那平时你们也会因为看到别人在做什么就跟着做吗？

生2：会的。

师：看来跟随其他人做动作也是你们的一种习惯，说明习惯对你们的影响非常大。有没有人和他们一样，因为习惯的影响而在这个活动中没有坚持到最后呢？如果有，就请举手。

（相同情况的学生举手回应）

师：存在类似情况的同学还真不少。好的，请把手放下。坚持到活动最后的同学，也就是每个指令都做对了，你们是怎么做到的？谁愿意来分享一下？

生1：我是想着不要马上就做动作，不抢着做，先认真听口令，思考后再做动作。

生2：我是把注意力集中在自己身上，减少别人的干扰，这样就能快速反应了。

3. 教师小结

师：看来做事情之前先思考一下很重要，有时候第一反应不一定就是准确的。从刚才的活动和同学们的分享中，我们看到习惯性的反应会对我们参与活动的效果产生影响。除了在游戏活动中外，生活中我们也会经常受到习惯的影响，比如，遇到障碍物就主动绕开，吃到变质的食物就马上吐出来，这些行为甚至不需要大脑进行思考就能直接反应。在环境不变的条件下，惯性思维能使人应用已掌握的方法迅速解决问题。（出示板书）

二、现象探索

1. 四巧板拼图

师：同学们，请看，老师手里现在拿的这个物品叫作四巧板，它和我们常见的拼图有什么不同之处呢？（抽3—5名学生回答）对了，它比我们常见的拼图数量更少，形状更不规则，拼图难度更大。接下来，老师给大家2分钟的时间，请以小组为单位，尽可能拼出更多的图形。

2. 完成情况调查

师：2分钟的时间很有限，大家的拼图完成情况也有所不同。拼好2个以下图形的小组请举手。拼好2个以上图形的小组请举手。

3. 拼图思路分享

先请拼好2个以下图形的小组分享拼图思路，再请拼好2个以上图形的小组分享拼图思路。经过2组分享后，其他同学发表感受，教师总结。

师：同学们，你们在拼图时，觉得四巧板里面的哪一块最不好处理？看来这块五边形给大家带来了困扰。当你们看到它本身的缺口的时候，你们的第一反应是什么？把这个缺口补完整对不对？和这位同学有一样想法的同学请击一下掌。从你们的掌声中，我知道了很多小组都遇到了相似的情况。我们的第一反应也是惯性思维的一种具体表现，看来在变化的环境中，惯性思维会阻碍新问题的解决。

三、应对训练

1. 寻找身边的惯性思维

师：除了刚才的游戏之外，我们在生活中也经常会因为惯性思维而做出错误的反应。比如，美国的首都是哪里呢？纽约是美国的代表性城市，一提到美国，可能你们就会想到纽约，但华盛顿才是美国真正的首都。请同学们接下来在小组内交流：你们在哪些情况下会因为惯性思维影响问题的解决呢？

2. 小组分享

生1：我在考试的时候，有时候做选择题，明明问的是"下列选项中不正确的是"，我一不小心就会看成"正确的是"，结果就做错了。

生2：学校的男厕所都在左边，每次去厕所我基本上不用特意去看。

有一次去商场上厕所,我急急忙忙没仔细看就往左边转,结果发现那里是女厕所,感觉好尴尬。

师:看来我们都能找出惯性思维带来的负面影响,就像刚才几位同学分享的。只有认清惯性思维带来的负面影响后,才能找到对应的方法打破惯性思维,创造更多的可能性。

3. 常见思维

教:当我们过分信任自己的时候都会有哪些表现或者想法呢?比如说,我平时不需要闹钟或者家人提醒就能准时醒来,因为我总觉得自己的生物钟很管用。但有一天晚上,我加班到很晚,第二天就睡过了头,导致上班迟到。同学们,想一想你们会遇到哪些类似的情况呢?

生1:我平时还比较自信,成绩也相对稳定,上次期末考试我觉得自己考90分以上没问题,于是在家刷题的时候就降低了对自己的要求。真正考试的时候,前面的题做得都很顺利,后面的题和平时练习的不太一样,有点难度,最终考试成绩没上90分。

师:看来我们平时的学习不仅要持之以恒,还要灵活多变、举一反三。除了这位同学的分享之外,其他同学有没有要分享的呢?

生2:我平时不爱回答问题,遇到难题时的第一想法就是"我一定做不好",习惯性地否定自己。

师:有和她同样想法的孩子们请用双手拍一下桌子。这个声音告诉我们班上有这种想法的学生不在少数,这很正常。有时候,我也会有这种想法。不过想法只是想法,如果多一点尝试,或许想法就会改变。我们分享了过分信任自己导致的一些后果,那过分信任他人会产生什么后果呢?如果有人对你说"你一点用都没有",你是会质疑自己还是会接受呢?那如果有人说"听我的总没错",你是会认同还是会独立思考呢?

学生分享观点和给出理由。

4. 教师小结

师:让我们来看看以下这些存在于我们生活中常见的想法。

(1)我一定不行。
(2)肯定是他的错。
(3)你总是冤枉我。
(4)每次你都不认真。
(5)他肯定是对的。
(6)我再也不和你玩了。

师:让我们来观察下这些想法的共同点是什么呢?(绝对化)当你看到或者听到这些时你会有什么感受呢?

教师随机找到学生，重复类似的话，询问学生的感受，请学生分析或者请其他学生做补充说明。

5. 应对话术

师：当我们被这些困扰时，我们要怎么做呢？比如，当你心里有"我一定不行"的想法时，你要如何应对？

师：就像同学们刚才分享的，没有绝对的事情，凡事都有两面性。

四、整合结束

师：惯性思维是已经存在的，我们需要先认识它，然后利用它解决常规问题。在面对惯性思维带来的困扰时，我们可以这样问自己："真的是这样吗？""还有其他可能性吗？""为什么会是这样？""我还可以有哪些选择呢？""我能够做些什么呢？"希望这些能够时刻提醒你，寻找更多可能性，收获精彩生活！

【教学反思】

当初在试讲这节课时，最大的难点在于引导学生熟悉惯性思维的概念及其表现。对于五年级的孩子来说，思维是很抽象的概念，要面对实际生活中具体的事件才能有所感悟。所以在整节课上，教师的引导非常重要。我会降低语速，尽量用孩子们能听得懂的语言进行表达，情况有所好转。但这节课也有很多不完善的地方，比如，用什么方式和方法可以让学生对惯性思维有具象化的认识？四巧板的应用，怎么巧妙地和惯性思维联系起来？应对训练阶段，怎么启发学生自主思考从而得出经验，而不是由教师直接给出答案？

这些问题影响着整节课的效果，所以除了在试讲过程中不断修改教案之外，我还认真听取了听课指导老师和评委们的反馈意见，根据他们的建议做了更细致的修改。尤其是应对训练板块，根据吴灯等老师的建议，我参考了《小哲学家的大问题》这本书，提炼出了5句常用话术，并以自我分析和对话的形式增强学生的真实体验，从而将这些话术真正地运用到实际生活中，而不仅仅只是课堂体验。

这节课从构思到确定，历时一个多月时间，通过试讲、教师点评，我对团体心理辅导课程本身也有了新的认识，比如，教案的主题辨析该怎么撰写、如何获取教案所需资料、每个教学流程的功能分析与设计、活动与教学目标的适切性考量等。在以后的工作中，如果能够以这种态度对待每一节课，我相信自己会在专业成长的路上快步前进。

手的启示

吴 婷

【辅导对象】

小学五年级学生。

【主题辨析】

五年级学生处于自我意识迅速发展阶段,但发展过程中受到多方面因素的影响,学生对自我的认识具有一定的局限性,比如,对自己的认识不全面,不善于发掘自己的优势等。本节课作为"自我认识"单元的第一课时,旨在通过一系列游戏活动引导学生增进自我觉察。

【辅导目标】

1. 在游戏活动中感受手的作用及特征。
2. 借助手这一形象,从5个不同的方面来进行自我认知。
3. 通过与同伴交流,感受他人对自己的认知和评价,形成新的自我认知。

【辅导重点】

借助手这一形象,从5个不同的方面来进行自我认知。

【辅导难点】

通过与同伴交流,感受他人对自己的认知和评价,形成新的自我认知。

【辅导准备】

音乐、A4纸、彩笔。

【辅导流程】

一、暖身环节

1. 教师自我介绍,师生相互熟悉。教师介绍游戏规则和课题。教师讲解游戏规则,组织全体学生参与游戏。教师请学生分享游戏感受。教师小结,引出辅导主题。

2. 学生熟悉课题约定和游戏规则,在教师引导下参与课堂游戏,并根据游戏体验自主发表活动感受。

3. 教师活跃气氛,集中学生注意力,并引出本节课辅导主题。

二、现象探索，问题呈现

（一）神奇的手

1. 引导学生将注意力集中在手上，围绕"手可以做什么"这个问题展开回答，并以小组接龙的方式进行。教师对学生的一些回答及时回应和引导。

（二）观察手

1. 请学生先观察自己的手，再去观察其他人的手。学生在相互观察后，教师请学生谈一谈自己的发现（个性和共性）。教师根据学生的课堂表现及时总结和引导。

2. 教师引导学生思考并回答相关问题，学生充分参与到游戏活动中，围绕辅导主题展开思考和讨论，积极分享自己的观点。通过游戏活动，学生在轻松、愉快的环境中开展自我认知体验。

三、工作阶段，应对训练

（一）画出我的手

1. 教师语言提示，请学生拿出纸和笔，做好绘画活动的准备。
2. 教师讲解活动规则和内容。
3. 教师进行示范。

（二）认识我的手

1. 教师介绍手的不同方面，引发学生思考。教师引导学生完成活动并巡视指导。教师组织学生进行活动内容的分享。教师借助学生资源，邀请班上其他同学对分享的人在某些方面进行补充和完善，形成团体动力。

2. 学生先根据教师的引导，借助手的 5 个方面进行自我认知，在倾听其他同学的分享后，可以形成新的认知；然后参与到对其他同学的认知分享中去；最后寻找自己的特点，感受与同学的联结。

四、整合结束

（一）我心目中的你

1. 请学生重新绘制一幅手指轮廓图。
2. 邀请其他同学依次写出你的手的 5 个不同方面的特征。
3. 班级交流。

（二）手的启示

1. 邀请学生分享本节课的感受和收获，教师小结。
2. 通过参照别人眼中的自己，形成更全面的自我认知体验。通过与同伴交流，感受他人对自己的认知和评价，形成新的自我认知。

【教学反思】

辅导目标是整个设计的出发点和落脚点，只有辅导目标清晰，辅导内容才有针对性和方向性。本节课我最初设置了3个目标：在游戏活动中感受手的作用；借助手这一形象，从5个不同的方面来进行自我认知；通过同伴交流，感受他人对自己的认知和评价，形成新的自我认知。这三个方面看似都和"自我认识"主题相关，但层次和内涵可以更加精细。比如，第一个目标：在游戏活动中感受手的作用，这更像是活动介绍和目标达成手段。本节课在最后一个活动环节上用时较少，原计划用于课题交流的内容只能作为课后活动进行，所以在第三个目标达成上存在遗憾。前面的"数字加减操"游戏和接龙游戏环节用时较多，可以考虑加快游戏进度或是去掉接龙游戏，让学生有充分的时间在课堂上完成现场交流，这样对学生的启发会更直接。课后活动的达成率一般较低，活动效果也无从保障。因此，每一个环节的时间安排都需要更精准，并提前做好预设和调整，课堂上灵活应对。

魔法商店

湛留洋

【辅导对象】

小学五年级学生。

【主题辨析】

随着知识的积累和对事物体验的深化，五年级学生内心世界愈加丰富。除了注意事物外表的形式之外，更注意对事物的分析和主观体会，对很多问题都有自己的解决方式。能认识和掌握一定的道理，对社会现象开始关注，开始有独立的见解，但他们的见解极易受外界影响而发生变化。即将步入六年级，学生对小升初学习的兴趣更为广泛，求知欲和好奇心都有所增强，对现实生活开始思考，对梦想有追求，对未来生活产生期待、憧憬。

【辅导目标】

1. 创设轻松奇妙的体验情境，吸引学生逐渐深入，探寻五年级生活。

2. 运用列清单的方式梳理愿望，明确自己最热切的愿望，并思考愿望的重要性与意义，获得成长的动力。

3. 明白为实现愿望应该做出努力，获取属于自己的精彩生活。

【辅导重点】

运用列清单的方式梳理愿望，明确自己最热切的愿望。

【辅导难点】

思考愿望的重要性与意义，获得成长的动力。

【辅导准备】

课件、购买清单、秧田式座椅。

【辅导流程】

一、暖身环节

教师简单自我介绍，随后进行课堂约定。

师：同学们，你们家里的人都喜欢购物吗？那你们最近有没有特别想购买的东西？太巧了，我的一个朋友正好开了一家网店，里面有很多大家都需要的商品，想不想去店里看一看？那好，咱们一起去瞧一瞧！

教师打开网点演示文稿软件（PPT），吸引学生关注。教师讲解抢购规则，出示图片，学生举手抢购。每人只有3次抢购机会。

教师邀请每位抢购成功的学生分享。

师：刚才的抢购活动精彩吗？从几十人的手中抢购到你们想要的东西，这种感觉怎么样？

师：那么很想抢购却没有抢到商品的同学，你们心里感觉怎么样？

师：可能是东西不够丰富，所以才抢不到，对吧？嗯，如果让你们提建议，你们觉得这个商店还可以卖什么东西？除了一些实物之外，有没有其他的东西？比如，一个想法、一种愿望、一些期待。

师：真巧，湛老师这里还有一家商店，里面有许多你们刚才提到的东西。这些东西非常神奇，可能对你们的未来有重要的意义。我把这家商店叫作魔法商店！（黑板板书）

二、问题呈现：魔法商店

看表2-3，说想法。

表2-3 魔法商店中的物品

物品	物品	物品	物品	物品
优异的成绩	健康的身体	足够的自由	轻松的学习	智能的手机
丰盛的美食	温馨的家庭	珍贵的友谊	良好的环境	精美的饰品
靓丽的外表	著名的初中	丰富的书籍	热情的教师	—

教师：出示表格演示文稿，让学生观看30秒，仔细阅读表中内容。

教师：邀请几位学生，说说看了表格之后，想要购买哪些物品，并简单说说想法。

三、工作阶段：重要与必要

1. 清单

教师出示规则：魔法商店的东西都有价值，每位同学拥有300元的购买额度。尽可能购买一些自己最在意、最想得到的物品，将它们写在购物清单上。

教师邀请学生在座位上分享自己选择的物品，说说选择的具体原因及这些物品对自己的重要意义，并将物品根据重要性进行排序。

教师先邀请学生将重要性排在第一位的物品圈起来，然后组织四人一个小组进行交流，围绕排在第一位的物品进行分享，最后邀请学生到讲台上分享。根据学生的分享，调查全班有多少人做相同的选择。教师拿一张纸记录选择各个物品的人数。

教师呈现调查结果，邀请学生观察数据，简单谈谈感受，然后出示新的清单价格。

师：大家也看到了，这些东西大家都想要，它们成为抢手货，价格自然就水涨船高，以前300元还可以购买3样物品，现在可能只能购买一两样了。

师：现在请大家看看自己最想购买的那个物品涨价了没有，如果涨价了，你们会怎么选择？

四人在小组内展开交流，然后邀请学生分享，就物品的取舍展开交流，着重探讨以前选择这一物品的原因，以及物品涨价后的想法。

2. 金点子

师：同学们，现在大家都选择了对自己来说最重要的物品。你们也知道商店的物品可不是送给大家的，需要你们用非常有价值的"金点子"来购买。

教师介绍"金点子"，邀请学生在清单对应的地方写下详细的做法，帮助自己完成购买的关键步骤。

教师邀请学生上台详细分享"金点子"，体验购买成功的愉快感，尽可能多地邀请学生分享。

四、整合结束

1. 带领学生去角色化

魔法商店里面的物品对应到现实中，其实体现的是大家的一种期待、一个愿望。在魔法商店里标价，其实是想告诉学生世间不存在不劳而获的东西，珍贵的东西往往不容易获得。

2. 教师小结

师：同学们，生活中会出现许许多多的选择，它们的出现对我们来说有一定意义，但它们并非都是最重要的。选择再多，我们只能挑选一二，适合自己的才是最好的。老师衷心祝愿大家都能找到最适合自己的，并为之努力，相信长久下去，大家终究会收获成长。

【教学反思】

在本次活动中，为了突显商品的重要性，商品被直接标上了价格，而现实生活中个人的期待、愿望和憧憬其实并不能用价钱来衡量。那么，我就应该在结束阶段引导学生理性认识魔法商店的存在意义，澄清现实生活中个人期待的实际意义。不足之处是，课上我的谈话技巧仍然比较生硬，提问术语也比较单一，总是使用"感受""感觉"这类的提问术语。最后就是魔法商店的设计初衷应该是对应中、高年段的学生的自我认知发展。

音乐之旅

湛留洋

【辅导对象】

小学五年级学生。

【主题辨析】

五年级阶段的学生处于自我发展的逐渐完备期，学生之间经过三四年的相处，形成了一定的人际圈，逐渐发展出固定的交往对象。这种情况下，虽然会出现稳定的社交圈，可是也会形成个性相似的小集体。学生沉浸在自己偏好的交际圈里，与之具有反差或者特异性质的学生就被孤立。这一现象不利于学生人际交往能力的发展，也不利于班集体和谐、融洽氛围的形成，所以有必要对这一现象进行改善和引导，引导学生重新认识和发现同伴，建立尊重、理解、接纳和支持的同伴关系。活动设计从音乐游戏入手，选择了学生们喜闻乐见的娱乐方式来穿插进行知识的讲解，不仅有心理学的小测试，还有心理学的现场分析。从学生的个性心理入手，到学生的共性心理结束。在活动中让学生自己发现问题，找到解决问题的途径。

【辅导目标】

1. 借助音乐活动，使学生放松身心，在体验过程中感受韵律并用肢体动作表达,在团体活动中展示带领和示范的作用。

2. 借助音乐活动联系学生的生活经历,引导学生学会使用自我转化和同伴互助的方式进行同伴分享与支持。

3. 借助音乐活动中的同伴接纳和体验感悟,使学生感受到同伴支持和同伴互助的积极作用。

【辅导重点】

借助音乐活动联系学生的生活经历,引导学生学会使用自我转化和同伴互助的方式进行同伴分享与支持。

【辅导难点】

借助音乐活动中的同伴接纳和体验感悟,使学生感受到同伴支持和同伴互助的积极作用。

【辅导准备】

游戏所需的音乐、板书、PPT、多媒体设备、凳子。

【辅导流程】

一、暖身环节

1. 教师讲解波罗乃兹音乐的由来,学生进行"波罗乃兹—动起来"游戏。教师选领队,让学生依次站成两列,并走到队伍中调整队伍和讲解游戏规则。

2. 教师播放音乐,学生原地踩节奏,进行活动。让学生模仿教师和领队的动作,听指令,注意动作的变化。游戏过程中不讲话,用肢体表达。

3. 教师调动学生的积极性,活跃气氛。学生熟悉队形,初步感受游戏规则。教师引导学生在活动中适应彼此,共同完成活动任务。教师让学生分享游戏的感受,教师总结。

二、现象探索,问题呈现

师:同学们刚才的游戏到此为止,接下来我们要上课了。

教师揭示课题"音乐之旅"。教师揭示主题"开启课程"。

2. 教师讲解波尔卡音乐的来源,进行"波尔卡—跟我做"游戏,播放音乐,带领学生感受音乐,述说这段音乐带给大家的感受。讲解游戏规则,选两个同学与教师一起示范玩法,每个人先做一个八拍的动作,第二个八拍其他学生模仿他的动作,依次往下做动作。

师:你们最喜欢谁的动作?谁的动作让你们最意外?谁的动作让你们觉得印象最深刻?

从游戏到生活,教师进行辅导。学生分享游戏的感受,教师点评。

3. 学生熟悉规则，接着感受音乐节拍，观看老师做动作。学生跟着老师轮流做动作，其他人模仿。学生分享游戏的感受。

4. 教师介绍"音乐有个洞—接纳我"游戏。教师播放音乐，带领学生感受游戏，引导学生发现停顿点。教师说明游戏规则，在音乐中围着圆圈走动，音乐停顿，全体人员停下来。继续带着学生在音乐中跑动，音乐停顿，全体人员停下来。再带着学生在音乐中走动，音乐停顿，老师做动作，请学生模仿老师的动作。带着学生在音乐中跑动，音乐停顿，老师喊数字，就近的学生根据数字抱团，如此重复两三次。学生必须熟悉游戏规则和音乐节奏，找到音乐停顿点。

三、工作阶段，应对训练

1. 请学生谈谈游戏体验中的感受。

师：玩了3个游戏，同学们更喜欢哪一个，从中感受到什么？联系生活，除了玩游戏的时候外，跟同伴相处的时候有没有类似的经历？这些经历带给你们什么？现在又是怎么看待这些经历的，你们想对自己说些什么？

2. 学生自我链接，自我认知，表达感受。认识团队支持、团队接纳、团体动力。

3. 本环节从体验到感知，再上升为认知层次，旨在鼓励学生自我认知，自我转化，获取自我成长的力量。

四、整合结束

1. 教师点评和总结。师生围成圆圈，手拉手结束本节课。

2. 跟场内老师和同学告别，收拾场地，排队回教室。

3. 本环节是团体辅导的结束阶段，回归问题本身是团体辅导常见的结题方式，经过引导和启发后再进行此类游戏活动能增强学生的活动感受，深化对活动的认知，收获不一样的效果。

【教学反思】

本次班级团体心理辅导课以奥尔夫音乐活动体验为线索，将音乐作为主要活动的背景和材料，这种尝试在小学团体心理辅导课上比较新颖，也充满挑战。先是考验执教者对音乐节奏的把握，然后是考验学生对音乐指令的完成度。音乐虽然不是最重要的因素，但是作为承载活动的主要材料，对音乐元素的精准把握是必不可少的。最后，活动以音乐游戏为呈现方式，在游戏情境中体验同伴交往的乐趣，必然会涉及同伴交往中敏感的接纳与拒绝的情况。这特别考验辅导老师对现场情况的及时处理能力。

大—小绘本阅读课程实施方案

一、课程背景

（一）基于《纲要》要求

《纲要》强调，中小学生正处在身心发展的重要时期，社会阅历的增加及思维方式的变化，社会竞争压力的增大，他们在学习、生活、自我意识、情绪调适、人际交往、升学择业等方面，会遇到各种各样的心理困扰或问题。因此，中小学开展心理健康教育，是学生身心健康成长的需要，是全面推进素质教育的必然要求。

（二）基于学校凸显的问题需要

学校的大部分孩子来自陈家桥街道安置区，安置区居住人员多为村民，由于家庭经济发生变化，且大多数家长受教育水平不高，教育观念相对落后，他们或过度溺爱，一味满足孩子需求，或片面重视孩子知识教育，轻视心理健康教育，导致儿童不同程度地出现心理健康问题，如抗挫能力差、情绪不稳定等，主要表现为不合群、不自信、学习持久力差、上课注意力难以集中等问题，这些问题很难通过日常教育解决。而绘本图文结合、类别丰富，画面具有美感，富有内涵，是小学低年段学生非常喜欢的阅读材料。通过绘本阅读来提升学生心理健康水平，同时转变家长的教育观念，提升教师教育水平。

（三）助推"心之桥"课程创新基地建设

2018年11月，学校成功申报沙坪坝区"心之桥"课程创新基地，目的是建设独特的学科教学环境，优化课程育人功能，全面提升课程育人水平，积累、凝练心育创新基地成果，并向全区，特别是发展中学校、薄弱学校提供可借鉴的实践经验，助力全区心理健康教育工作。绘本可以充分发挥其育人功能，让其成为小学低年段学生及特殊学生心育的重要资源。

二、课程目标

《纲要》中指出，中小学生心理健康教育的重点是认识自我，学会学习，以及人际交往、情绪调适、升学择业等内容。遵循学校学生身心发展特点，将目标确定为以下几个方面。

（1）小学低年段学生能认识自己的性别、外貌特征、兴趣爱好；认识日常学习和生活环境和了解学校的基本规则；初步认识自己与周围其他成员的关系。

（2）小学低年段学生能够认识自己快乐、难过、生气等情绪，认识产生不同情绪的原因并能简单描述自己的情绪，学会调节情绪的方法。

（3）小学低年段学生能体验学习的乐趣，逐渐养成认真倾听、乐于探究、勤于思考等良好的学习习惯。

三、课程内容

（一）组织方式

课程内容主要有两种组织方式：年段课程、亲子课程。

1. 年段课程

一年级认识自我课程。认识自我包含两个方面的含义：一是正确、全面认识自己的特点和长处；二是正确认识自我与社会、个人与集体的关系，认识到个人的成长离不开集体。为了更好地帮助学生对自己形成总体认识和较全面、积极的自我评价，学校为一年级学生选择了《自己的颜色》等绘本展开教学，引导学生学会认识自我、接纳自我，勇于做真实的自我。为了帮助学生更好地融入集体，选择了《大脚丫跳芭蕾》等绘本展开教学，鼓励学生看到自己真正的价值。课程形式为绘本阅读课和实践活动。

二年级学会学习课程。对于低年段学生来说，学习兴趣是促使自身学习的一种重要推动力，良好的学习习惯和学习方法是学生学习上取得进步的关键。但由于该年段学生的学习方法还不完善，因此在二年级开设提升学生学习水平的课程，通过《逃家小兔》《彩虹色的花》等绘本，培养学生的学习兴趣，培养学生良好的倾听习惯，提高学生分析、理解能力，提升学生勤于思考、乐于合作、坚持不懈等学习品质。课程形式为绘本阅读课和绘本剧。

二年级情绪调适课程。情绪调适是运用心理学的方法通过自我或他人对情绪施加积极的影响，以促使情绪恢复到正常状态的实践活动。由于低年段学生无法辨识自身的情绪，无法理解自己或他人的情绪，不具备调节、控制和适当表达情绪的能力，因此，在二年级开展与提升情绪调适能力相关的课程，引导学生认识、控制和调节情绪。课程内容为绘本阅读课和绘本制作（表2-4）。

表2-4 大一小低年段绘本阅读课程安排表

年级	类别	9月	10月	11月	12月	次年3月	次年4月	次年5月	次年6月
一年级	认识自我	《自己的颜色》(认识自我)	《勇气》(认识自我)	《我爸爸,我妈妈》(认识自己与他人)	绘本活动:我给家人颁个奖	《凯,你能行》(接纳自我)	《大脚丫跳芭蕾》(接纳自我)	《第一次上街买东西》(挑战自我)	绘本活动:《上街买东西》
二年级	学会学习	《大卫上学去》(学习兴趣)	《逃家小兔》(学习习惯)	《想吃苹果的鼠小弟》(学习习惯)	绘本剧:《逃家小兔》	《井底小青蛙》(学习习惯)	《我也可以飞》(学习品质)	《彩虹色的花》(学习习惯)	绘本剧:《彩虹色的花》
二年级	情绪调适	《我好生气》(认识情绪)	《我好难过》(认识情绪)	《我会关心别人》(控制情绪)	自制绘本:《我会关心别人》	《我好担心》(控制情绪)	《我好害怕》(调节情绪)	《我觉得自己很棒》(调节情绪)	自制绘本:《我很棒》

2. 亲子课程

亲子课程分为亲子阅读课程和家长课程。一是利用读书节、寒暑假三个时段,组织家长和孩子一起在老师的引导下开展阅读打卡活动;二是针对学校父母文化程度、亲子沟通现状等情况,强化家长全员参与,每学期开展一次家长讲座、一次家长会、给家长一封信等活动,每年一次家长开放日。同时,每学期进行一次上门家访,每年教师节请家长进课堂讲绘本。(表2-5、表2-6)

表2-5 大一小低年段亲子绘本阅读课程安排表

年级	9月	10月	11月	12月	寒假	次年3月	次年4月	次年5月	次年6月	暑假
一、二年级	新生家长修炼(一年级)、家长会(二年级)	家长进课堂讲绘本	带温度的家访	专家讲座	给家长的一封信	亲子绘本阅读打卡	带温度的家访	家长开放日	专家讲座	给家长的一封信

表 2-6 亲子绘本阅读推荐书单

序号	人际交往	认识自我	情绪调适	学会学习
1	《猜猜我有多爱你》	《勇气》	《生气汤》	"阿罗有支彩色笔"系列
2	《我永远爱你》	《大脚丫跳芭蕾》	《我好难过》	《爷爷一定有办法》
3	《我家是个动物园》	《第一次上街买东西》	《我好担心》	《不一样的卡梅拉》系列
4	《朱家故事》	《小黑鱼》	《我好害怕》	《月亮,你好吗?》
5	《团圆》	《小皮期凯的第一次旅行》	《我会关心别人》	《鸭子骑车记》
6	《我的爸爸叫焦尼》	《凯,你能行》	《我很棒》	《吃掉黑暗的怪兽》
7	《我的妈妈真麻烦》	《嚓!嘭!》	《天黑了》	《图书馆狮子》
8	《我想有个弟弟》	《胆小鬼威利》	《生气的亚瑟》	《火车要开了》
9	《爷爷一定有办法》	《我的感觉》系列	《大猩猩》	《七彩下雨天》
10	《当我们在一起时》	《最想做的事》	《害怕黑夜的席奶奶》	《落叶跳舞》
11	《花格子大象艾玛》	《图书馆狮子》	《罗伯生气了》	《一园青菜成了精》
12	《我是霸王龙》	《糟糕,身上长条纹了》	《床底下的鬼》	《大猩猩》
13	《别再捉弄人了》	《小老鼠和大鲸鱼》	《小老鼠的漫长一夜》	《疯狂星期二》
14	《真正的朋友》	《不会跳舞的长颈鹿》	《鳄鱼怕怕 牙医怕怕》	《一只小猪和一百只狼》
15	《三个强盗》	《淘淘与魔豆》	《一片叶子落下来》	《打瞌睡的房子》
16	《不要随便欺负我》	《最奇妙的蛋》	《树爷爷》	《武士与龙》

续表

序号	人际交往	认识自我	情绪调适	学会学习
17	《我有友情要出租》	《你很特别》	《我长大以后》	《荷花镇的早市》
18	《找到一个好朋友》	《彼得的口哨》	《晚安月亮》	《大棕熊的秘密》
19	《换一换》	《走开,大绿怪》	《野兽出没的地方》	《跑跑镇》
20	《先左脚,后右脚》	《我觉得自己很棒》	《菲菲生气了》	《穿靴子的猫》
21	《石头汤》	《想飞上天的波波狗》	《陷入困境的克莱奥》	"神奇校车"系列
22	《古利和古拉》	《彩虹鱼》系列	《我好担心》	"玛蒂娜"系列
23	《花婆婆》	《我爸爸》	《两列小火车》	"大卫上学去"系列
24	《鼠小弟的小背心》	《我妈妈》	《让我安静五分钟》	《逃家小兔》
25	《驯鹿人的孩子》	《幸运的内德》	《胆小鬼威利》	《上学了》
26	《是谁嗯嗯在我的头上》	《一只与众不同的乌鸦》	《妈妈发火了》	《井底小青蛙》
27	《利勒比找到一个好朋友》	《最想做的事》	《我不会害怕》系列	《小鹦鹉变魔术》
28	《威利和朋友》	《世界上最美的歌声》	《小房子》	《彩虹色的花》
29	《狮子和小红鸟》	《不要随便亲我》	《我的壁橱里有个噩梦》	《一粒种子的旅行》
30	《亚历山大和发条老鼠》	《大大行,我也行》	《母鸡萝丝去散步》	《100层的房子》系列

四、课程实施

(一) 实施方式

小学年级绘本阅读课分别由各班语文老师组织,选取有代表性的绘本,每月一次,利用班队课时间开展;绘本制作、绘本实践活动则以亲子活动的形式开展。

（二）课程实施建议

创设轻松、安全的阅读环境。一是家庭阅读环境的创设,利用家长会、家访等向家长宣传绘本阅读的重要性,指出绘本阅读对孩子心理健康发展的重要性,指导家长创设相对安静、独立的阅读空间。可以是独立的书房,也可以是孩子房间的一角,重要的是它应该是一个被隔离出来的、精心规划的区域;二是在学校阅读场所的拓展,除了在图书馆设置绘本阅读专区外,还可以在教室、廊道设置书吧,方便学生阅读。

保证学生阅读数量。学校集中开展的绘本阅读课所需要的绘本数量要求在50本以上,保证上课的学生人手一册绘本,各班可轮流使用。从"人际交往""认识自我""学会学习""情绪调适"四个方面梳理绘本,并推荐给家长,定期向家长阐释推荐阅读的理由。同时,还可以通过班级图书漂流活动等方式,让学生每天带一本书回家阅读。

心理团辅引进课堂。可以运用专业的心理团辅方法,提升阅读效果。如"生气汤"一课,就可以采用共情的方法让学生体验故事中的关键环节,让学生学会宣泄情绪的方法;"我永远爱你"一课,可以开展亲子共读现场活动,采用社会测量的方法让家长和幼儿,感知自己内心的真实感受,反思自己的教育行为,改进亲子阅读的指导方法。

专家引领提升阅读质量。定期邀请专家为教师、家长开展关于儿童心理健康或与阅读相关的讲座。促进家长反思、觉察、再次成长,更科学地教育和指导孩子;指导教师提升阅读教育教学水平。

多种方式提升学生的阅读兴趣。小学低年段儿童喜欢游戏和直接体验。所以,一是可以把游戏贯穿到学生的阅读中,让学生或家庭成员直接分角色扮演绘本中的人物,开展表演游戏。如《猜猜我有多爱你》一书,就比较适合开展亲子表演,加强亲子关系;也可以在阅读绘本的同时,开展与绘本相关的延伸活动,如《我家是个动物园》一书,就可以让学生在阅读的同时,画一画自己和家人像什么动物,更清楚地认识自我和家人。二是可以创设条件开展阅读拓展活动。如读了《我会关心别人》一书,可以组织学生开展爱心义卖、社区慰问等活动,活动结束后再让学生制作绘本,在实践中真正懂得怎样关心他人。

五、课程评价

绘本课堂教学主要是授课者和观摩者根据量表进行评价,并撰写叙述性的反思或建议。一方面,亲子课程主要通过家长每学期撰写亲子阅读感

受进行评价；另一方面，教师根据对亲子阅读记录表的记录情况来进行评价。（表2-7）

表2-7 大一小低年段儿童绘本阅读课堂评价标准

指标			评价要点	评价结果
教学目标			1. 教学内容适合儿童年龄特征，符合课程标准年段要求。	☆☆☆☆☆
			2. 符合儿童学习和生活实际，有利于促进儿童心理健康发展。	
			3. 教学目标聚焦重点，突出难点，凸显心育目标。	
教学活动	自学	学生表现	1. 能在老师的引导下认真倾听，积极学习。	☆☆☆☆☆
			2. 能在老师的引导下积极与老师、学习互动和交流。	
		教师功能	1. 创设真实的阅读情境，有趣味，启发性强，能激发参与阅读的积极性，吸引力强。	☆☆☆☆☆
			2. 老师的引导导向明确，能有效引导学生参与阅读和思维活动。	
			3. 及时调控课堂，有效运用课堂生成资源，促进知识和能力提升。	
	互助	学生表现	1. 2人结成小组，积极、主动交流，完成合作任务。	☆☆☆☆☆
			2. 2人合作，做好分工，准备充分。	
		教师功能	1. 设计的互学主问题明确，利于互学。主任务指向心理健康教育。	☆☆☆☆☆
			2. 互学活动过程要求具体、详细、操作性强。	
			3. 积极参与互学过程，指导有方，调控及时，效果显著。	

续表

指标		评价要点	评价结果
教学活动	展评	学生表现	1. 仪态大方，表达完整，声音洪亮，面向全班。 2. 2人小组交互展示。 3. 2人小组展示分工合理、明确。配合有默契。	☆☆☆☆☆
		教师功能	1. 及时提醒学生注意展学姿势、声音，调动其他学生的积极性。 2. 在学生展学交流过程中，教师及时指导学生。 3. 学生展示交流完毕后，教师引导学生归纳。	☆☆☆☆☆
教学效果		学生表现	1. 学生学习状态好，参与自学、互学、展学的热情高。 2. 学习参与度高。 3. 展学能互相启迪，学生心理健康方面有所发展。	☆☆☆☆☆
		教学达标	通过课堂上学生的展示和反馈，检验学习效果，评估达标情况。	☆☆☆☆☆
综合评价		授课教师自评		
		观课教师评价		

六、课程保障

（一）制度保障

组建了"心之桥"课程创新基地建设工作团队，由校长负责，副校长主持统筹和协调基地建设工作。制定《重庆大学城第一小学校"心之桥"课程创新基地建设管理制度》《重庆大学城第一小学校"心之桥"课程创新基地研修制度》《重庆大学城第一小学校"心之桥"课程创新基地建设考核评价办法》等，明确领导小组、工作小组岗位职责，每学期期末进行工作总结，对在课程基地建设方面有突出贡献的教师进行奖励。

（二）师资保障

学校有2名专职资源教师、1名国家二级心理咨询师、9名中级沙盘师、7名心理卡牌师,这些教师可以随时指导本课程的开展。特聘了麦莉(沙坪坝区教师进修学院德体艺部主任、心理教研员)、罗咏梅(沙坪坝区教师进修学院特殊教育教研员)、王滔(重庆师范大学特教系主任)、魏寿洪(重庆师范大学特教系副主任)等专家定期对课程开展指导。

(三)经费保障

学校在教委拨付专项资金的同时,配套投入等额资金,用于场地建设、设施和设备添置、课程开发、专家讲座、专业书籍购买等方面。在足够的经费的支持下,基地建设得越来越好。

附：

优秀教案

自己的颜色

李 萌　马华林

活动目标：

1. 通过合作学习，梳理思路，感受同伴互助的快乐，能够大胆、自信地说出自己的看法。

2. 通过认真倾听，对比思考，初步感受"正确认识自己的独特之处，收获快乐"的道理。

活动重点：

同伴合作学习，梳理思路，大胆、自信地说出自己对"变颜色"这种特点的看法。

活动难点：

初步了解"正确认识自己的独特之处，收获快乐"的道理。

活动准备：

绘本PPT、祝福小卡片。

活动过程：

一、联系生活导入，引发学习兴趣

（一）生活中的变色龙

师：你们知道变色龙吗，你们喜欢它吗，为什么？（它的特点）

（二）观察封面，揭题

1. 说说从封面上看到了什么。

2. 揭题，齐读课题。

二、倾听故事，初步感知独特之处

（一）感知"不变"是独特的

1. 教师讲述故事第一部分内容（各种动物都有自己的颜色）。

2. 提问：还有哪些动物有着自己独特的颜色？

3. 总结：拥有自己的颜色，是一种独特。（板书：独特）

(二)感知"变化"是独特的

1. 教师讲述故事第二部分内容(变色龙根据环境变换颜色)。
2. 提问:如果你们拥有变色龙的本领,你们会做什么?
3. 总结:会变颜色很酷,也是一种独特。(板书:变)

三、倾听故事,了解变色龙的烦恼

1. 教师讲述故事第三部分内容(变色龙跟随树叶变换颜色)。
2. 提问:变色龙的烦恼是什么?(没有自己的颜色)

四、合作探究,交流鼓励变色龙的话

(一)布置合作任务

相互交流给变色龙加油鼓劲的话,然后写在小卡片上。

(二)展示活动

教师指一名学生进行展示。

五、认真倾听,感受"变化"带来的快乐

1. 教师讲述故事第四部分内容(变色龙遇到朋友后一起变色)。
2. 引导正确认识自己的独特之处,收获快乐。(板书:快乐)

六、合作读故事

师生合作,再次完整读完故事。

我永远爱你(亲子共读)

熊飞跃　李雪琴

活动目标:

1. 通过倾听故事,猜测故事情节,家长和孩子感受对方的爱。
2. 借助"社会测量"方法,家长和孩子大胆表达自己的爱。
3. 通过故事,家长懂得对孩子的爱是有原则、有智慧的,孩子懂得为自己的行为负责。

活动重点:

社会测量时,家长和孩子能真实地表达自己的想法。

活动难点:

家长理解对孩子爱的原则和智慧，孩子懂得为自己的行为负责。

活动准备：

1. 全班孩子围坐一起，家长坐在孩子后面。

2. PPT课件《我永远爱你》、绘本、背景音乐、社会测量工具。

活动过程：

一、谈话导入，激发倾听兴趣

（一）同伴交流

师：最近几天你做过什么错事吗？你的心情怎么样？请和旁边的小伙伴说一说。

（二）家长回忆

师：你的孩子犯了错，你是怎么做的呢？

（三）引出故事

师：故事里的小熊也犯了一个错误，我们来看看它犯了什么错，它又是怎么做的呢？

二、欣赏故事，感受、理解小熊母子间的爱

（一）听故事，了解故事起因

出示图片，教师讲述故事。

（二）社会测量，家长和孩子表达爱

1. 教师提问。

师：当妈妈最喜欢的碗被摔成了9块碎瓷片，猜猜阿力会是什么心情。

师：如果你是阿力，你把妈妈最喜欢的东西摔碎了，你是怎样的心情呢？

2. 对孩子提出社会测量要求：如果你感到紧张、害怕，请站到紧张、害怕表情的旁边来；如果你很平静，请站到平静表情的旁边来。

3. 孩子站定后，请2名做出不同选择的孩子来说一说为什么会站在这里。

4. 教师对家长提问。

师：当熊妈妈看到碎瓷片时，是什么心情呢？

师：如果你的孩子把你最喜欢的东西打碎了，你会是什么样的心情呢？请站到代表你现在心情的那一边去。

师：请家长根据自己的情绪来进行站位，请家长代表说明原因。

5. 老师小结。

（三）了解故事结局

家长和孩子一起看完故事后，说说看到了什么。

师：你们觉得这个故事美吗？一起来说出故事的名字：《我永远爱你》。

三、探讨故事，理解爱的原则和智慧

（一）引导孩子分析小熊的心理

师：想一想，小熊打碎妈妈的碗后，问了妈妈什么问题？

师：为什么要问妈妈这样的问题？

（二）引导家长和孩子理解爱的原则和智慧

师：妈妈是怎样回答小熊的？在妈妈说"我永远爱你"之后，还说了一个什么词语？

师：妈妈为什么要说"不过……"呢？

师：请家长和孩子分别谈一谈自己的想法。

四、亲子互动，互相体验对方的爱

（一）表演故事

1. 出示图片，孩子和家长表演绘本的关键情节。

关键环节：阿力犯错之后问妈妈的问题及熊妈妈的回答。

2. 结合生活，家长和孩子表演。

请家长和孩子结合自己的生活来表演。孩子："如果我做了……你还会爱我吗？"家长："我永远爱你，但是……"

（二）爱的拥抱

教师小结，活动结束。

师：孩子们，你们爱自己的爸爸妈妈吗？请你们给自己的爸爸妈妈一个爱的拥抱吧！

五、活动拓展

引导家长和孩子一起阅读《朱家故事》《我家是个动物园》《我想有个弟弟》等与亲子关系相关的绘本。

"心之桥"上遇见我——重庆大学城第一小学校心理健康教育课程创新基地建设

彩虹色的花

叶 子　万天炳

活动目标：

1. 通过合作学习，梳理思路，感受与同伴互助的快乐，能够大胆、自信地讲故事。

2. 结合故事情节，明白"赠人玫瑰，手有余香"的道理，能够大胆说出自己对"帮助"这一行为的理解和想法。

活动重点：

与同伴合作，梳理思路，大胆讲故事。

活动难点：

能够对"帮助"这个话题有自己的观点和想法。

活动准备：

绘本PPT、自制的卡片、一张彩虹色的花的图片。

活动过程：

一、联系生活导入，引发学习的兴趣

（一）说说你喜欢的花朵

说说认识哪些花，喜欢什么花，以及为什么喜欢。

（二）发现花朵特点，揭题

1. 观察彩虹色的花，说说自己的发现。

2. 揭题，齐读课题。

二、倾听故事并预测，体会助人的意义

1. 教师讲述彩虹色的花帮助蚂蚁、蜥蜴。

2. 体会赠送者的心情。如果你是彩虹色的花，你觉得花瓣对你是否重要，你为什么要把它送给别人？（板书：帮助）

3. 体会受赠者的心情。如果你是蚂蚁或者蜥蜴，得到花瓣后，你会做什么？你的心情怎么样？（板书：快乐）

4. 教师读老鼠、鸟妈妈、刺猬部分前半段，学生自由预测后半段故事情节。（它遇到了什么困难？彩虹色的花会怎么帮助它？）

三、完成配对游戏，体验合作的趣味

（一）要求

小小组合作完成"花瓣给了谁"小游戏。

（二）规则

1. 故事中，彩虹色的花帮助了哪些动物？请为其排序。
2. 不同动物分别得到了什么颜色的花瓣，它们用花瓣来做什么？先连线，再用自己的话说一说。

例：蚂蚁得到了橙色的花瓣，蚂蚁把它当成小船，划到奶奶家，给奶奶送外套。

（三）合作展示

四、进行小结，引发助人的思考

1. 思考2~3个词语作为彩虹色的花的花语，并写在自己的花瓣卡上。
2. 在仅剩2片花瓣时，彩虹色的花用虚弱的声音回答刺猬的问话，如果你是她，你还会帮助刺猬吗？为什么？

五、制作卡片，感受助人的乐趣

1. 生活中，你是否见过像彩虹色的花一样的人。说说在什么时候，发生了什么事情，他（她）做了什么。
2. 现场制作花瓣卡，要求写上感谢对象的姓名，想对他（她）说的话，并进行简单设计，最后送给他（她）。

大一小亲子陪伴课程实施方案

家庭教育是教育的开端，关乎未成年人的终身发展和家庭的幸福安宁，也关乎国家发展、民族进步、社会和谐稳定。党的十八大以来，习近平总书记站在培养担当民族复兴大任的时代新人的高度，向全党全社会发出了注重家庭、家教、家风的动员令，并就家庭教育做出了一系列重要论述。2021年10月23日，《中华人民共和国家庭教育促进法》在全国人民代表大会常务委员会第三十一次会议上通过，并于2022年1月1日起施行。这开启了以法治为引领和驱动、以社会主义核心价值观为主要内容、以立德树人为根本任务的家庭教育新模式，将家庭教育由旧时期的传统"家事"，上升为新时代的重要"国事"。家庭教育是一门科学，有着很强的专业性。小学期间的家庭教育，与婴幼儿和中学时期有所不同，是父母陪伴孩子比较长的一个学段。父母只有系统学习家庭教育常识，更新家庭教育观念，才能提升陪伴质量。为深入贯彻党的十八大精神，落实《中华人民共和国家庭教育促进法》，提高家长陪伴的能力，提升家庭陪伴的质量，在认真总结学校近几年家长学校工作经验的基础上，制定了本实施方案。

一、家长陪班课程的指导思想和基本原则

（一）指导思想

本课程的指导思想是：以习近平新时代中国特色社会主义思想为指导，深入贯彻习近平总书记关于家庭教育的重要论述，落实《中华人民共和国家庭教育促进法》关于中小学校应该把家庭教育指导服务纳入工作计划的规定，将家庭教育指导服务作为教师业务培训的内容。针对不同年段未成年人的特点，定期组织公益性家庭教育指导服务和实践活动，构建家长陪伴课程内容，提升家长陪伴质量，促进家庭教育健康发展。

（二）基本原则

家长陪伴课程，要以孩子发展为根本，遵循学生身心发展规律，必须坚持以下基本原则：其一，坚持科学性与实效性相结合。要根据学生身心发展的规律和特点及家长自身特点、家庭教育环境等，科学育儿，注重家长陪伴的实效性，切实提高家庭陪伴质量。其二，坚持全面发展与健康成

长相结合。要立足教育和发展，培养孩子良好的学习习惯，提升孩子综合素养，培养德、智、体、美、劳全面发展和身心健康的人。其三，坚持面向全体学生和关注个体差异相结合。既要有面对相同年段孩子身心特点的普适性家长陪伴课程，也要有针对特殊孩子的陪伴课程。其四，坚持家长成长与孩子成长相结合。家长陪伴的目的是促进孩子的成长，但身教重于言教，陪伴孩子成长的同时，家长也要不断学习，不断成长，给孩子做好榜样。

二、家长陪伴课程的目标

家长陪伴课程的总目标是：构建家长陪伴课程，开发课程内容和评价系统。让家长通过系统的学习和培训，认识家长陪伴的重要性，学习科学陪伴的方法，提升陪伴的质量。

家长陪伴课程的具体目标是：开发家长陪伴课程，家长通过学习，科学地认识孩子、自己和家庭，遵循孩子身心发展规律和其个性特点，提供个体化的高质量陪伴，对其实施道德品质、身体素质、生活技能、文化修养、行为习惯等方面的培育、引导和影响。不仅关心孩子的身体健康，也关注孩子的心灵成长，增进家庭幸福与社会和谐，培养德、智、体、美、劳全面发展的社会主义建设者和接班人。

三、家长陪伴课程的主要内容

家长陪伴课程横向设计为 6 个主题，每个主题纵向为 6 节课，构成网格状 36 节课。横向的 6 个主题为：认识孩子、习惯养成、家长陪伴、家长成长、认识家庭/社会实践、劳动教育。纵向是根据学生年段特征，设计具体的家长陪伴课程内容。（表 2-8）

表 2-8 大一小家长的 36 节课

年级	1 负责人	认识孩子	2 负责人	习惯养成	3 负责人	家长陪伴	4 负责人	家长成长	5 负责人	认识家庭/社会实践	6 负责人	劳动教育
一年级	喻小利	一年级孩子身心发展特点和教育建议	喻小利	家校携手，好习惯一定有	唐莉丽	陪伴孩子渡过幼小衔接关键期	王李	家长，你认识自己吗？	张庆	低年段社会实践活动的目的和操作方法	喻小利	做爱劳动的小学生
二年级	周子琳	二年级孩子身心发展特点和教育建议	周子琳	陪伴，坚持好习惯养成秘籍	罗春霞	陪伴孩子爱上学习	陈晓莉	家长，你需要成长吗？	朱江渝	二胎来了，家庭会有哪些变化？	周子琳	争做劳动小能手

续表

年级	负责人	1 认识孩子	负责人	2 习惯养成	负责人	3 家长陪伴	负责人	4 家长成长	负责人	5 认识家庭/社会实践	负责人	6 劳动教育
三年级	李敏	三年级孩子身心发展特点和教育建议	李敏	中年段学生习惯养成细则	李靓梅	陪着孩子初步树立正确的三观	丁曼曼	家长成长的路径在哪里？	尹昶	中年段社会实践活动的目的和操作方法	张璐敏	提高劳动小技能
四年级	刘怡	四年级孩子身心发展特点和教育建议	贺怡	家长助力好习惯	贺怡	陪伴孩子升级学习难度	刘怡	哪些书会帮助我们成长？	马华林	让家庭关系对孩子有正向影响	马华林	劳动本领秀一秀
五年级	周利梅	五年级孩子身心发展特点和教育建议	周长河	高年段学生习惯养成细则	谭英	陪伴是最好的教育	田忠保	教育孩子应懂的心理学	周利梅	高年段社会实践活动的目的和操作方法	周利梅	以劳树德，健康成长
六年级	李文兰	六年级孩子身心发展特点和教育建议	向蓉	孩子好习惯培养，贵在家长坚持	李文兰	为孩子升学减压	向蓉	如何指导孩子管理时间？	尹昶	什么样的家庭环境助力孩子的成长？	李文兰	洗衣做饭，生活所需

第一主题：认识孩子。这一课放在新学期开学之初，每个年级的第一课都是了解该年段孩子身心发展特点和家长教育和陪伴的建议。只有正确认识孩子的身心发展特点，才会建立科学的养育观。还应告诉家长对于孩子的认识，应该将普遍的认知与个体特殊性的认识相结合，这样才可以形成适合自己孩子的高品质陪伴。

第二个主题：习惯养成。小学阶段是学生习惯养成的重要时期，良好习惯的培养比知识的获取更重要。根据众多的研究结果和老师们的经验，我们把小学生需要养成的好习惯梳理成六大板块，并结合每个年级的学生情况特点，提出了年级训练的6个要点。这一主题一般安排在每学年上学期的期中考试之后，家长和老师一起学习，对孩子形成一致要求。

第三个主题：家长陪伴。《中华人民共和国家庭教育促进法》明确规定了家长要对孩子进行品格教育。这一课安排在每学年上学期进行，寒假之前结束。家长先要知晓应该培养孩子哪些良好品格，怎样陪伴，通过哪些途径和方法可以使得孩子形成良好品格，本课程提供可操作策略。

第四个主题：家长成长。本主题让家长重新认识自己，从遗传学和成长环境的角度剖析自己对孩子成长的影响，从而促成自身的成长，通过身教成为孩子的榜样，给予孩子成长的力量。

第五个主题：认识家庭/社会实践。家庭和人一样，受内外环境的影响，家庭结构会影响家庭成员的心理状态；家庭成员的身心状态又会影响家庭氛围，影响家庭的稳定性。本主题让家长认识家庭对孩子成长的影响，从而营造和谐、稳定的家庭氛围，并在这样的家庭氛围下，指导孩子参加社会实践，培养孩子的社会适应性。

第六个主题：劳动教育。劳动是人生存的第一本能，劳动教育能够引导青少年树立健康生活的意识，为孩子的幸福人生奠基，这是现代教育的主旨之一。本主题告知家长劳动教育对于孩子成长的重要性，并且分年级进行具体的劳动教育，引导陪伴和督导，培养孩子的劳动意识，提升其劳动技能。

四、家长陪伴课程的途径和方法

（一）线下家长课堂

大一小家长的36堂课，贯穿在孩子小学阶段的6年，每年6堂课，分别安排在学期初、学期中和学期末，两学期共6堂课。主要采用线下班级家长集体学习的方式，每次学习前，了解家长的学前现状，各班家长在班主任的带领下一起学习。

（二）线上家长课堂

如果存在特殊原因无法召开线下家长会，可采用线上家长课堂学习的方式。既可以是分班学习，分年级学习，也可以是全校范围的学习。

（三）建立学习监督机制

家长课堂最重要的成果体现在学习后对家长课程内容落实的监督。学校要成立家校互动机制，并对做得好的家长进行表扬和奖励，评选出好家长。学校开设好家长课堂，进行家长好经验的专题分享；征集优秀家长育儿经验，通过学校公众号进行分享。

五、家长陪伴课程的组织和实施

加强家长教育指导教师队伍建设。家庭教育指导是一项专业性很强的工作，必须大力加强专业教师队伍建设。学校要给教师提供各种学习培训的机会，提升教师的指导能力。

加强对家长陪伴课程实施工作的领导和管理。学校将此项工作列入年度工作计划，纳入学校督导评估指标体系之中，制定相应规章制度，明确责任部门和负责人，支持和指导所有教师进行家校教育指导。

附：

培训文稿

孩子习惯培养，家长首要任务

向 蓉 喻小利

什么是习惯？习惯是一个人在某种情境下做出的自动反应。

一、习惯培养的重要性

习惯具有重要的研究价值，习惯的培养，在中外教育史上都备受重视。我国教育家叶圣陶曾经指出："简单一句话，教育就是要养成习惯。"英国教育家洛克也曾说过："一切教育都可归结为养成儿童的良好习惯。"同样，在我国古代也早就有了"少成若天性，习惯如自然"的说法。由此可见，尽早注重培养学生良好的习惯，可以取得事半功倍的教育效果。

二、小学生好习惯清单

小学阶段是学生习惯养成的重要时期，良好习惯的养成比获取知识更重要。根据众多的研究结果和教师们的经验，课题组把小学生需要养成的好习惯，梳理成了如下清单（表2-9）。

表2-9 小学生好习惯清单

项目	内容	备注
学习习惯	1. 树立学习目标，自主学习	
	2. 积极、独立思考	
	3. 每天预习、复习，梳理笔记	
	4. 发表自己独立的见解	
	5. 阅读	
	6. 欣赏艺术	
生活习惯	1. 合理、有效安排时间	
	2. 良好的生活习惯	
	3. 不去网吧、酒吧	
	4. 不买小摊贩的食品与用品	

续表

项目	内容	备注
交友习惯	1. 热情大方	
	2. 友好、真诚	
	3. 与积极、健康的人做朋友	
	4. 关心、帮助他人	
健康习惯	1. 干干净净每一天	
	2. 坚持锻炼	
	3. 用积极、健康的心态对待生活和学习	
行为习惯	1. 自觉维护公共秩序	
	2. 用文明语言和行为与他人交往	
	3. 与人交往时要自然大方	
其他习惯	1. 感恩他人,感恩社会	
	2. 积极参加公益活动	

"冰冻三尺,非一日之寒",好习惯的养成也非一朝一夕,而是需要长年累月的坚持。小学阶段,孩子身心变化都非常大,因此每个年级的习惯培养有延续性,也有不同的侧重点。借鉴他人成果,综合教师的经验,课题组区分了不同年级习惯培养的要点(表2-10—表2-15)。

表2-10 一年级学生好习惯养成清单

项目	内容	备注
学习习惯	1. 按时完成作业	
	2. 养成正确的读书和写字姿势	
	3. 阅读拼音小故事	
生活习惯	1. 每晚学习结束,根据课表准备好第二天的学习用品	
	2. 按时睡觉和起床	
	3. 按时吃饭,珍惜粮食,不挑食,不吃垃圾食品,少吃零食	
	4. 爱护书本,爱惜学习用品	
	5. 自己穿衣服、系鞋带	

续表

项目	内容	备注
交友习惯	1. 同学之间友好相处，不打架，不骂人	
	2. 乐于帮助同学	
	3. 不与陌生人交往	
健康习惯	1. 早晚刷牙	
	2. 饭前、便后洗手	
	3. 不买小摊食品	
	4. 按时做两操	
行为习惯	1. 见到老师和客人主动问好	
	2. 不乱扔果皮纸屑	
	3. 公共场所不大声喧哗	
	4. 未经他人允许，不乱动他人物品	
其他习惯	对他人的帮助要心存感激	

表2-11　二年级学生好习惯养成清单

项目	内容	备注
学习习惯	1. 逐步养成预习的习惯	
	2. 独立完成作业	
	3. 认真听讲	
	4. 自觉阅读课外书	
生活习惯	1. 自己能做的事情自己做	
	2. 吃饭不挑食	
	3. 早睡早起	
交友习惯	1. 不与陌生人交往	
	2. 不欺负比自己弱小的同学	
	3. 同学间要互相帮助	
健康习惯	1. 早晚刷牙	
	2. 饭前、便后洗手	
	3. 不买小摊食品	
	4. 每天锻炼1小时	

续表

项目	内容	备注
行为习惯	1. 会用礼貌用语	
	2. 按秩序上下车	
	3. 爱护花草树木	
其他习惯	1. 学会感恩	
	2. 随手关灯和水龙头	

表2-12 三年级学生好习惯养成清单

项目	内容	备注
学习习惯	1. 每天复习、预习	
	2. 上课专心听讲，认真思考，积极发言	
	3. 作业干净、整洁	
	4. 自觉阅读课外书	
生活习惯	1. 自己能做的事情自己做	
	2. 合理安排时间	
	3. 少吃零食	
交友习惯	1. 向身边人学习优点	
	2. 远离品行恶劣的人	
	3. 主动帮助有困难的人	
	4. 向别人请求帮助时态度诚恳	
健康习惯	1. 勤洗澡，勤换衣	
	2. 每天坚持锻炼身体	
	3. 有良好的用眼习惯	
行为习惯	1. 主动排队上下车	
	2. 用文明语言和别人交谈	
	3. 养成节约的习惯	
	4. 孝敬父母	

表2-13 四年级学生好习惯养成清单

项目	内容	备注
学习习惯	1. 自主学习	
	2. 积极思考，大胆发表自己的见解	
	3. 作业干净、整洁且正确率高	
生活习惯	1. 合理、有效安排时间	
交友习惯	1. 尊重他人	
	2. 真诚待人	
	3. 分辨是非	
健康习惯	1. 衣服干净整洁	
	2. 每天锻炼不少于1个小时	
	3. 有良好的心理素质	
行为习惯	1. 自觉遵守公共秩序	
	2. 用文明的语言和行为与他人交往	
	3. 为父母及家人做力所能及的劳动	

表2-14 五年级学生好习惯养成清单

项目	内容	备注
学习习惯	1. 善于倾听	
	2. 勤于思考，敢于质疑，与人交流，不怕说错	
	3. 自主阅读，学习写读书笔记	
生活习惯	1. 有良好的生活习惯	
	2. 不去网吧、酒吧等不适合小学生出入的场所	
交友习惯	1. 热情大方	
	2. 与积极、健康的人做朋友	
健康习惯	1. 干干净净每一天	
	2. 每天坚持锻炼1个小时	
	3. 用积极、健康的心态对待生活和学习	
行为习惯	1. 自觉维护公共秩序	
	2. 用文明的语言和行为与他人交往	
	3. 对待客人自然、大方	
其他习惯	学习洗衣物、整理房间等	

表 2-15　六年级学生好习惯养成清单

项目	内容	备注
学习习惯	1. 主动搜集与学习相关的材料，拓宽自己的视野	
	2. 注意运用所学知识解决实际问题	
	3. 欣赏艺术，提升美育修养	
生活习惯	1. 日常生活健康、有规律	
	2. 做事有计划、不盲目、不拖沓	
交友习惯	1. 学会保护自己的隐私	
	2. 尊重他人的观点和习惯	
健康习惯	1. 讲究卫生	
	2. 科学锻炼，健康作息	
	3. 不暴饮暴食，饮食合理、营养	
行为习惯	1. 举止文明，诚实守信	
	2. 勤于动手，爱护环境	
	3. 积极参加公益劳动	
其他习惯	学习做简单的饭菜	

三、如何培养小学生的良好习惯

习惯的养成，并非一朝一夕之事。专家的研究发现，21 天以上的重复会形成习惯，85 天的重复会形成稳定的习惯。习惯的形成大致分成以下三个阶段：

第一个阶段：1~7 天，这个阶段的特征是"刻意、不自然"。需要十分刻意地提醒才能做到，而养成者会觉得有些不自然、不舒服。

第二个阶段：7~21 天，这一阶段的特征是"刻意、自然"，养成者已经觉得比较自然、比较舒服了，但是一不留意还会恢复到从前，因此，还需要刻意地提醒。

第三阶段：21~85 天，这个阶段的特征是"不经意、自然"，其实这就是习惯的显著特点，这一阶段被称为"习惯性的稳定期"。一旦跨入这个阶段，养成者就基本完成了自我改造，这个习惯逐渐会成为生命中的一个有机组成部分。

孩子良好习惯的培养，是学校和家庭共同的责任，因此家校沟通非常重要。家长和老师一定要达成一致要求，并且不管孩子在家还是在学校，

"心之桥"上遇见我——重庆大学城第一小学校心理健康教育课程创新基地建设

都能得到一致的、不间断的提醒。否则，不管老师在学校怎么严格要求，如果回到家家长放任不管，孩子就难以养成良好的习惯。

我们学校6个年级组的老师根据不同年级孩子的身心发展特点、学习情况等，细分了习惯养成的要点，并针对要点给家长提出了具体的培养建议。以一年级的具体培养建议为例。

（一）学习习惯

欧阳修曾言："立身以立学为先，立学以读书为本。"好的学习习惯是保证孩子高效学习的关键。一年级，小学生处于好习惯养成的最佳时期。在学习方面，小学生应做到以下三点。

1. 按时完成作业

一年级小朋友应该明白，做作业是小学生最重要的事情之一。家长也要明白，作业并非只是拿笔写字。一年级学生年纪尚小，手指、头脑发育不全，一般不带书写作业回家。作业多为口头作业和实践作业。孩子做作业前，一定要上好厕所、洗好手，安安心心地坐下来，专心致志地完成。一年级学生一开始还没有独立做作业和自主学习的习惯，因此需要家长陪伴和指导。家长先了解孩子的作业情况，列出用时15分钟左右的任务单，完成一项任务后，可休息5分钟左右，要避免学习时间过长。当孩子将按时完成作业的习惯养成后，就可以逐渐脱离家长的监管，但这基本要到小学中年段才能逐渐形成。

2. 养成正确的读书和写字姿势

良好的坐姿和写姿是学生身体健康发育的必要保障。做作业时，家长一定提醒孩子保持正确的姿势。写字时做到"三个一"：眼离书本一尺，胸离桌边一拳，手离笔尖一寸。同时也要注意孩子的握笔姿势，这里有一首儿歌可以帮助家长检查孩子握笔姿势是否正确："老大老二对对齐，手指之间留缝隙，老三下面来援助，老四老五往里藏，笔杆倚在最高端，笔杆冲右耳，不要对鼻尖。"读书时，头正、身直、肩平、身立、足安。认字稍慢的孩子采用指读的方法，左手压书，右手食指指字。识字量大、阅读轻松的孩子可采用两手端书的方式，书面与眼睛视线呈90度，距离不低于33厘米。除了多提醒以外，家长们还可以利用一些学具来辅助矫正孩子的读书和写字姿势。

3. 亲子陪伴——阅读拼音小故事

"书籍是人类进步的阶梯"，阅读习惯的培养要从小抓起。每天至少要安排30分钟的亲子阅读时间，一年级主要以阅读绘本和儿童故事为主。可以读与教材配套的《和大人一起读》，有余力也可以读读其他故事书。读到不认识的字可以借助拼音认一认，也可以跳过去。家长可以跟孩子分角色读，也可以读给孩子听，还可以听孩子读。总之，亲子陪伴阅读时光，应该是每个孩子都喜欢的，是孩子阅读习惯培养的必不可少的过程。

（二）生活习惯

1. 每晚准备好第二天的学习用品

"磨刀不误砍柴工"，对学生而言，学习用品是必不可少的。每天在家庭作业完成后就应转好3支铅笔，与橡皮、直尺等一起放回文具盒，书本、作业本放进书包。有在家早读习惯的孩子，读完书一定要将书放进书包。学习用品可按照学科进行收纳，避免遗漏。刚开始可以帮助孩子整理，让孩子学习，一般一周之后，就应放手，看着孩子整理。如学具有缺失，应及时补上。

2. 爱护书本，爱护学习用品

爱护书本、爱护学习用品就是在培养整理、爱惜事物的好习惯。孩子的书本可以用包书纸包好，学习用品分类保管。家长可以不定时进行检查，检查书本是否有乱涂乱画的痕迹，是否有污渍，有则及时进行制止并教育。学习用品不用的时候及时收纳并放回书包，同时要保证书包的整洁。

3. 早睡早起

睡眠对于大脑健康是极为重要的。小学生每天至少要睡足10个小时。晚上9:00入睡，早晨7:00起床，很适合小学生的成长发育。

4. 按时吃饭，不吃零食，爱惜粮食

一年级的孩子们正处于成长发育的高峰期，家长要重视孩子的营养摄入，改正孩子挑食的习惯，注重膳食均衡。准备饮食时，要兼顾孩子的口味和营养需求，菜品多，分量少。每天应当合理搭配粗粮、动物蛋白、植物蛋白、蔬菜、水果。在日常生活中，多教育孩子要按时吃饭，节约粮食，吃多少盛多少，不挑食，不浪费。

5. 训练孩子穿衣服、系鞋带

心理学家弗洛姆在《爱的艺术》中说："孩子必须长大，必须脱离母体和母亲的乳房，必须成为一个完整、独立的生命。母亲的真正本质在于关心孩子的成长，这也就意味着也关心母亲和孩子的

"心之桥"上遇见我——重庆大学城第一小学校心理健康教育课程创新基地建设

分离。"孩子能够自己穿衣服、系鞋带即成长了一大步，这代表着孩子不是事事离不开家长。除了这两点之外，家长还可以教给孩子一些其他力所能及的事情，如扫地、叠衣服、洗袜子等。

（三）交友习惯

俗话说："在家靠父母，在外靠朋友。"这句话对小朋友来说也是同样适用的，良好的人际关系能够使孩子以愉悦的心情学习、成长。

1. 同学之间友好相处，不打架，不骂人

集体对个人的影响是巨大的，要想从集体中获得正面的影响，那么就应该学会与他人和睦相处，要学会友好地对待同学，尊重同学，注意交流时用礼貌用语。比如，想加入他人的游戏时礼貌问一句："我可以加入你们吗？"跟同学发生矛盾时，不急躁，不骂人，不打架。如果遇到自己不能解决的问题，可以寻求老师和家长的帮助。

2. 乐于帮助同学

在学习和生活中，孩子会遇到各种各样的问题，引导孩子在同学遇到困难时，主动去询问是否需要帮助；当同学心情沮丧时，主动送上关怀。下一次当孩子自己遇到困难时，他便会发现有很多伙伴乐于帮助他。另外，帮助他人能够使孩子快乐，能够增强集体荣誉感。每天回到家，家长可以问问孩子今天在学校里发生了哪些事，做得好的地方要及时给予孩子肯定与鼓励。

3. 不与陌生人交往

出了家庭和校园，社会上的人形形色色，难以辨别好坏。对一年级的小朋友而言，尤其要避免和陌生人交往。不同来路不明的人交谈，不接受陌生人给的东西，就算是别人掉在地上的东西也不要随便捡起。上下学路上家长接送，周末外出玩耍不要走出家长的视线范围。

（四）健康习惯

1. 早晚刷牙，饭后漱口

孩子很小就开始刷牙，但是他们不喜欢刷牙，没有家长监督就会忘记，家长一定要每天认真监督孩子早晚刷牙，还要用正确的方法刷。刷牙的工具也要选好，刷子要小，刷毛要软。有些孩子比较喜欢吃零食，吃了零食之后应当及时漱口。漱口可以除去口腔中的食物残渣和软垢，减少口腔中微生物的数量。

2. 饭前、便后要洗手

俗话说："病从口入。"我们的双手经常接触我们的嘴，因此保持双手的清洁十分必要。据科学研究表明，一双没有洗过的手存在的细菌可以高达40万个！卫生间里的细菌数量，则更加让人吃惊。所以我们要做到饭前、便后洗手，洗手方法可按照七步洗手法进行。

3. 不买小摊食品

上了一天的课，放学时多数孩子已经饥肠辘辘，这时路边摊便向孩子热情地招手。但是要注意，路边摊是没有营业执照的，食品安全很难保证。所以如果孩子放学后确实需要加餐，家长可以在家准备一些健康、便于外带的食品，如水果、自制烙饼等。

4. 按时做两操

健康的身体，是学习、成才的基础。锻炼身体不但能让身体健康，还能磨炼人的意志。中小学生必做的两操是眼保健操和广播体操。家长们要告诉孩子两操的重要性。眼睛是心灵的窗户，做好眼保健操就能更好地保护这扇窗户。除了在校要做之外，在家用眼过多时也可以做眼保健操来放松，做完眼保健操之后，一定要到窗前眺望远方。另外，在校每天还有固定的大课间操。在平时生活中，家长可对孩子进行引导，陪孩子做一些趣味运动，激发孩子对运动的热爱，从而真正地让身体得到锻炼。

（五）行为习惯

1. 见到老师、客人主动打招呼

你的孩子会主动和老师、客人打招呼吗？有的孩子特别阳光、开朗、自信，见到老师或其他人可以非常自然地前去问候，和人很亲近。但有的孩子就很害羞，怎么教都不开口。怎么办呢？首先，换位思考。如果你的伴侣或者父母突然带了一个陌生人到你的面前，说："打声招呼，叫×××好。"你是不是也觉得很尴尬呢？其实孩子也是一样的。其次，重新定义打招呼，是否一定要说"叔叔好""阿姨好""老师好"才叫打招呼呢？我们可以换一些孩子更能够接受的动作或语言，比如摇摇手，微笑一下，说"嗨""哈喽"等。如果孩子还是不能大方地打招呼，也不要强迫孩子，要耐心地引导。

2. 不乱扔果皮和纸屑

对于习惯乱扔果皮和纸屑的孩子来说，他们的家长会发现，无论怎么提醒，效果都不明显。特别是6岁以上的孩子，长期养成的习惯和从小的养育方式对他们的影响巨大。在这里，介绍一个方法可以有效地引导孩子将垃圾归类：和孩子约定，如果及时把垃圾放进垃圾桶，孩子获得2次成长机会，如果爸爸妈妈看见了垃圾，并把垃圾扔进垃圾桶，爸爸妈妈获得1次成长机会。当孩子忘记的时候，父母要很开心地把垃圾扔进垃圾桶并且说："哇，我获得了1次成长机会。"当孩子模仿你的时候，你要及时地祝贺他获得了成长机会。

3. 公众场合不大声喧哗

首先，我们要告知孩子公共场合不能大声喧哗。公共场合一般指人多的地方，比如，地铁、商场、图书馆等。如果孩子忘记了，请温和地提醒，如果提醒了两三次还没有效果，就把孩子带到偏僻处，告诉他安静了再回去。这个时候注意心平气和，保护孩子的自尊心。还要看孩子大声喧哗是不是因为需要关注。如果是因为需要关注，给他找喜欢看的书或者喜欢玩的玩具，让他知道他是被关注的，教会孩子打发无聊时间。如果孩子有情绪了，关注孩子的情绪，通过拍背、拥抱来安抚孩子的情绪，转移孩子的注意力，等等。

4. 未经允许，不动他人物品

告诉孩子，别人的物品，即使很吸引你，未经他人允许不能随便拿起来看，不能乱动。一开始孩子可能做不到，你可以告诉孩子：如果你的东西被别人动了，你是不是很不开心？那么你动了别人的东西，别人也会不开心的。孩子也许开始不能做到，但是经常跟孩子讲道理之后，孩子就会改变。

"教育无小事。"除了以上谈到的几个方面之外，生活中还有许多值得我们发现和挖掘的教育资源。习惯培养是一项极其浩大的工程，家长一定要有耐心，要坚持，家长的态度就是孩子的态度。其实在教育孩子的同时，家长也在潜移默化中实现了自我教育，所以孩子在成长，家长也在成长。

品格养成篇

孩子品格养成与家长陪伴密不可分

周子琳　李文兰

孩子呱呱落地，慢慢长大，带给了我们欢乐和喜悦。在他们的成长过程中，我们当父母的不论是否做好了充分的准备，都会有迷茫、困惑、急躁的时候。在不断反思、摸索、磨炼后，沉淀自身的浮躁，静心陪伴孩子成长，才发现其实教育孩子就是为孩子营造一个温暖的家庭氛围，让孩子拥有一颗感恩、善良的心，拥有良好的行为习惯、生活习惯、学习习惯。

孩子是家长的希望。在不同的阶段，家长对孩子寄予的希望也不同：学龄前，希望孩子能够健康、快乐地成长；入学后，希望孩子除了身体好之外，学习等各方面都要好；然后期待孩子进入社会有所作为。要想让希望成为现实，当然离不开家长的积极陪伴。小学阶段是孩子身心发展的关键时期，需要家长耐心陪伴与引导。

一、什么是家长陪伴

通过回顾已有的研究可以发现，家长对孩子的陪伴可以归纳成四个方面：养育陪伴、学习陪伴、娱乐陪伴和情感陪伴。感性地说，陪伴是一种爱的方式，也是一种教育方式，陪伴应是一个长期的过程。

1. 养育陪伴

养育陪伴指父母在子女日常生活中为其提供基本的物质生活方面的陪伴，从而保障孩子顺利走向成熟和独立，包括父母指导孩子做家务、一起购买生活用品等。

2. 学习陪伴

学习陪伴指父母对子女在学习方面的陪伴，如帮助子女复习功课，制订学习计划，检查作业，等等，目的是使孩子能够更好地完成家庭作业或者其他学习活动。

3. 娱乐陪伴

娱乐陪伴指父母陪同孩子进行娱乐活动，包括指导孩子做游戏、与孩子共同出游等。

4. 情感陪伴

情感陪伴指父母与孩子进行情感上的沟通与交流，并在此过程中对孩子表达出理解和宽容等积极情感，比如，父母就孩子感兴趣的话题与之探讨，通过拥抱、赞扬等方式表达出自己对孩子的喜爱等。

二、家长陪伴的重要性

小学阶段是人生发展的一个关键时期，同时也是家庭教育发挥作用的重要时期。家长陪伴在家庭教育中占有非常重要的地位，一个孩子能不能够健康地成长，和家长陪伴的效率有着比较直接的关系。尤其是孩子到了小学阶段，因孩子的生活环境突然发生了较大的转变，孩子可能会出现一系列的成长问题，这时候就非常需要家长的陪伴，以宽慰孩子的心灵，帮助孩子解惑，纠正孩子的错误，等等。

但是，不幸的是，很多家长没有意识到小学阶段是孩子成长过程中的一个转折点，也没有意识到小学阶段的孩子可能会出现很多成长方面的问题。加上一般处于小学阶段的孩子，其家长正好处于事业的高峰期，往往工作比较忙，这就导致家长在陪伴这方面做得不够好，疏于和孩子交流，疏于陪伴孩子，疏于与孩子一起互动，等等。

在这种缺乏家长陪伴的情况下，孩子的成长非常有可能出现偏差，或是无法得到良性成长，以至于形成一些不正确的认知、错误的观念等。同样因为缺乏家长陪伴，家长也就无法及时获悉孩子的成长和变化，不能及时发现孩子在成长道路上所存在的问题，继而无法及时解决。在这种情况下，容易产生一些消极后果。

1. 孩子的性格或将变得偏激

孩子的性格将会变得偏激，或暴躁，或抑郁。因为孩子在生活中遇到问题的时候，无法得到家长及时的关注和帮助，这些问题将会给孩子造成长久的困惑。孩子无法有效而正确地调整自己的心理状态，无法释放自己的负面情绪，就可能会导致性格发生变化，逐渐变得偏激，甚至因此做出一些过激行为，比如，离家出走、轻生、频繁使用暴力等。

2. 孩子容易产生自卑心理

孩子在得不到家长陪伴的时候，可能会产生自卑感。因为孩子会感到家长对自己的冷漠，自己得不到关心，等等。孩子的心理将会变得敏感，变得不敢去面对一些事情，且孩子可能对自己产生怀疑，怀疑自己做得不够好，怀疑自己能力不够，怀疑自己笨。

3. 亲子关系无法维护

当孩子和家长缺乏交流的时候，亲子之间的关系必然会逐渐疏远。这其实就与人际交往一样，如果长时间没有交际，人与人的关系自然会变得冷淡。

4. 家庭责任感不强

亲子关系冷淡，让孩子感受不到应有的家庭温暖，感受不到家庭应有的幸福感，孩子的家庭意识就会变得比较薄弱，从而导致孩子的家庭责任感不强，甚至没有家庭的概念。

因此，陪伴是所有家长都需要做的。但是家长对子女的陪伴不是越多越好，应根据年龄的不同给予相应的、恰当的、科学的陪伴，以提高家长对子女的陪伴质量，促进孩子健康、快乐地成长。

三、家长应该如何陪伴孩子

那么，在小学阶段，家长应该如何陪伴孩子，才能够让亲子之间相互受益良多呢？

1. 保证充足的时间投入

小学期间，孩子所遇到的成长问题是比较多的，并且自身的生理变化、心理变化都是比较多的，所以家长要尽可能保证较多的时间投入，这样才能够给予孩子成长足够的支持，才能够让孩子拥有足够的安全感，从而专心发展自己。

2. 注意情感的真实展现

家长陪伴孩子，是一种心与心的交流，而不是一种形式主义。家长是否真诚，孩子是能够感受到的，如果你没有真诚待孩子，那还不如不进行陪伴，假情假意甚至会起到反作用。

3. 认真倾听孩子的话

在和孩子交流的过程中，家长要认识到，自己并不是整个行为的主角，所以如果孩子在表达自己的意见或是叙述一些事情时，家长要认真倾听。因为孩子的任何话语中都可能会表露出自身的价值观、是非观、知识储备、认知等。家长只有学会倾听，才能够发现孩子在成长过程中遇到的隐性问题。

家长成长篇

家长自我认识与成长

刘 怡

什么是自我认识？自我认识是主观自我对客观自我的认识与评价，自我认识是自己对自己身心特征的认识，自我评价是在这个基础上对自己做出的某种判断。

什么是自我成长？自我成长就是即使没有任何导师和朋友的督促和指挥，也能自知、自制、自律地学习和改变着，努力成长着，做一个出色、优秀的自己。

一、自我成长的必要性

好家长的衡量标准，不是看他们给孩子提供了多么优渥的物质条件，而是看他们是否给孩子珍贵的精神引领。随着社会的发展、教育的进步，家长们不得不正视这样一个议题：现在的孩子，成长环境和以往有了很大不同，他们需要的不仅仅是吃饱穿暖，更需要家长更高层面的引领。知识和经验的最佳传播者是父母，如果父母自己不具备，就很难去传播给孩子，在这里，"育儿先育己"这句话再贴切不过。仅仅懂得柴米油盐的父母，会离孩子的精神世界越来越远，更别谈对孩子的高层次引领。教育孩子，首先需要培养自己，这样在孩子的成长道路上才不会掉队，让自己与孩子一起成长！

二、如何实现自我认识和成长

（一）认识父母的角色

人的一生中有众多的角色，其中为人父母当属最艰巨、最伟大的角色。其艰巨和伟大在于父母与孩子关系的特殊性。

1. 父母和孩子有着天然的血缘关系

从新生命的诞生起，这种亲子间血浓于水的关系就已被确定，父母和孩子相较对方都是唯一的、不可取代的，这体现了亲子关系的天然属性或者说是自然属性。

2. 孩子并非家庭的私有财产

父母承担着抚养和教育孩子的责任，使孩子成长为合格的社会成员，这一职责已被国家法律所规定，即父母拥有监护权。这体现了亲子关系的社会属性。

3. 家庭生活的好坏影响孩子成长

这种影响主要是通过父母的作用实现的。这体现了亲子关系的基础性和全面性。

4. 父母一上任就缔结了亲子关系

这影响是深远的，即便父母生命终结，原生家庭的作用仍将影响孩子。因此对于孩子来说，这是人生中影响最持久也是最深刻的关系。这体现了亲子关系的持久性和深刻性。

综上所述，亲子关系的这些特征，决定了父母角色具有一定的挑战性。现实中，不少的父母都是且行且学习的。有的人顺利，成就了孩子的幸福人生；但也有不少人被养育中的诸多问题所羁绊，甚至陷入泥潭，酿成悲剧，成为家庭和社会的伤痛。

父母在孩子的生活中扮演着多种角色：既是孩子生命的给予者，也是经济上的供养者；既是孩子生活的陪伴者，也是孩子成长的教育者。任何一种角色做不好，都会影响孩子的健康成长和家庭的幸福。

父母教育孩子，要做成长奥秘的解读者和儿童权利的保护者；父母教育孩子，要做儿童生活的示范者和人生问题的指导者；父母教育孩子，要做面向未来的终身学习者。

向他人学，向生活学，向孩子学，做好父母角色中的教育角色，这是最不容易，但也是最重要、最有成就感的。

(二) 自我成长的方面

1. 心理健康

(1) 消除焦虑和盲从心理。《中国国民心理健康发展报告》中指出，每1 000个家庭中就有260个焦虑的家长。父母的焦虑导致很多孩子都有不同程度的心智障碍、逃课厌学、考试压力、亲子冲突、自闭自虐等问题。它的诱因大多数都在父母身上。数据显示，有80%的父母不懂儿童心理，反而因自身的心理缺陷养出了问题孩子。所以，作为家长，要培养一个心理健康的孩子，首先自身要具备健康的心理。家长应正视这样的事实：不同的孩子有着不同的发展特点，不可拔苗助长，也不可过于焦虑，否则，带来的负面影响只会转嫁到孩子身上。

(2) 拒绝操控心理。法国心理学家苏珊·福沃德提出过一个词叫"有毒父母"，指的是父母用负面行为模式始终支配孩子的生活。这类父母将自身的"心理问题"影响孩子，让孩子陷入代代相传的恶性循环。很多家长试图利用"我为你好"来控制孩子，当父母打着"我为你好"的幌子，做尽一切控制孩子的事时，已经足以摧毁一个孩子。通过操纵孩子来获得快感和满足感是一种低价值的体现，在心理学上这种行为被称为"情感操纵"。最好的爱永远都是放手，否则孩子永远都在"逃离"。作为父母，能够给予孩子最好的礼物就是，给他一方花园，给他养料和空间。

（3）远离攀比心理。客观、公正地看待自己家的孩子和别人家的孩子，理性地看待孩子的优点和缺点，真诚地肯定孩子身上的闪光点，指出孩子亟须改正的坏毛病。更加从容地理解"适合自己孩子的家庭教育才是最好的教育"，并为之努力，从而提高家庭教育的实效性。有的父母把自己没有达成的愿景转嫁到孩子身上，让孩子代为完成，这对孩子来说是不公平的，容易让孩子活成"空心人"，失去价值感和成就感。

2. 自我认知

孩子的特性遗传自父母，这种遗传不仅仅是生物性的，父母的世界观等也会或多或少影响孩子。和孩子分享经历、谈谈感受，其实是一种教育，也是爱的传递。这种分享本身就是一种高质量的陪伴，影响要远远大于说教，这种共同成长真的很好。但前提是父母在对孩子进行有效的输出之前，自身必须具备足够的学识或经验。这就需要父母多方面提高自身的认知储备，多读一些教育学专著，多关注一些教育论坛，多去看看这个世界，让自己的精神世界富足。在此前提下，才能给孩子提供高质量的亲子陪伴。抛开养育孩子这件事，这些知识和经验于我们自己的成长亦是非常重要的。

3. 情绪管理

情绪如此常见，而我们又对它知之甚少。当我们想看衣服穿得合不合适时，有镜子帮忙；当我们想知道在公园里见到的不明植物到底是什么时，可以查百科全书。但是，当我们想知道自己的情绪时，我们没有镜子，也没有百科全书。所以，当我们产生愤怒等不良情绪时，很容易把这种不好的情绪当着孩子的面宣泄，甚至向孩子宣泄。这样的情绪宣泄对孩子来说是一种极大的伤害，甚至影响孩子性格的养成，所以父母要学会管理自己的情绪。

（三）各年段家长成长的途径和方法

1. 一、二年级：家长的自我认识

第一，家长要学会观察孩子。世上没有一套现成的教育方法能完全适用于每一个孩子，这就需要教育者根据孩子的成长特点不断摸索和调整。第二，父母要努力提高个人综合素养，包括知识、品德与行为，注重言传身教，在孩子面前不做不规范、不文明之事。第三，不要拿自己的孩子与他人的孩子做比较，这是孩子最讨厌的事。孩子不是家长用来攀比的对象，也不是实现家长个人意愿的工具。第四，家长要正确地看待孩子身上存在的问题，回避、袒护都不是办法，应及时与教师联系，实事求是地寻找原因，与教师达成一致观点，共同帮助学生解决问题。第五，父母应该努力承担教育孩子的重任，关注孩子的身心健康发展，让他成长为一个健全而温暖的人。

2. 三、四年级：父母的自我成长

做父母的很多都愿意尽其所能地给予孩子最好的，同时期望自己的孩子能成龙成凤。但家庭教育不仅需要爱，还需要方法，更需要家长们自身的学习和提高。在陪伴孩子成长的过程中，作为家长，我们也需要学习和成长。对于三、四年级的家长来说，阅读一些优秀的育儿书籍，从中寻找合适的育儿方法，是十分有益的。

3. 五、六年级：孩子身上常见的心理现象

高年段的孩子，自我意识和独立意识迅速发展。他们往往情绪激动，对外界变化极为敏感。我们要关注孩子身上的一些心理现象。

（1）适应心理：放手，让孩子体验失败。人们将调节自我和适应环境的能力称为自我适应能力，这种能力是天生的。孩子自脱离母体后，就要开始适应外界的环境。

（2）竞争心理：避免不良竞争，拥有健康的竞争意识。超越他人是人天生具有的竞争心态。"物竞天择，适者生存。"

（3）抑郁心理：父母乐观的情绪能够带给孩子积极的影响。家长可以让孩子通过写作排解负面情绪，把心中的情感抒发出来，把想说的话写下来。同时，也可以让孩子以画画的方式舒缓情绪，例如，因为思念父母而难过，就把父母的样子画出来，不求画得多好，只要倾注情感就行。假如讨厌一个人，也可以用类似的方式来排解负面情绪。

（4）孤独心理：孤独是人的自然属性之一。很多时候，人需要独处的空间，可是孤独也要适度。把自己封闭起来，逃避现实，这样的孤独就不适度了。

（5）焦虑心理：把你的焦虑写在纸上，然后引导。有很多方法可以消除焦虑症，书法、音乐、运动都是很好的方式。

学校 6 个年级组的老师从家长的自我认识到自我成长方面提出了具体的建议，期待家长和孩子一起成长。

劳动教育篇

劳动教育　为孩子的幸福成长奠基

王　李

古人讲："一粥一饭，当思来之不易；半丝半缕，恒念物力维艰。"劳动教育能够引导青少年树立健康生活的意识，为孩子的幸福人生奠基，是现代教育的主旨之一。青少年是长身体、长知识的关键时期，学习要劳逸结合，长时间使用大脑，大脑得不到放松，学习效率就会降低；而紧张、繁重的学习之余参加适当的劳动，能使大脑得到调节、放松，从而提高学习效率。同时，在参加劳动实践的过程中，学生能够逐渐培养卫生、干净的良好生活习惯，自觉采取有益于健康的行为和生活方式，减轻、消除影响健康的危险因素，从而预防疾病，促进健康，提高生活质量。

劳动教育是提高中小学生综合素质、成就幸福和圆满人生的有效途径。但目前劳动教育略显薄弱，有的孩子到了高年级还不会做简单的家务，甚至有部分孩子对家务一无所知。在生活中，当家长叫孩子来帮忙做家务时，部分孩子常以玩或学习为借口进行推脱；当孩子想做家务时，家长担心孩子做不好而拒绝；当孩子在做家务时，家长总指指点点；也有部分家长怕占用了孩子的学习时间而不让孩子做家务……

中国青少年研究中心曾经做过一份调查，在我国，能够做到生活自理的学生不足半数，而喜欢劳动、经常做家务的孩子仅仅占两成左右。劳动教育一旦缺失，就会出现不会劳动、轻视劳动、不珍惜劳动成果的现象，这对孩子的未来、对家庭和社会都是极大的危害。因此，加强劳动教育势在必行，只有这样才能促进孩子的德、智、体、美、劳全面发展，从根本上解决问题。

那么劳动是什么？小学生该养成哪些习惯呢？

一、小学劳动教育内容

劳动主要包括日常生活劳动、生产劳动和服务性劳动中的知识、技能与价值观。教育部在《大中小学劳动教育指导纲要（试行）》中指出，低年级以个人生活起居为主要内容，开展劳动教育，注重培养劳动意识和劳动安全意识，使学生懂得人人都要劳动，感知劳动乐趣，爱惜劳动成果。指导学生完成个人物品整理、清洗，进行简单的家庭清扫和垃圾分类等，树立自己的事情自己做的意识，提高生活自理能力；参与适当的班级集体劳动，主动维护教室内外环境卫生等，培养集体荣誉感；进行简单手工制作，照顾身边的动植物，关爱生命，热爱自然。

小学生劳动教育参考清单：

一年级学生劳动清单：整理书包、叠衣服、餐前摆放碗筷、餐后清理餐桌、用扫把扫地、购买文具、削铅笔。

二年级学生劳动清单：整理沙发、整理书架、叠被子、洗红领巾、洗袜子、用洗衣机洗衣服、洗碗筷、煮米饭、拖地板。

三年级学生劳动清单：清洁房间、整理床铺、擦皮鞋、泡茶水、包馄饨、蒸馒头、煮白米粥、郊游购物、包装礼品、使用电冰箱、用微波炉加热食物。

四年级学生劳动清单：整理换季衣物、整理衣柜、清洗马桶、清洗书包、清洗灶台、自己缝纽扣、蒸鸡蛋羹、削水果、包水饺、组装玩具、养护植物。

五年级学生劳动清单：整理卫生间、擦洗自行车、保养电冰箱、做凉拌黄瓜、炒土豆丝、用吸尘器吸尘、电子支付购物、自助取款、种植果树。

六年级学生劳动清单：整理鞋柜、换被套、整理郊游物品、养护小动物、打扫厨房、洗运动鞋、清洗洗衣机、煲排骨汤、做蛋糕、清洗、安装电扇、搭帐篷、管理家庭一周开支。

二、劳动教育的内容

（一）个人卫生教育

做好个人卫生，能够保持干净、健康，有利于孩子的成长。

1. 让孩子养成定时洗脸和刷牙的习惯。
2. 教孩子自己洗头、洗澡。
3. 教孩子自己剪指甲。

英国哲学家培根曾经说过："习惯真是一种顽强而巨大的力量，它可以主宰人生。"良好的卫生习惯不是一天两天就可以形成的，它是一个不断养成、不断巩固和提高的过程，所以一定要有耐心，要持之以恒。

（二）个人生活能力教育

低年级孩子生活自理能力包括自己穿和脱衣服、鞋袜，收拾和整理衣服，独立进餐，鞋带松了自己系，下雨了自己打伞，平时自己背书包上学、自己整理书包，会保管自己的学习用品，天气热了知道脱衣服，天气冷了知道自己加衣服，有自我保护的意识和能力，等等。

教育建议：

① 凡是孩子自己能做的，应当让孩子自己做。一年级的孩子，有的不会系鞋带，有的不会整理书包，有的不会做家务，甚至有的连大衣的拉链都不会拉……因此，家长、老师要一步步带领孩子学习，不然他们就只能一直依赖他人。

② 静心引导，示范引领，家长、老师要有爱心和耐心。

③ 采用多种方法来激发孩子学习的兴趣，如花样系鞋带法。

④ 及时鼓励，培养学生良好的生活自理能力。

⑤ 采用一些有效的激励机制。

最终让低年级学生自己的事情自己做，不会的事情学着做，会做的事情经常做，培养他们的生活自理能力，使他们快乐地学习、健康地成长、全面地发展。

（三）家务教育

在家务教育上，低年级的孩子可以学习扫地、擦桌子等简单的家务活。随着年级的升高，逐渐提升家务难度。

1. 培养孩子的劳动兴趣

家长要主动引导孩子帮忙做家务，进行感恩教育。通过营造家庭劳动的氛围，激发孩子的劳动兴趣，其间可采用一些有效的激励机制。教育时注意进行劳动方法的示范和引导，以及劳动能力和自信心的培养。

2. 学习打扫房间

一年级的孩子可以学习扫地、擦桌子，从简单的劳动着手，以培养兴趣为主。二年级的孩子在学习了扫地后，在家里的"家庭劳动日"或者每天固定的卫生时间段学习如何正确使用拖把，如何用拖把吸水和清洁地面，简单地掌握拖地的劳动技能，并且能够自己主动拖地。中高年级的孩子可以参与家庭大扫除，帮助家人分担家务活。

3. 学习整理物品

一年级的孩子可以先学习和认识自己的物品，并学会分类整理，如铅笔、橡皮擦、尺子要装在笔袋里，书本分类装进书包里。二年级的孩子开始学习整理好书桌，学会使用抽屉的功能分区，不能乱塞、乱放自己的物品。学习整理房间，会叠衣服、被子，能够有意识地把玩具、书本整理好，不乱丢自己的物品。中高年级的孩子不仅要会收拾，还要学会保持书桌等的整洁。

4. 学习洗衣物

针对中低年级的孩子,家长可以尝试教他们洗小件物品,如内衣裤、袜子、手帕等。针对高年级的孩子,考虑到他们的年龄、力量等因素,平时可以教他们洗自己的小衣物,如袜子、内衣、T恤、短裤等,这些衣服浸湿后质量较轻,体积不大,孩子容易揉搓、清洗。高年级的孩子可以学习机洗,机洗要会分色洗涤、分材质洗涤。在洗衣服的劳动中,体谅父母的辛苦,懂得感恩,更能爱清洁、讲卫生。

5. 学习做饭

当孩子上二年级时,家长就可以有意识地让他们加入厨房的劳动中来,家长在做饭时可以让他们打打下手,如递餐盘、洗碗筷、摆餐具等,让他们主动参与家庭劳动。当孩子上三年级时,可以学习洗菜、择菜,认识厨房里的工具。一方面培养孩子的动手能力,另一方面进行食品健康教育。当孩子上四年级时,家长可以教孩子做简单的饭菜。俗话说:"自力更生,丰衣足食。"当家长没空做饭时,五、六年级的孩子可以尝试炒菜、做面食,如馒头、饺子等。当吃着自己亲手做的美食,那滋味一定是最独特的。此外,家长也能通过厨房劳动教育孩子珍惜粮食、实践光盘行动。

(四)培养劳动技能

1. 学习折纸、剪纸

在学校中,孩子学会简单的折纸和剪纸,培养对手工的兴趣。在家里,孩子或多或少会接触网络,可以利用网络学习手工制作。家长通过变废为宝来提高孩子的观察、思考和分析能力,并培养孩子"物以致用"的良好生活习惯,培养孩子的环保意识。高年级的孩子可以学习使用针线,自己缝制扣子。

2. 学习照顾植物和动物

家长和孩子根据自己家的实际情况来选择植物,在种植植物的过程中,拓展孩子关于植物、种植的知识,培养孩子的动手能力,发展孩子的记录、观察能力。

喜欢小动物的家庭可以饲养一只小动物,这不仅是在学习一种劳动技能,同时也可以培养孩子的责任感。让孩子通过给动物准备食物、打扫等,明白照顾小动物是他每天的任务。这还可以帮助孩子舒缓压力,给他们带来快乐。同时,在照顾小动物的过程中,孩子会更懂得如何爱护小动物,学会尊重、热爱生命。

(五)认识不同的职业

"三百六十行,行行出状元。"让孩子知道职业无贵贱,努力工作、自食其力才是最重要的。如律师、机修工、裁缝、园艺师、赛车手等,让孩子知道这些常见的职业的名称，了解其主要的工作内容，被谁需要，为谁服务，等等。在了解各行各业的同时，知道每种职业都得付出辛勤的劳动，才能创造价值，才能得到回报。

低年级的孩子可以通过阅读来了解职业，如绘本《芭比职业体验故事》《长大后我要做什么》《我的职业梦想启蒙》，动画片《星星狐的体验》，让孩子在绘本与动画片中，获得丰富的职业体验经历。高年级的孩子可以进行一日职业体验，例如，让孩子跟随爸爸妈妈到他们的工作单位参观学习，了解爸爸妈妈的日常工作、工作环境和单位的业务范围。要求孩子认真观察、体验父母工作的辛劳，用心感悟社会；了解父母工作的社会作用、价值，增强责任感，体味父母的艰辛，学会感恩。

三、结语

学生进行劳动教育是素质教育实施中非常重要的一环，加强劳动教育不仅能培养学生的劳动意识、劳动兴趣和劳动习惯，也能培养学生的自我服务能力和社会适应能力，同时让学生了解今天的幸福生活是靠劳动创造出来的，让学生尊敬劳动者，珍惜劳动成果。劳动教育中，要运用恰当的方法，循序渐进，不能操之过急。利用学生的一日生活，对学生进行劳动教育是十分必要的。

认识家庭篇

周利梅

什么是家庭？家庭是指在婚姻关系、血缘关系或收养关系基础上产生的，以情感为纽带，亲属之间所构成的社会生活单位。

一、认识家庭对于教育孩子的意义

孩子的教育离不开良好的教育环境，除了学校、社会教育外，家庭教育对孩子来说是很重要的一个教育环节。

家庭是孩子成长的港湾，父母因为爱，组建家庭；因为爱，孕育孩子；因为爱，抚养孩子；也因为爱，努力想给孩子最好的教育。

每位家庭成员虽然都想给孩子最好的生活和教育，却常常困惑：为什么都想为孩子好的一家人却常常彼此抱怨，矛盾重重？为什么我们觉得给了孩子最好的教育，孩子的成长却与我们的设想大相径庭？常常有家长会问：是不是一开始做对了，孩子的未来成长就不用操心了？为什么有些孩子小时候从不让家长操心，突然有一天就出了问题？为什么感觉孩子就是来考验父母耐心的，父母永远有操不完的心？这么多的问题困扰着我们。因此，我们的家长在教育孩子的过程中，只有更多地学习关于家庭的知识，才能给孩子良好的家庭教育。

二、认识家庭的几个要点

（一）关注家庭的生命特征，改变教育观念

1. 家庭是个生命体

家庭教育作为家庭经营的重要内容，每个阶段也有相对侧重的任务内容，如果一个阶段的任务没有得到重视和有效完成，那么孩子在下一个阶段的发展就会遇到多重挑战和压力。

2. 二胎家庭尤其要做好孩子的教育

二胎家庭中，因为第二个孩子的出现，以前围绕单个孩子的家庭氛围就会出现改变，家庭关注的焦点也会从哥哥或姐姐的身上转变到弟弟或妹妹的身上，这就会造成前者心理上的改变。此时，家长就要及时对老大进行教育和疏导，帮助孩子接受自己有弟弟或妹妹的事实。

家中的两个孩子，也会有性格上的差异。家长要注意的是，这种差异是天生的，并没有好坏之分，而是各有优点。所以，家长要注意尊重孩子个性的发展，做到因材施教。

（二）家庭中的各种关系对孩子的影响

良好的家庭关系会促进孩子的成长；反之，孩子会深受其害。梳理家庭关系，主要包括亲子关系、夫妻关系和隔代亲。

1. 怎样建立良好的亲子关系

用心陪伴，让孩子获得滋养。充分尊重孩子，让孩子充满自信。有效沟通，让孩子敞开心扉。制定公约，让孩子走向独立。

2. 夫妻关系是家庭关系的基础

父母要妥善处理夫妻关系，别让孩子成为夫妻关系的牺牲品，尽量要让孩子感受到家庭的和睦。只有夫妻关系稳定、和谐，孩子才会更阳光，心理才会更健康，拥有父母爱的孩子也是最幸福的。

3. 正确对待隔代亲

当老人照顾孩子时，父母一定要站在自己该站的位置上，不能缺失对孩子必要的管教和引领。处理好家中老人和孩子之间的关系，教育孩子尊重长辈，并做好孩子的榜样，营造温馨的家庭氛围，促使孩子健康成长。

（三）怎样创设良好的家庭环境

我们在创造良好的家庭环境时也塑造着全新的自己。

1. 打造整洁、有序的环境

整洁、有序的环境会给生活在其中的人带来良好的心境，也会带来自律的行为和有序的生活。家长可以有意识地引导孩子营造良好的学习环境，让孩子的学习行为无障碍地产生。

2. 创设良好的艺术环境

在平凡的生活中创设良好的艺术环境，既增强家庭的向心力，又优化孩子的教育环境。

3. 为教育孩子而设置有准备的环境

家庭教育中，父母为了让孩子养成良好的习惯，可以创设有准备的环境。如在茶几上放上孩子喜欢的图书，在墙角布置孩子的玩具，在书桌旁放上涂鸦的纸和彩笔等。这样，孩子走到哪里，就会更容易做出和环境相匹配的行为。

4. 重视爱和包容的环境

家庭成员都要学会表达爱；重要日子记起来，仪式感能促进归属感和亲密感，纪念日、生日、节日都是表达爱非常重要的时机；面对问题商量着来，理智讨论，避免伤害与阴影；家庭责任扛起来，主动达成谅解。

第二章 活动类

大一小第四届"跨越杯"德育优质课（团体心理辅导）比赛活动方案

一、活动目的

《中华人民共和国国民经济和社会发展第十四个五年规划和2035年远景目标纲要》指出，要在未来的五年内，"社会文明程度得到新提高，社会主义核心价值观深入人心，人民思想道德素质、科学文化素质和身心健康素质明显提高"。为贯彻立德树人根本任务，为党育人，为国育才，沙坪坝区教委德体卫艺科在本学年工作要求里强调"高站位抓实德育"，在中国共产党建立100周年之际，结合学校实际，推进班会课优质化、心理课普及化，特开展本次德育优质课比赛，同时因为心理健康教育课程创新基地建设，需要对已经开发的心理团辅教案进行实操和优化，17名"游心而愈"项目班主任参加心理团辅赛课。

二、活动时间

2021年3月24日—31日。

三、比赛地点

靓美录播室。

四、参赛人选

吴　婷　湛留洋　张　清　冉婷婷　彭朝惠　游　琴　张璐敏
崔蔓菁　彭丽娟　田忠保　赖　莹　彭　巧　傅　燕　石华丽
丁曼曼　徐　乐　张　倩

五、比赛安排（表2-16）

表2-16　比赛安排

序号	时间		参赛教师	班级	题目	备注
1	3月24日	第1节	吴　婷	5.6	认识惯性思维	
2		第2节	湛留洋	5.3	魔法商店	
3		第3节	张　倩	2.5	我的情绪小怪兽	马蹄形
4		第4节	冴婷婷	2.1	极速蜗牛	马蹄形
5		第5节	彭丽娟	5.2	吹出完美的气球	
6		第6节	彭朝惠	2.2	竖起你的小耳朵	
7	3月25日	第1节	张　清	2.6	极速蜗牛	马蹄形
8		第2节	崔蔓菁	3.6	当"拖延"来敲门	
9		第3节	游　琴	4.3	不一样的名字	
10		第4节	田忠保	4.9	你容易轻信别人吗？	
11		第5节	丁曼曼	6.2	认识自己	
12		第6节	傅　燕	6.4	迎接初中生活	
13	3月26日	第1节	张璐敏	4.2	时间管理行动	
14		第2节	徐　乐	6.8	手机是小偷	
15		第3节	彭　巧	6.3	聊聊坚持己见	
16		第4节	赖　莹	3.1	克服分心我能行	
17		第5节	石华丽	6.1	头脑风暴	

注：心理团辅借班上课，不用在自己班上课。赛场座椅排成马蹄形或秧田式。上课前交5份教案。4月5日前将教案及课件（按照原来的统一格式）发到"游心而愈"QQ群"心理团辅赛课"文件包待评。

六、评委及奖项设置

评委：梁燕、麦莉、周洪友、张艳、胡须美、赵敏。

设上课和教案设计两项奖，获奖比例如下：一等奖30%~40%，二等奖40%~70%，三等奖0~30%。上课一、二、三等奖，奖金分别为200元、150元、100元；教案一、二、三等奖，奖金分别为100元、80元、50元。

七、赛课评比标准

以沙坪坝区进修学院颁发评比标准为主，稍做修改。学习参考重庆市里的心理团辅标准。

八、时间节点建议

第一周：学习评价标准，观看优课视频。
第二周：确定选题，召开选题讨论会，撰写教案，制作课件。
第三周：登记比赛顺序，试讲，完善教案、课件。
第四、五周：比赛。
第六周：修改教案、课件，进行教案评比。

九、工作安排

组长：张　艳
组织：谢云兰　文　萍
专辑：谢云兰　胡须美　秦成凤　罗　茜
照相、录像：信息组
简讯：张　倩

大一小

2021 年 3 月 3 日

附：

优秀课例

我的情绪小怪兽

张 倩　胡须美

【辅导对象】

小学二年级学生。

【主题辨析】

小学二年级学生处于入学后的适应阶段，由于活动领域扩大，学习活动和集体活动增多，他们的社会互动也相应增多，这促使儿童的情感内容不断丰富。但是二年级学生情绪的稳定性较差，易冲动。因此，对二年级学生的情绪教育主要侧重于认识情绪，包括情绪的种类、性质及恰当的表达情绪的方式。本次心理辅导活动课旨在引导小学二年级学生从游戏中感知情绪过渡到认识情绪，对情绪形成初步理解，并学会通过语言表达自己的情绪。

【辅导目标】

1. 在游戏中觉察自己的情绪。
2. 借助生活、学习中的事件，认识自己的情绪。
3. 学会用语言表达自己的情绪。

【辅导重难点】

学习用语言表达自己的情绪。

【辅导准备】

1. 辅导场地：教室、座椅马蹄形排列。
2. 媒材：颜色贴。

【辅导流程】

介绍辅导活动：

1. 说明辅导活动的基本要求：认真倾听，听到口令停下来，真实、大胆地表达自己。
2. 与学生约定安静下来的方法：口令。

一、暖身工作

看谁跑得快

① 每个学生伸出左手掌,掌心朝下。右手握拳,拇指向上,顶在右边同学的掌心之下。

② 教师播放音乐,每当听到音乐停下,学生要用自己的左手掌心迅速抓住掌心下别人的拇指,而自己的右手要躲开,避免被其他学生抓住。

③ 在游戏过程中,心情怎么样?

④ 小结:在游戏过程中,我们的心情不知不觉地流露出来。我们把心情也叫作情绪。当我们抓住别人时很高兴,却又因为怕躲不开而害怕。同学们,情绪是不是有很多种呀?它像不像一个善变的小怪兽?今天这节课就让我们跟随情绪小怪兽一起来认识情绪,学会表达情绪。(出示课题:我的情绪小怪兽)

二、现象探索

认识我的情绪小怪兽

1. 讲绘本故事

瞧!这是情绪小怪兽。

他今天起床以后,也不知道为什么,感觉怪怪的、乱乱的。

小怪兽的朋友说:"哎呀,又弄得一团乱啦?你得学会怎么整理才行。"

你把不同的情绪(快乐的、伤心的、生气的……)全都混在一起了,所以才会觉得怪怪的!你要把它们一个个分好,我可以帮你一起整理。

快乐的时候,你会哈哈大笑,想出去玩,还想和朋友们分享你的快乐。伤心的时候,你只想一个人躲起来,什么事都不能做。生气的时候,你想大吼大叫,想对别人发脾气。害怕的时候,你会觉得自己变得好小、好没用,什么事都不能做。

小结:在刚才的绘本中,用黄色代表快乐,用蓝色代表伤心,用红色代表生气,用黑色代表害怕。我们可以用颜色来代表我们平时的心情。这四种情绪是人基本的情绪,这些情绪每个人都会有。所以,其实每个人都有属于自己的情绪小怪兽。

2. 认识自己的情绪

(1) 同学们,听了情绪小怪兽的故事,回想一下,最近一周发生了哪些事?选择一件让你印象最深的事,想一想当时你是什么情绪?快乐?伤心?生气?害怕?(请一个学生说)

（2）选颜色。这里有4种颜色贴，你会选择什么颜色代表当时的情绪呢？在心里想好，其他同学猜一猜你会选择哪种颜色。（抽学生说）说对了吗？撕下来，贴在自己的胸口。

（3）其他同学，刚刚想的那件事情，你们会选择哪种颜色代表你的心情呢？选好贴在胸口吧。

（4）贴黄色的同学请起立。你们能说说是什么事情让你们感到快乐吗？

小结：这几个同学分享了让他们感到快乐的事情，老师发现让他们感受到这一情绪的事情不一样。所以，同一种情绪可能由不同的事情引发。

（5）看来他们认识了自己快乐的情绪。听了他们说的，有没有其他同学也认识到快乐这种情绪呢？（抽学生说，提示：是什么事情让你感到快乐？）除了快乐之外，你还认识哪种情绪？（说一说）

（6）走动交流：其他同学，你们想像他一样认识不同的情绪吗？一会儿，我们可以随便走到一个同学身边，像刚才那个同学一样，说说自己还认识哪种情绪，要说清楚发生了什么事情。认识完一种情绪，就把对应的颜色贴在胸口上。我们看看哪些同学能够在最短的时间里认识4种情绪。开始吧！

（7）4种情绪都认识的同学起立，这4种情绪是哪些呢？指着颜色贴说。

小结：有些情绪在一段时间内没有，这和我们遇到的事情有关系。遇到的事情不同，情绪也就不同。

三、应对训练

操场上有4个同学在一起玩，突然，小明不理大家。（出示图片）

小明现在是什么心情呢？那小明要怎么说才能让小伙伴知道他生气了呢？

（预设：说明原因）

现在小明勇敢地表达了自己的情绪，那你想想其他几个同学听了他这样说会怎么样呢？

小结：产生情绪的时候表达出来让别人知道，更利于与别人相处。

生活中哪些同学在产生情绪的时候会表达出来让别人知道呢？（举手请学生说）

孩子们说得真好，要通过说来表达情绪，让别人知道自己的想法。我总结了一下，是不是这样说，更能让别人知道你的心情：

（对谁说），我感到很（　　　　），因为（　　　　）。

想一想，最开始心里想的那件事情，它让你产生的情绪，你想对谁说？

我们在座位上练习一下。

（对谁说），我感到很（   ），因为（   ）。

抽学生展示。

小结：当我们有了不好的情绪的时候，为了更好地和别人交流，要学会把这些情绪表达出来。

四、整合结束

同学们，这节课我们认识了4种情绪，并学会了怎样表达它们。你们看，情绪小怪兽变成了粉色的充满爱的小怪兽。如果我们在平时的生活、学习中能够通过这些方式表达自己的情绪，就会有更多的人理解我们，就会更容易和别人沟通。

【评委点评】

认知情绪的种类，并能准确、恰当地表达出来，是低年段孩子心理健康的表现之一，也影响着孩子的人际交往能力。张老师选用绘本形式，用"小怪兽"的动画形象贯穿教学，具有吸引力，突破了难点，提升了辅导的有效性。话术（语言模式）的提供，对孩子们勇敢、流畅地表达自己的情绪起了很大的作用。可改进的地方：一是四种基本情绪的认知对二年级学生来说稍显简单，可在后面拓展其他情绪，让孩子选择、表达。二是颜色从绘本中来，但要回到生活中去，不固化色彩的表达。三是表达情绪操练不够，可多结合学生的实例推进。

点评：张艳

吹出完美的气球

彭丽娟

一、主题辨析

如今，孩子们的心理压力越来越大。这些压力或来自孩子自身，或来自外界；或来自学习，或来自生活……学生进入中高年段学习后，身体和心理压力倍增，这些压力导致情绪低落的情况经常发生。当今学生由于面对巨大的压力而产生一些心理问题的现象较多，这已影响到学生的心理健康。此次团体辅导，旨在让学生了解压力的来源和如何面对压力，并化压力为动力，从而营造良好的学习氛围。

二、辅导目标

1. 通过活动，帮助学生了解自己的压力来源。
2. 帮助学生积极应对压力。

三、辅导准备

教师：课件、气球、眼罩、纸杯。
学生：纸张、笔。

四、辅导过程

（一）暖身活动：捶背揉肩
规则：
1. 全部同学起立，自己给自己捶背揉肩感受30秒。
2. 帮前面的同学捶捶背10秒，并同时说"你辛苦了"。
3. 帮后面的同学揉揉肩10秒，并同时说"谢谢你"。

师：对比你给自己捶背揉肩的30秒，同学帮你捶背揉肩的20秒，有什么感受？（说出内心的真实感受）

在同学总结发言的基础上，教师出示课前约定：明确规则，仔细聆听，全情投入，真诚分享。

师：好的，那就让我们一起进入今天的课堂吧！

（二）现象探索

1. 吹一吹，看一看。

师：瞧，这是一个？（生：是气球！）谁来比一比，看谁能吹出一个完美的气球呢？（出示课题）

邀请一位同学上台来吹气球。

2. 想一想，说一说。

师：同学们，刚才看到气球经历了什么样的变化过程呢？

（把过程分为几个阶段，每个阶段暂停几秒但不发问，最后结束问）

（1）压力太小——气球不够饱满。气不足时，气球瘪瘪的，不够饱满。

（2）适度压力——气球富有弹性。当压力适度时，气球不但饱满，而且弹性非常好，你压它，它不会破，你放开气孔，它依然能恢复到原来的状态。

（3）压力超标——气球失去弹性。当压力太大时，虽然气球没破，但是放开气孔，我们会发现气球已经受伤了，恢复不到原来的状态。

（4）压力严重超标——撑破。当我们不顾气球的极限不断地吹气，气球最终会被撑破。

（5）外力的刺激——扎破。外在的刺激也会让气球破裂。

3. 追问吹气球的同学：吹气球的过程中，你有什么感受？

4. 同学们有什么启发呢？

师：实际上，我们每个人就像一只气球，每天接受外界不同的压力。随着小升初考试的即将到来，同学的压力越来越大，想玩也玩不好，在家父母唠叨，在学校各科老师不停地轮番轰炸；父母亲越来越不理解你们，给你们报各种补习班，但就是从不问你们的真实想法。此时压力爆棚，就好像一只慢慢变大的气球一样，感觉自己快喘不过气来。

师：今天，我们就一起把"压力"请出来，面对面和它谈判，看看它是敌是友，我们一起看看如何应对压力吧！

（三）应对训练

1. 我的"压力源"。

（1）想一想。

师：现在同学们想一想，生活中你们的压力什么时候达到了压力表中的红色部分？

（2）写一写。

师：想好了吗？想好了就拿出一张纸，在这张纸上写一写最近让你感到压力很大的事情。

出示 PPT：这段时间里，我都感受到了哪些压力？我的压力、烦恼都来自哪里？

（3）说一说。

学生之间交流自己写的内容。

（4）回顾旧知，引出新知。

① 学生回顾已知压力应对方式，引出新知。

大家在平时是怎么面对压力的呢？

② 教师总结：有主动出击的，有被动规避的。同学们已经学会倾诉、转移注意力、发泄这几种应对压力的方法。这节课我们将学习两个新的应对方法！

2. 压力因心而生。

（1）活动一：游戏"珍惜每一滴水"。

接下来，我们来做个游戏"珍惜每一滴水"。

规则如下：

① 每人拿好自己手里的纸杯，每组第一位同学拿好装满水的杯子。

② 戴上眼罩，在不交流的情况下，第一位同学将杯里的水倒在第二位同学的空杯里，依次往后，直到最后一个人。

③ 在游戏过程中，不要说话、询问，更不要摘眼罩。

做完游戏后交流：能描述一下游戏中你的心情吗？你有什么担心的吗？联系生活，有没有遇到类似的情况呢？那时候你是怎么想、怎么做的呢？

教师小结：有的同学在接受倒水或接水任务的同时，又不自觉地给自己再下了一道任务（如我必须……我应该……）。想法就是想法，未必就是事实。从这个角度讲，心理压力是自己造成的。

其实，摒弃"糟糕透了"的想法，往好的方面想。改变一下我们的思维，压力就会减少很多。（板书：改变思维）现在，请大家检查一下刚才我们写出的压力源，是否有这类给自己过大压力的时候呢？如果有，你愿意改变一下思维吗？（生：愿意）那么请你重重地划掉它！

（2）活动二：游戏"跟我一起算算术"。

师：有的同学说，自己的纸上还有许多压力没有划掉，怎么办？没关系，老师再带大家来玩一个游戏。接下来，我们再做一个游戏"跟我一起算算术"。规则如下：

① 看课件的计算题，依次快速地报出答案。

② 声音越大越好，速度越快越好。

题目：依次出，有梯度。

交流：你刚才有什么感受？有的同学为什么毫无压力？联系我们的生活实际，有没有遇到过类似的情况呢？那时候你是怎么想、怎么做的呢？

教师小结：看来，我们的压力有一部分源于我们自己对某些事情的不擅长、不熟悉、不了解，那怎么办？（生：想办法解决，投入更多的精力，更加努力）（板书：更加努力）

师：好，再拿出那张写下你压力的纸。如果你有信心解决它，就重重地划掉它！有位同学已经没有压力了，我们祝贺他吧！

（四）整合结束

1. 讨论：这节课上我们体验的游戏，让大家对压力有了什么不同的解读吗？

教师小结：对不在乎的事情，你不会感到压力。

2. 尝试舒缓压力。

（1）活动三：以朋友的身份给压力写几句话。

师：看来大家对压力有了全新的认识。面对压力，我们转换思维，事情也就不那么糟糕了。如果再努力努力，压力能成为我们走向完美的动力！这么一看，压力不是敌人，反而是我们的朋友！

师：我们给压力这个朋友写几句话吧。

（2）活动四：吹完美气球。

师：现在你们谁来说说什么样的气球是"完美的气球"呢？

师：同学们，今天的课就上到这里。今后的生活中，面对压力，与其恐惧，不如拥抱，一起快乐每一天吧！

【评委点评】

让四年级的孩子认识压力，既是未雨绸缪，也出于一定的现实需求。以气球的饱满度来比喻压力形象贴切，吹气球又是学生喜欢的游戏，可谓寓教于乐。"珍惜每一滴水"游戏，彭丽娟老师给出的看似不够严谨的比赛规则，实则有意打破学生的惯有思维，让孩子意识到原来有的压力是自己给加上的。认知情绪疗法贯穿全课，运用得比较自然，比较注重对每一个环节的反馈与小结。

可以改进的地方有：一是整合训练"与压力交朋友"时，可以让学生谈谈自己对现有压力的认识和具体的缓解方法，或是让其他学生给出建议。二是学生在谈收获时，说得比较宽泛，一些认识不够深刻，老师在尊重学生的同时，可以做进一步的引导。

点评：周洪友

"心之桥"上遇见我——重庆大学城第一小学校心理健康教育课程创新基地建设

专题讲座

做学习的主人
——学习信心培养团辅

吴 婷

同学们，下午好！我是吴老师，很高兴和大家相聚在操场上，今天我们要一起做一个分享活动。大家也看到了，我今天带来了很多小礼物，只要你分享了自己的想法或故事，你就可以上来选取一个自己喜欢的小礼物。在今天的分享中，只要是你真实的想法或故事，你都可以分享。在活动开始之前，我们先来做一个小游戏吧。在这个游戏过程中，大家需要用双手。认识吴老师的请拍一下手，在学校见过吴老师的请拍两下手，想得到吴老师小礼物的请拍三下手；最近睡眠不好的同学请拍一下手，最近参加过考试的同学请拍两下手，最近感觉有学习压力的同学请拍三下手。说到学习的时候，我明显感觉到掌声变大了，说明同学们在学习上都有一些共同的感受，那今天，我们就一起来讲一讲学习。

一、学习对我们来说意味着什么

现阶段的你们，有一个最重要的身份——学生。"学生"除了指在学校或其他地方接受教育的人，它还强调学生的责任：先学而后生。"学"很好理解，就是学习；那怎么理解"生"这个字呢？一说到生，我们最先想到的是什么？我们可以将"生"理解为生存、生活。只有学习才能帮助我们生存、改善我们的生活。中国的汉字和文化博大精深，最简单的词语中往往包含着最深刻的道理。要问什么是学习，答案就在这个词中。

那理解了学习是什么之后，我有了一个疑问，我们都在强调学习，那学习对我们来说意味着什么呢？或者说，我们为什么要学习？可能有人会说，学习意味着收获更多的知识；有人会说，学习意味着我可以顺利升入理想的中学；还有人会说，学习意味着以后能找到一份好工作……对于这个问题，我相信每个人心中都有着自己的答案。培根说："知识就是力量。"马克思说："与其装饰自己的外表，不如用知识武装自己。"伟大领袖毛主席说："饭可以一日不吃，觉可以一日不睡，书不可以一日不读。"作家余秋雨说："阅读的最大理由是想摆脱平庸，早一天就多一份人生的精彩，迟一天就多一天平庸的困扰。"这里提到的知识、读书、阅读，都和学习有关。知识就是力量，我们每个人都想获得各种各样的力量，那首先就得储备丰富的知识。知识又怎么得来？毫无疑问，要依靠学习。

可能有人会问："老师，我想获得力量，除了学习之外，还有没有捷径可以走呢？"可能你会羡慕那些天才，他们一生下来就具有与众不同的天赋，有的记忆力超群，有的艺术才能突出。可天才毕竟是极少数人，而且天才不好好学习也会变成普通人，就像王安石笔下的方仲永。仲永长到5岁时，不曾认识书写工具，忽然有一天仲永哭着索要这些东西。他的父亲对此感到诧异，就向邻居把那些东西借来给他。仲永立刻写下了四句，并题上自己的名字。这首诗以赡养父母和团结同宗族的人为主旨，给全乡的秀才观赏。从此，别人指定事物让他作诗，方仲永立刻就能完成，同县的人们对此都感到非常惊奇，渐渐地都以宾客之礼对待他的父亲，有的人花钱求取仲永的诗。方仲永的父亲认为这样有利可图，就每天带领着仲永四处拜访同县的人，却不让他学习。等到方仲永十二三岁了，写出来的诗已经不能与从前的名声相匹配。到方仲永20岁的时候，他的才能消失了，他和普通人没有什么区别了。

听了方仲永的经历，你们有什么感受呢？那此时此刻，你们觉得学习对你们来说意味着什么呢？

学习对于我们来说，它就是一条通向成功的捷径，它是我们的人生财富。

二、正视现阶段所面临的问题

孔子说："知之者不如好之者，好之者不如乐之者。"意思是说，懂得学习的人，不如爱好学习的人；爱好学习的人，又不如以学习为乐的人。这里面包含了3种学习状态：知之、好之、乐知，即懂得学习、喜欢学习和以学习为乐。现实生活中，我们的学习状态可不止这3种。除了孔夫子提到的3种学习状态之外，我们还可以找出刚好与之相对的3种学习状态：不懂得学习，不喜欢学习，以学习为苦。学习状态也是发展变化的，可能某一段时间由于种种原因，特别不喜欢学习；但过了一段时间，又由于一些原因，特别喜欢学习。学习状态就像我们的情绪一样，它会受各种因素的影响。我们先要识别它，然后接纳它。如果这种状态对我们的日常生活造成了困扰或者带来了麻烦，那我们就要进一步去认识它、调整它。

在给大家做讲座之前，我找老师们了解了一下同学们的学习状态，部分老师反映有些同学不怎么爱听课、不按时做作业、不和老师交流自己的想法，概括起来就是有些同学的学习状态不好。再回想一下刚才讲过的几种学习状态：孔夫子提到的知之、好之、乐之，以及与此相对的不知之、不好之、不乐之。同学们想一想，老师们说的学生学习状态不好是哪几种情况呢？我也找一部分同学交流了一下，发现基本上每个学生都会出现学习状态不好的时候，区别就在于有的是偶尔学习状态不好，有的是长时间学习状态不好。我们再将这个学习状态细分，你会发现，有的可能是学习成绩不好，有的可能是学习态度不好，有的可能是学习方法不好，有的可能是学习环境不好，还有的可能是学习时间分配不好，等等。

学习状态不好如果是阶段性的，通过自己和他人的帮助，能及时调整过来，那我们就可以忽略它；如果学习状态不好是持续性的，已经严重影响了自己的生活，给自己带来了很多烦恼，那就得高度重视了。

三、态度第一，方法第二

曾经有位小和尚向一位得道高僧询问："为什么念佛时要敲木鱼？"高僧说："名为敲鱼，实为敲人。"小和尚又问："为什么不敲鸡，敲羊而偏偏要敲鱼呢？"高僧笑着说："鱼是世间最勤快的动物，整日睁着眼睛，四处游动。这么辛勤的鱼都要时时敲打，更何况懒惰的人呢！"

高僧讲的敲打就是我们现在所讲的鞭策。学习需要不断地鞭策自己，改掉懒惰的毛病。只有态度还不够，还得将想法付诸行动。在学习过程中，有一些很好的学习方法可以帮助大家提高学习效率。

大家都知道，我们中国一共有多少个省级行政区呢？一共有34个，包括23个省、5个自治区、4个直辖市及2个特别行政区。那谁能又快又准确地说出这34个省级行政区的名称呢？据说周恩来总理为了帮助大家记住中国的各个省份，特地编了一个口诀：

两湖两广两河山，五江云贵福吉安。
四西二宁青陕甘，还有内台北上天。

同学们觉得周总理的这个口诀怎么样呢？我们也可以借鉴周总理的口诀来帮助我们学习。什么是好的学习方法？严格地说，就是适合自己的、有效率的学习方法。老师相信每个同学都有一些属于自己的学习方法和技巧。

我来总结一下你们常用的学习方法和技巧。

（一）要有明确的学习目标

无论做什么事都要有明确的目标，学习尤其如此。目标越明确，学习积极性就越高，学习意志就越坚定。目标有大目标、小目标，有远期的，也有近期的。在学校，我们要做心康体健、品美行雅的靓美小桥娃，那离开大一小后,你们又对自己有什么要求呢?你们的目标又是什么呢?在座的同学们,都将面临毕业。我想告诉同学们的是,要长远地看待自己的学习过程和生活,不要把小学毕业作为一个终点,恰恰相反,这又是一个新的起点,即初中生活的起点。所以,无论你们以后在哪个学校,第一件要做的事情就是明确自己的学习目标,可以是每节课的目标、每天的目标、每周的目标、每个月的目标等。有了目标,我们才有学习的方向和动力。

(二)掌握科学的记忆方法

记忆是重要的学习手段之一。记忆也是讲究方式和方法的,最常用的就是重复记忆,就像我们背课文和背单词,重复的次数多了也就记得住了。重复记忆虽然好用,但是比较花时间。我们回想一下周总理是用什么方法来记住那么多省份的。(口诀记忆法)那还有没有其他的记忆方法呢?老师也有一些记忆方法要和大家分享。

第一个方法是理解记忆。如果只是死记硬背不去理解,很容易遗忘。就拿背英语单词来说,有的很相似的单词,如果不去理解单词本身的含义就容易记错。比如 family 这个单词,我们就可以理解为 "father and mother, I love you"。大家都知道 12 月 25 日是什么节日(圣诞节),而且大家都知道圣诞节的单词是 Christmas,那有没有同学想过,圣诞节为什么就是 Christmas 而不是其他呢?Christmas 这个单词由两部分组成,即 Christ 和 mas,每一部分都有含义。Christ 表示基督耶稣,与圣诞节有关。老师不能把每一个单词背后的意义详细地在课堂上讲解,但我们可以课后借助电脑等,实现理解记忆。

第二个方法是联想记忆。我接下来会依次念出 12 个词语:森林、女孩、阳光、树木、微风、小溪、唱歌、花朵、微笑、云朵、天空、小鸟。念完之后,你们记住了其中几个词语呢?那让我们用联想记忆来对词语进行加工:天空中有太阳和云朵,森林里有树木、花朵和小溪,微风吹过,一个女孩听见小鸟在唱歌,她脸上露出了微笑。经过联想记忆的加工,刚才那些独立的词语就变成了一幅美丽的画面,再来记忆这 12 个词语就容易多了。

第三个方法是谐音记忆法。谐音记忆法特别适合用来记忆历史年代、统计数字等,尤其是在以后的历史课中,记忆重大历史事件发生的各种年代时,谐音记忆法就能帮你们快速地记忆。据说,一天,有位老师上山与山中寺庙里的和尚对饮,临走时,让学生背诵圆周率,并要求他们背到小数点后 22 位。大多数同学背不出来,十分苦恼。有一个学生把老师上山喝酒的事结合圆周率数字的谐音编了顺口溜:"山巅一寺一壶酒,尔乐苦煞吾,把酒吃,酒杀尔,杀不死,乐而乐。"谐音记忆法没有统一规则,重点在于这个谐音要方便自己理解。

第四个方法是口诀记忆法。除了刚才周总理创编的口诀之外,还有中国的《二十四节气歌》在劳动人民中间世代相传,具有强大的生命力。有的幼儿园小朋友能准确说出二十四节气,是因为他们记住了二十四节气的口诀(春雨惊春清谷天,夏满芒夏暑相连,秋处露秋寒霜降,冬雪雪冬小大寒)。那你们能按顺序准确地背出来吗?你们还用这个方法记住了什么呢?

除了老师提到的以上几种记忆方法之外,还有很多其他记忆的技巧,同学们可以继续查找、总结、应用。

(三)抓好学习环节的关键

学习可分为四个主要环节:预习、听课、复习、完成作业。每个环节都有其特点,也有其关键。

预习:需要我们充分发挥主观能动性,积极地思考疑惑之处,发现问题,并形成对一些问题的看法。

听课:带着问题听课,并把老师的讲解与自己的理解相对照,就可以加深对知识的理解。除了课上专心听讲以外,还要做好笔记,这也是很好的习惯。

复习:复习要摸规律,复习的目的是进一步巩固、掌握学习内容,以便摸清其内在规律,在运用中举一反三。

完成作业:作业要独立完成,典型的内容要反复练习。

这四个学习环节相互影响,缺一不可。

四、珍惜当下,放眼未来

英国伦敦著名的威斯敏斯特大教堂有一块举世闻名的墓碑,墓碑为粗糙的花岗岩质地,造型也很普通,与周边达尔文、狄更斯等名人墓相比,此墓碑没有墓主人的姓名、生卒年月,甚至没有关于墓主人生平的介绍。

该墓碑上的碑文是这样写的:

当我年轻的时候,我梦想改变这个世界;当我成熟以后,我发现我不能改变这个世界,我将目光缩短些,决定只改变我的国家;当我进入暮年后,我发现我不能改变我的国家,我的最后愿望仅仅是改变一下我的家庭,但是这也不可能。

当我躺在床上,行将就木时,我突然意识到:

如果一开始我仅仅去改变自己,然后作为一个榜样,我可能改变我的家庭,在家人的帮助和鼓励下,我可能为国家做些事情,然后,谁知道呢？我甚至可能改变这个世界！

听了这段话，你们有什么感受呢？

刚才同学们都说得很好。正如你们说的那样，一切都要从改变自己开始！鲁迅先生曾经说过："伟大的成绩和辛勤的劳动是成正比例的，有一分劳动就有一分收获，日积月累，从少到多，奇迹就可以创造出来。"

今天的讲座就先到这里，希望同学们能有所感悟，有所收获，谢谢大家！

你的世界，需要自己关照
——学业压力疏解团辅

吴　婷

亲爱的同学们，大家中午好！我是你们的心理健康教育老师吴婷，你们可以叫我吴老师。在快开学的时候，吴老师收到了一封来自一位学生的求助信，信的内容是这样的：

吴老师，你好！我叫青青，是一名小学生。最近我的心情特别不好。假期里我除了完成作业之外，还要去上各种补习班。马上就要开学了，我的作业有的不会做，有的还没有做完。我不敢和爸爸妈妈说，因为爸爸妈妈对我要求比较严格，我害怕他们会狠狠地批评我，说不定还会打我一顿。我也不敢问老师，怕老师说我不认真，假期贪玩不做作业。本来想问一下班上的同学，但又怕他们笑话我，说我太笨了连假期作业都不会做。一想到开学了要交作业，要学习新课，要完成更多的任务，我就开始害怕，甚至都有点不想去学校了。可是不去学校爸爸妈妈肯定是不会同意的，我该怎么办啊？

听了青青的来信，你心里有什么感受呢？青青的烦恼来自未完成的作业，担心自己因为没完成作业，家长、老师会对自己失望。从这里我们知道，青青是个有自尊心的孩子，这是值得肯定的。但是因为自觉性不够，家里无人督促和帮助，所以没有完成作业，感到自责和羞愧，从而产生焦虑。或许我们和青青一样，也会围绕学习这件事情产生烦恼。也可能因为和家长、老师、同学的关系没处理好而产生烦恼。你们的烦恼是什么呢？我们闭上眼睛，想一下自己的烦恼。

大家找到应对烦恼的方法了吗？我给青青提了三个建议：第一个建

议，改变不合理的认知；第二个建议，主动倾诉；第三个建议，制订行动计划。

第一个建议，我们需要改变不合理的认知。有一部分同学，遇到问题就会习惯性地产生糟糕透了的想法，什么事情都会联想到最坏的结果。

什么是"糟糕透了"呢？例如，上学路上突然下雨又刚好没带伞，有"糟糕透了"想法的同学就会担心自己被淋湿，淋湿了就要生病，生病了就要请假治疗，请假治病就不能上学，不上学成绩就会下降，成绩下降就会被老师约谈，老师约谈就会告诉家长，家长就会大发雷霆……反复想，越想越觉得自己头开始疼了，脚开始凉了，全身都不舒服了。这个例子老师说得有点夸张，但是生活中有糟糕透了想法的人还不少呢！

任何事情都有两面性，当我们产生了糟糕透了的想法的时候，我们的注意力都放在了事情的消极面上。这个时候我们可以多想想事情积极的一面，多想想自己的优点。所以，当你意识到自己有糟糕透了的想法时，立马对自己说："不！没有那么糟糕！"

来，我们一起说这句话："不！没有那么糟糕！"

如果这种方法不能帮到你们，吴老师还有第二个建议，那就是主动倾诉。你们可以像青青一样写信诉说，也可以对着带给你们困惑的人当面说出来，还可以让其他人帮自己说，也就是及时求助身边可信赖的人。我们一起来尝试一下这个方法吧。

第一步，请闭上眼睛，在心里默默地说，把这句最想说的话重复2遍，我给大家10秒钟。（等待10秒钟）

心里说了吗？好的。

第二步：轻轻地把刚才那句话说出来，说的时候可以只有自己听到；我给大家10秒钟。

第三步：大声说。接下来，老师会播放音乐，让我们闭上眼睛，我说123，大家就一起大声说出自己的心里话，还可以做出身体动作，123，开始！

第四步，让我们慢慢睁开眼睛，想象那个人就在你面前，在音乐的辅助下，让我们再次勇敢地一起说出自己的心里话和做出身体动作，123，开始！

如果心里装不下那么多东西，就尝试着打开心灵的窗户，让外面的阳光照进来。

第三个建议，制订改变的行动计划。很多时候，我们的烦恼来自那些该完成而没有完成的事。对于青青来说，她的烦恼就来自没有完成假期作业。但是开学了作业没做完已经是改变不了的事实。为已经过去且改变不了的事实而烦恼，有必要吗？

这个时候，我们最需要制订接下来的行动计划。比如，我会建议青青思考：没完成作业，会有什么后果呢？如果是知识点遗忘，我就在开学的第一周复习起来；如果是担心老师发现自己没按时完成作业而受到批评，那就在开学前尽量把作业补齐，没补齐的话就主动向老师说明原因；如果是担心家长对自己感到失望，那就尽早说明情况，和家长一起商量对策；如果是担心被同学嘲笑，那就选择一个你信任的同学来帮助你；等等。我建议青青先把自己没完成的作业清单梳理出来，然后拿着作业清单主动和家长沟通。把每天要完成的作业清楚地写在计划表上，完成后请家长签字，这样在开学前就能完成所有作业。如果已经来不及补，就真诚地道歉，接受自己这件事做得不好的事实，开学后认真听讲，好好完成作业。我们在制订行动计划时，步骤一定要细化，确保每个任务都能完成。同时还应该邀请家人进行监督，时刻提醒我们什么时间应该做什么事情。

有些孩子可能不存在学习压力，但是会因为学习的问题产生亲子间的冲突和同伴关系问题。有的怕老师责备自己，还有的怕家长告状，等等。以上三个方法都可以帮助我们来解决这些困扰。这些方法如果不适合你们，还可以选择来心理辅导室，我、湛老师、张校长都愿意和你们一起聊聊天，共同寻找解决问题的办法。

孩子们，我今天的分享到此结束，祝愿我们每一位同学都能快乐成长！谢谢大家！

大一小"一点一网三力"心理健康教育特色工作介绍

湛留洋

主持人好，各位参加互动的校长们好，全国的教育同人们，下午好。我是来自大一小的专职心理教师湛留洋。学生的心理健康问题不容易被察觉，如果不加以注意就会错过最佳干预期。我们学校和教师为了更好地了解学生的内心世界，以科学的方式测查学生心理健康状况，给予辅导与干预，做了不少尝试。接下来我将代表学校谈谈思考与做法。

一、夯基垒台，初显"心之桥"特色

大一小由平民教育家晏阳初于1948年创办，到2021年已有73年的办学历史。2011年，学校挖掘办学历史，凝练办学文化，提出了"一桥

"心之桥"上遇见我——重庆大学城第一小学校心理健康教育课程创新基地建设

飞架，众美纷呈"的办学理念，倡导"厚重奉献，通达靓美"的桥文化，全力践行"靓美教育"。学校地处重庆，也是沙坪坝区的西部。10多年来，所处区域一直处于城镇化进程中，拆迁安置情况突出。有的家庭为了生计四处打工，对孩子的陪伴少；有的家庭对孩子不闻不问。父母受教育程度普遍偏低，大专及其以上学历者不足50%，对教育的关注度及实施家庭教育的能力水平总体较低。学生容易出现学习压力过大、亲子关系不佳、环境适应较慢、人际关系不良等诸多问题，而品质不高的家庭教育容易导致学生躁动、不理智。基于此现状，我校一直高度重视心理健康教育工作，2015年建成使用"心之桥"心理辅导室，2016年成立德育心理名师工作室，随后引进两位专职心理教师，我便是其中的一位。学校现已形成了"一点一网三力"心理健康教育特色。

一点：坚持"生命至上，健康第一，以人为本，支持促进"心育理念为基本点。力求培养"心康体健，品美行雅"的美桥少年；力争打造"架桥铺路，育己达人"的教师团队；力达营造关注心灵、守护成长的家庭教育氛围。

一网：构建"五横多纵"的心理健康教育工作网络。横向依托沙坪坝区教委的大力投入、管理和指导；沙坪坝区教师进修学院和中小学心理健康服务中心的支持引领和进修培训；西南大学、重庆医科大学和重庆师范大学等高校的专业扶持和师资培养；大学城医院的医疗支撑和绿色通道；学校心理工作的深度实施和精准开展这五大纬线。纵向则有赖于学校坚持锻造师资队伍，把每位教师都培养成心理教育者、心理帮扶者、心理辅导者，把每个学生培养成心理观察员、汇报员，多条经线并举。

三力：一个人的倡导力，学校建立以梁燕校长主导的心理统筹机制；一组人的推进力，成立张艳副校长领衔的德育心理工作室，培养两名专职心理教师，吸纳多名兼职心理教师，增设健康教育教研组，并驾齐驱，以一组人的力量持续推进；一群人的行动力，筹建心理预警对象干预小组，校长任组长，分管德育心理、安全的副校长们任副组长，班主任教师任组员。一群人为学生心理健康保驾护航，全面行动，三力齐聚，共同发力。

通过夯实心育干预基础，垒筑危机防范高墙，近几年学校心育工作特色初显，略有成效，先后荣获沙坪坝区优秀心理教研组、示范心理辅导室、优秀心理服务中心、心理课程创新基地、重庆市心理特色学校和全国壹基金全纳教育项目学校等荣誉。

二、创新举措，打造"心之桥"品质

（一）科学施策，精准筛查

一是自 2018 年 11 月学校成功申报沙坪坝区"心之桥"心理健康教育课程创新基地以来，两名专职心理教师积极改编 MHT 专业心理测评量表，指导班主任开展三至六年级学生心理健康水平测评工作，形成大样本前测数据。二是 2019 年推动建立"一生一策"心理辅导档案制度，健全筛查预警机制，及早实施精准干预。三是自 2020 年以来，依托沙坪坝区教委与重庆医科大学签订的心理健康服务合作协议，组织全校学生进行线上心理测评。根据测评结果和严重程度实施分类预警，分级干预。三级预警程度较轻，采用班主任、任课教师随时观测、疏导模式，结合专门的心理辅导方式处理；二级预警程度较重，采用重医专家团队进校对学生进行一对一心理访谈方式处理，学校访谈覆盖率达 100%；一级预警程度最重，除了专家访谈之外，还联系家长到校交流和备案，签署知情同意书及安全责任书，学校为学生申请重医绿色就诊通道。在医教结合的过程中，学校做到筛查—预警—干预—追踪全覆盖。

（二）多维辅导，精心促进

多年来，学校心理辅导工作全方位、多角度开展。一是针对学生开放"悄悄话信箱"和每天定时的咨询接待服务，开设每周一次的"心灵蜜语"活动，组织每月一次的心理主题沙龙，每学期一次的"有温度的家访"，每年一次的"5·25"心理健康周活动，每两年一次的融合教育运动会。二是针对新教师进行心理沙盘和心理卡牌辅导活动，引导部分教师开展自我成长、家校沟通和疫后心理建设等主题工作坊，组织全体教师开展"心灵蜜语"分享交流活动和团队动力建设活动。三是向家长推送心理常识，及时开展心理沟通，组织亲子关系沙龙和离异家庭亲子成长动力工作坊。面向师生，覆盖家庭，广泛开展个体心理、团体心理和家庭心理辅导实时实地服务。

（三）研发课程，精细引导

在做好常态化心理辅导的同时，我们还有机融入学科教育，创新开发心理健康教育校本资源。一是针对一年级新生创造性开设"上课铃声响"新生入学课程，加强入学适应和人际交往的班级团体心理辅导；二是针对全年级学生开设"游心而愈"班级团体心理辅导课，旨在帮助学生正确认识自我，培养学习兴趣和学习能力，建立和维持良好的同伴关系，学会恰当地表达情绪，逐步认识自己与社会、国家和世界的关系，为初中阶段学习生活做好准备。通过深入开展心理团辅课，力求帮助学生在健康、快乐成长的同时增强维护自身心理安全的意识和能力。

近一年，学校心理重点预警对象的发生率从初筛的18位（1.01%）下降至2位（1‰）。一级心理预警对象大幅度减少，16位一级干预对象的核心症状得到了改善，程度降低为二级预警对象，目前只有2位一级预警对象。接下来，学校还将持续加强心理健康教育，织牢防御之网，医教结合，家校结合，师生结合，关怀、了解、洞察每一个学生，对已有不同程度心理预警的学生更要争取家长的理解与支持，共同关注与干预，不忽视每一个孩子，不放弃每一个辅导与干预的机会，不允许任何一起悲剧在学生身上上演！学校会倾尽全力帮助学生真正成长为"心康体健、品美行雅"的美桥少年！

"疫"后晴天,美好生活

——大一小 2020 年 "5·25" 心理健康周活动方案

为深入挖掘抗疫期间文艺作品的积极疗愈价值,推进"心之桥"课程创新基地工作,宣传和普及心理健康知识,引导学生及家长通过文艺创作关注心灵成长,培养乐观向上的心态,促进身心健康、全面发展,进一步完善学校以"心理健康教育全面覆盖、心育课程辅导全面开展、心理工作队伍全员提升"为主导的心理健康教育工作模式,大一小将开展 2020 年度"5·25"心理健康周活动。

一、活动主题

"疫"后晴天,美好生活。

二、活动时间

2020 年 5 月 22—29 日。

三、活动对象

全体师生、家长。

四、活动内容

(一)学生"心灵蜜语"

1. 时间:5 月 22 日朝会。

2. 参与对象:全校师生。

3. 内容:本周五通过 10 分钟的朝会,进行以"做自己的守护天使"为主题的学生"心灵蜜语"活动。向同学们宣传心理健康知识,增强心理保护意识,让同学们保持良好的心态,积极面对疫后的生活和学习。

(二)一、二年级亲子"创造美好生活"微视频拍摄活动

1. 时间:5 月 23—25 日。

2. 参与对象:一、二年级学生及其家长。

3. 内容:以"遇见美好生活"为主题,录制疫后亲子的美好生活,也可分享生活中的趣事、故乡的优美风景等,内容积极向上,陶冶身心,

风格不限，成品应具有故事性或连贯性。

4. 要求：视频须原创，时长控制在1分钟以内；MP4格式；可以直接使用原音，也可以后期配音，背景音乐不做要求，可自行选择。片头有作者与作品介绍，片中配有字幕，5月26日前上传到班级群共享，学校集中收集精彩作品进行展示。

5. 补充：有经验的家长可选择视频剪辑软件录制视频，生疏的家长推荐使用手机软件，比如抖音、快手、美拍等。

(三) 三、四年级"字字润心，声声传情"心理美文朗读活动

1. 时间：5月25日—29日午间管理时段。

2. 参与对象：三、四年级各挑选4位学生参与活动。

3. 地点：朗读亭。

4. 要求：选材来自抗疫期间对自我有启发意义、积极向上，能体现生活真、善、美的文章等。

5. 形式：每天选两位学生（三、四年级各一位）朗读，借助朗读亭全校播送。

(四) 五、六年级"生活之美，你我共绘"心理海报设计活动

1. 时间：5月23日—29日。

2. 参与对象：五、六年级学生自由参加，无人数限制。

3. 要求：作品要以艺术的方式诠释心理健康教育的内涵，表达抗疫期间亲情、友情、师生情等各种情感，传达健康生活、和谐相处的理念。可以以图文结合的形式来突出主题，图案简洁，含义明确，色彩明快，并给自己设计的海报赋予积极向上的象征意义。

4. 补充：规格统一使用A3纸张，海报右下角标注个人信息（作品名称、班级、作者姓名）。5月29日放学前交班主任，学校集中收集和展示。

五、活动要求

(一) 加强领导，精心组织

本次活动由学校德育心理工作室主办，各班级协办。全体教师统一思想，提高认识，加强组织领导，强化责任落实，确保各项活动的开展不走过场，取得实实在在的成效。积极发动全校学生和家长广泛参与，力争内容翔实，意义深远。

(二) 加强宣传，营造气氛

借助学校公众号推送和各班级群转发，充分运用网络平台进行宣传，行政对宣传内容严格把关。各班级要以心理健康教育日活动为契机，在认

真组织和参加学校活动的基础上,围绕活动主题,结合本班学生工作实际,精心谋划,积极开展特色鲜明、行之有效的心理宣传教育活动。

(三)认真总结,不断提高

心理工作室成员要与各班级加强沟通、交流与合作,活动过程中注意收集、保存相关资料。活动结束后形成活动简讯,提交办公室,不断提高学校心理健康教育工作水平,努力形成品牌特色。

"心之桥"上遇见我——重庆大学城第一小学校心理健康教育课程创新基地建设

生命的色彩

——大一小2021年"5·25"心理健康周活动方案

为深入贯彻习近平新时代中国特色社会主义思想和党的十九届五中全会精神，全面落实全国教育大会工作要求和教育部《关于印发全国社会心理服务体系建设试点2020年重点工作任务及增设试点的通知》文件要求，献礼建党百年，普及心理健康教育理念，提升心理育人质量，推进"心之桥"心理健康教育课程创新基地工作，培养学生、家长和教师的阳光心态，在全校营造珍爱生命、呵护自我的良好氛围，大一小将组织开展2021年度"5·25"学生心理健康周系列活动。

一、活动主题

生命的色彩。

二、活动时间

2021年5月24—28日。

三、活动对象

全体师生及部分学生家长。

四、活动内容

活动内容见表2-17。

表2-17　大一小2021年"5·25"心理健康周活动安排

时间	地点	项目	参与人	负责人及简讯	备注
2021年5月24日—5月28日（周一至周五）12：30—13：00	操场主席台	"勇敢说出来"	前期参与自主报名的各班同学	湛留洋 胡须美	为参加活动的学生发放小礼物

第二部分 基于实践——有效探索与尝试

续表

时间	地点	项目	参与人	负责人及简讯	备注
2021年5月24日（周一）13:00—14:00	操场	四年级主题讲座"多彩的童年——与焦虑共处"	三、四年级全体学生及班主任	张 倩 吴 婷	现场互动，维持纪律，发放小礼物
2021年5月24日（周一）下午第2节延时服务	靓美研课室	"探索生命的色彩"绘画工作坊	前期参与自主报名的非班主任教师	呙婷婷 吴 婷	非班主任教师提前协调好延时服务时间
2020年5月25日（周二）15:40—17:10	烘焙室	"陪伴与接纳"主题工作坊	部分学生家长	张 艳 湛留洋	为家长发放小礼物
2021年5月27日（周四）14:00—15:30	靓美学术厅	五、六年级主题讲座"生命教育"	五、六年级全体学生	汤文芳 赵 敏	为汤文芳老师献花
2021年5月27日（周四）14:00—14:40	各班教室	全校心理团辅课	全体班主任	张 艳 湛留洋	信息技术组及时拍摄活动照片
2021年5月28日（周五）14:00—15:30	靓美学术厅	"让家长成为班主任支持系统中的重要他人"主题工作坊	全体班主任	湛留洋 吴 婷	为洪显利老师送花

（一）学生层面

1. 红色篇——"勇敢说出来"

每个人的心里都有一些想说但没说出口的话，如果一直藏在心里，心理负担就越来越重。为了帮助同学们大胆表达、真实体验、舒缓压力，特此开展"勇敢说出来"活动，每天中午12:30—13:00邀请4位学生在操场主席台勇敢说出心里话。可自行邀请同学、老师或者家长作为陪伴者。活动开放20个名额，提前进行网上报名登记，自定交流的内容和对象。如需要借助面具或者道具表达心里话，可自备。如想私下说出心里话，可到心理咨询室登记并递交心里话信件，由心理教师协助转达。报名表见2-18。

表2-18 "勇敢说出来"活动报名表

班级	姓名	诉说形式		需要哪些人在场			是否需要道具		备注
		公开	私下	本班同学	本年级同学	其他（请说明）	是	否	

2. 蓝色篇——主题讲座

5月24日13：00—14：00，由兼职心理教师、学生"心灵蜜语"主持人张倩老师为三、四年级学生带来"多彩的童年——与焦虑共处"主题讲座。请三、四年级正副班主任提前10分钟协调学生排队前往操场，聆听讲座并进行现场互动。如遇天气变化则在学生食堂开展。

于5月27日14：00—15：30邀请团市委12355青少年服务台志愿者、国家二级心理咨询师汤文芳老师于靓美学术厅为五、六年级学生带来"生命教育"专题讲座。帮助孩子梳理生命的意义和价值，爱护生命，防范危险。根据学校心理筛查情况，班主任推荐150名五、六年级学生参加专题讲座。

3. 黄色篇——心理团辅课

班主任老师在第四届"跨越杯"德育优质课（心理团辅课）比赛成果的基础上，自选团辅课主题，在5月27日下午第一节班队课时间段进行全校范围内的心理团辅课，50个教学班，共计11个不同的心理团辅课主题。鼓励班主任勇敢尝试，小心实施，引导学生充分体验，收获成长。安排表见2-19。

表2-19 5月27日下午第一节"人人团辅课"班级课题

班级	班主任	心理团辅课题目	班级	班主任	心理团辅课题目
1.1	陈晓莉	竖起小耳朵	2.1	杨姗	竖起小耳朵
1.2	朱江渝	极速蜗牛	2.2	杨川燕	竖起小耳朵
1.3	蒋利君	竖起小耳朵	2.3	张清	竖起小耳朵
1.4	何丽娜	竖起小耳朵	2.4	王晓容	极速蜗牛
1.5	胡文文	我想上厕所	2.5	刘欣宇	竖起小耳朵
1.6	唐海超	我想上厕所	2.6	呙婷婷	竖起小耳朵
1.7	周子琳	竖起小耳朵	2.7	李敏	极速蜗牛
1.8	罗春霞	竖起小耳朵	2.8	董方荣	竖起小耳朵
3.1	马华林	当"拖延"来敲门	4.1	彭朝惠	魔法商店
3.2	李靓梅	我的情绪小怪兽	4.2	游琴	魔法商店
3.3	李萌	当"拖延"来敲门	4.3	张璐敏	魔法商店
3.4	丁腊	当"拖延"来敲门	4.4	陈文静	吹出完美气球
3.5	秦成凤	我的情绪小怪兽	4.5	周长河	魔法商店
3.6	胡须美	极速蜗牛	4.6	崔蔓菁	当"拖延"来敲门
3.7	贺怡	当"拖延"来敲门	4.7	彭丽娟	吹出完美气球
3.8	刘怡	认识惯性思维	4.8	周利梅	魔法商店
			4.9	谭英	魔法商店
			4.10	田忠保	极速蜗牛
5.1	李文兰	我的情绪小怪兽	6.1	赖莹	嘿,手机!
5.2	赵敏	聊聊坚持己见	6.2	彭巧	迎接初中生活
5.3	刘家春	我的情绪小怪兽	6.3	傅燕	嘿,手机!
5.4	赵玲玲	魔法商店	6.4	石华丽	嘿,手机!
5.5	尹昶	魔法商店	6.5	丁曼曼	嘿,手机!
5.6	邱永霞	魔法商店	6.6	徐乐	迎接初中生活
5.7	袁永福	魔法商店	6.7	张倩	迎接初中生活
5.8	李素君	魔法商店	6.8	喻小利	迎接初中生活

(二)教师层面

1. 橙色篇——非班主任主题工作坊

在5月24日下午第二节延时服务时段,由专兼职心理教师吴婷和呙婷婷在研课室开设"探索生命的色彩"绘画心理工作坊,鼓励非班主任教师积极报名,20人以内。如遇到社团活动日,则可把时间协调为27日16:10。

2. 紫色篇——班主任主题工作坊

在5月28日14:00—15:30邀请重庆师范大学心理学系副教授洪显利老师在靓美学术厅为全体班主任开展"让家长成为班主任支持系统中的重要他人"主题工作坊,帮助班主任寻找更多资源,完善支持系统。

(三)绿色篇——家长主题工作坊

5月25日15:40—17:10,德育心理工作室导师张艳副校长为约30名一、二、三级心理预警学生家长在烘焙室带来"陪伴与接纳"主题工作坊,缓解家长们的焦虑情绪,帮助家长客观认识孩子的在校情况,寻找自身动力。

五、活动要求

(一)加强领导,精心组织

本活动由学校德育心理工作室主办,各班级班主任协办。全体教师统一思想,提高认识,加强组织领导,强化责任落实,确保各项活动的开展不走过场,取得实实在在的成效。发动学生、家长和教师积极主动参与,力争内容翔实、意义深远。

(二)加强宣传,营造气氛

各班级要以心理健康教育宣传月为契机,在认真组织和参加学校活动的基础上,围绕活动主题,结合学生工作实际,积极开展特色鲜明、行之有效的心理健康宣传教育活动。提高家长知晓率,发挥学校的社会辐射带动作用。

(三)认真总结,不断提高

各部门加强沟通、交流与合作,活动过程中要及时收集、保存相关资料,如照片、演讲稿等。活动结束后,德育心理工作室要形成活动总结,不断提高学校心理健康教育工作水平,努力形成品牌特色,并参加重庆市沙坪坝区总工会组织的网上劳动和技能竞赛活动。

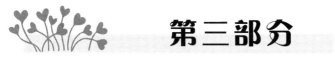

第三部分

基于成长——教育感受与故事

教育论文

打造"三四"机制　迎接融合教育的春天
——以大一小融合教育为例

梁　燕　龙晓飞　熊飞跃

1994年，联合国教科文组织在世界特殊教育大会上发表了《萨拉曼卡宣言》，宣言强调，每个儿童都有接受教育的机会，每个人都有独特的教育需要，教育应该满足包括特殊儿童和普通儿童在内的所有儿童的特殊需要，每个有特殊教育需要的儿童能够进入普通学校并同普通儿童一样享有平等的受教育权。从此，随班就读、融合教育在各国推进。习近平总书记在党的十九大报告中明确指出："办好特殊教育……努力让每个孩子都能享有公平而有质量的教育。"一系列的中央指示给融合教育带来了一缕春风，融合教育的春天即将到来。

网络数据表明，我国残疾儿童绝对人数是世界上最多的，共有残疾儿童（0~14岁）约817万人，占全国残疾人总数的15.8%。其中肢体残疾儿童539万人，占比最大，达到残疾儿童人数的66%。另有国内专业研究机构数据表明，20年间确诊的自闭症患儿数量上升百余倍，数量在160万以上。

据沙坪坝区教委2021年最新统计，区域内随班就读特殊儿童361名，每校平均7名左右。而大一小因学生基数大，地处城乡接合部，通过专业机构认定的残疾儿童有23名，且残障类型较多，有听力、智力（含自闭症）、肢体障碍、多动症等。这些先天残疾的孩子给家庭和自我带来了沉重打击。然而，享受教育是他们应有的权利，作为义务教育阶段的学校理应给予他们相应的保障。

一、树立四大理念，凸显融合教育主张

1."一个都不能少"——彰显教育态度

教育部明文规定："普通学校应当依法接收本校服务范围内能够在校学习的残疾儿童少年随班就读，不得拒绝。"义务教育阶段的学校理应做到对每一个适龄儿童的全纳，保障每一个孩子接受教育的权利，对能随班

就读的孩子不拒绝、不排斥、不放弃。

2."特别的爱给特别的你"——凸显教育情怀

特殊儿童及家庭是社会的弱势群体,政府与公民理应给予特殊儿童更多的关注与关爱,学校与教育工作者更应该如此。帮助他们,是社会进步与文明的表现。唯有这样,才能温暖他们的心,给予他们顽强生活的勇气与毅力;唯有这样,才有利于形成良好的社会氛围,促进社会不断进步。

特殊儿童是社会的一分子,更是家庭的全部,家人的不放弃,需要学校的理解、支撑、共力!学校校长要有自己的道德使命——不挑选生源;学校要坚持自己的教育信念——面向全体,关注每个人的发展;教育者要学会换位思考,给特殊儿童更多关爱!

3."众人划桨开大船"——整合教育力量

社会、行政部门、专业机构、学校、家庭等各方力量整合(图3-1),便会汇聚成一股强大的教育力量,唯有这样的力量才能给特殊儿童带来更多的改变与进步。

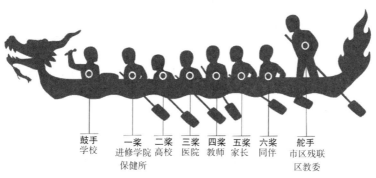

图3-1 教育力量的整合

学校在开展融合教育过程中,整合多方资源,逐步呈现出"八力共进"的样态。"舵手"是市区残联、区教委,负责行政上的大力投入和管理指导,立身船尾把握方向的指引;"鼓手"是学校,负责融合教育具体的实施与落地,用催人奋进的鼓点指挥全船挥桨向前;一桨是沙坪坝区教师进修学院、中小学卫生保健所及心理健康服务中心,提供业务上的支持引领和培训;二桨是西南大学、重庆医科大学和重庆师范大学等高校,提供专业扶持和师资培养;三桨是医院,提供权威的医疗诊断与意见;四桨是教师,是融合教育的具体实施者,是特殊儿童的引领者与呵护者;五桨是家长,是配合者与协同者;六桨是同伴,与特殊儿童互为资源,是陪伴者与支持者。

八力共进,帮助特殊儿童适应学校、融入集体、参与活动、获得发展,助力融合教育之船一路前行!

4. "每一朵花蕾都可以灿烂绽放"——展露教育期待

生命化教育的倡导者与实践者张文质老师认为，教育是慢的艺术，需要给学生一点空间和时间。教育家陶行知先生认为，教育是农业而非工业。作为教育工作者，要尊重儿童的发展规律，把每一个孩子当作还未发芽的种子，要让这颗种子慢慢发芽、渐渐长高、静静开花、悄悄结果……对普通的学生如此，对特殊儿童更应该如此。

学校每学期期末，都会给特殊儿童一个展示的舞台。他们独立背诵诗歌，唱一首儿歌，跟读一个词语……每一次展示，学校领导都会到场观看，给每个学生鼓励和拥抱。在美好的期待中，学生有了不小的变化、成长。有的受到同学的喜爱与照顾，有的获得期末测试优秀等级，还有的在区级比赛中获奖。由此可见，专业的指导和康复训练对学生的帮助引领作用极大；期许、等待也很重要，花蕾总有一天会绽放。

四个理念犹如春风拂过大地，引领融合教育园地里的一颗颗种子有力破土，茁壮生长！

二、确立四大目标，描绘融合教育愿景

1. 更爱

每一个教育工作者付出爱的情感，拥有爱的能力，共同构筑爱的场域与氛围，办有温度的学校，做有温度的教师。

2. 更好

通过特殊康复训练课、融合残障体验课训练感悟，利用卡牌、沙盘进行心理疏导。发展身心的同时，在课程实施中关注个体，针对性指导，帮助特殊儿童增长智慧。

3. 更能

在教育教学中发现特殊儿童的潜能。

4. 更乐

强化同伴互动、教师陪伴，帮助特殊儿童享受校园生活与童年的快乐。

"四更"目标强调融合教育环境里需要所有的人付出更多热爱与努力。融合教育的任务不是培养比普通儿童更优秀的人才，而是帮助每个特殊儿童适应、融入群体生活，享有快乐的童年，并获得超越自身的技能与良好的个性。

三、创立四大举措，建设融合教育之桥

1. 专业教室夯桥基

学校在2013年建立特殊儿童档案并开展特殊教育工作，2015年建立心

理辅导教室，2016年建立资源教室，后期逐步完善，形成6个功能区，分别是资源教室、沙盘辅导室、宣泄室、烘焙室、体能训练区和活动展示区。各区域既相互独立又可交叉配合使用，为特殊儿童的成长提供硬件保障。

2. 专业教师作桥墩

学校增设健康教育教研组，提升全校融合教育研究水平；成立德育心理名师工作室，吸纳多名具备特殊教育和康复训练基本理论、专业知识和操作技能的兼职教师；培养2名专职资源教师，这些教师均有特殊教育专业本科及以上学历，现成长为沙坪坝区特教学科中心组成员、区特教专家委员会成员；培养2名国家二级心理咨询师、9名中级沙盘师、7名心理卡牌师，助推学校融合教育工作开展。

3. 专业辅导铺桥身

每周一次"一对一"康复训练，每期一次家长培训，每年一次汇报展示，每2年一次融合教育运动会。多方式持续推进专业辅导，帮助特殊儿童康复。近5年，师生个辅约1 700人次，团辅约5 000人次。

4. 专业评估系悬索

学校成为沙坪坝区"心之桥"心理健康教育课程创新基地，依托区教委与重庆医科大学签订的心理健康服务合作协议，组织全校学生心理测评。学校团队研制出更符合校情的测评量表开展测评，准确掌握特殊儿童心理健康状况。

在融合教育中尽力做到"四个专业"的同时，尽量让每一个指导特殊儿童随班就读的老师更专业、更有情怀，这也是学校的关注点、着力点。

道阻且长，行则将至，行而不辍，未来可期！学校只要抱有攻坚克难、砥砺前行之决心，坚持强化"三四"机制，倾力其中，必将迎来融合教育的春天！

团体心理辅导对亲子关系的促进作用探讨

——以亲子关系促进工作坊为例

吴　婷

一、问题提出

青少年主要有三种社会关系：亲子关系、同伴关系和师生关系。亲子关系作为个体一生中持续时间最长的人际关系，对青少年发展的影响最为深远，同时也对个体的同伴关系和师生关系有着重要的影响。父母是青少年发展过程中的重要他人，与家庭中的其他人际关系相比，亲子关系对青少年的影响更直接，是影响个体人格发展、心理健康、适应状况的重要因素。因此，关注青少年的亲子关系有助于促进其心理健康发展。2013年发布的《重庆市教育委员会关于加强中小学心理健康教育的通知（渝教基〔2013〕55号）》中就明确提出：各中小学校应加强心理健康专题教育，开设心理健康教育活动课程，并将其纳入学校课程设置计划。结合教育部中小学心理健康教育专家指导委员会向全国中小学校提出的10条帮助各地师生顺利适应新学期的指导建议，学校积极开展团体心理辅导活动，促进青春期学生与家长亲子沟通，切实处理亲子问题，促进亲子良性互动关系。

二、研究依据

团体心理辅导也称为团体辅导或团辅，是从英文 group counseling 翻译而来的。group 可译为小组、团体、群体、集体等；counseling 可译为咨询、辅导。查阅文献发现，目前学者们使用比较频繁的是由樊富珉教授给出的定义，即团体心理辅导是通过团体内的人际交互作用，团体中的每一个成员在交互中进行观察、体验、学习，实现认识自我、探讨自我、接纳自我，并尝试新的态度和行为方式，以改善和调整与他人的关系，学习新的态度与行为方式，激发个体潜能，增强适应能力的助人过程。研究表明团体心理辅导在促进家庭亲密度水平中是有效的和可行的。团体辅导增强了家长对父母角色和亲子关系意义的认识，提高了他们与孩子交往的技巧和方法，增进了成员们家庭气氛的融洽性。因此，团体心理辅导对亲子关系的发展具有促进作用。

三、团体心理辅导工作的开展

1. 暖身活动，拉近距离

暖身活动也可称为破冰行动，是团体心理辅导的第一个环节。通过活动创设和谐、温暖的团体氛围，使团体成员有安全感、肯定感、归属感，通过游戏让成员彼此相识，彼此认同，消除沟通的障碍，引发成员参加团体的兴趣，促进成员参与互动活动。

辅导老师首先做自我介绍，用"树哥哥"来代表自己，并询问学生和家长对树的感受，随后辅导老师说道："一颗种子，无论放在什么地方，只要循着自己的生命轨迹生长，就能长成自己想要的样子。"这也解释了辅导老师为什么要用树来代表自己。师生熟悉之后，辅导老师开始播放音乐，在轻快的节奏中，学生和家长闭着眼睛，跟随辅导老师的指导语做冥想放松。充分放松后，大家睁开眼睛，愉快地分享自己在音乐中的感受和体验。紧接着开展的是"击鼓传熊"亲子游戏。家长和学生分别围坐成两个圆圈，家长坐在外圈，学生坐在内圈。音乐响起，大家开始传递小熊玩偶，音乐停止，拿着小熊玩偶的人在事先准备好的盒子里随机抽取一项任务当场完成。在传递小熊玩偶的过程中，大家既期待又担心，音乐节奏加快，大家的动作也变得越来越快，还爆发出阵阵欢声笑语。在五轮"击鼓传熊"亲子游戏中，家长和孩子相互配合，享受难得的亲子时光。

2. 现象探索，寻找奥秘

现象探索阶段，成员开始融入团体，并找到自己在团体中的位置，一起谈论自己或与别人共同关注的问题，分享成长体验，增加对自我与他人的觉察力，找到现阶段需要解决的问题和困惑。

此阶段的活动是亲子按摩。在辅导老师的指导下，首先由家长给孩子按摩，家长可以给孩子按一按肩膀，捶一捶背，拉一拉小手，捏一捏鼻子。看似只是一个个小小的动作，传递着的却是一份份沉甸甸的关爱。孩子们听着音乐，闭起眼睛，享受着这个专属时刻。音乐结束，按摩暂时停止。当学生和家长分别分享了自己的活动体验后，开始由孩子给家长按摩。孩子们用一双双小手帮爸爸妈妈按摩身体的各个部位，孩子们不是按摩师，却在此时带给了家长们舒适的体验。活动通过亲子游戏，或是一双紧握的手，或是一个深情的拥抱，让爱无声地蔓延，孩子和家长之间的距离慢慢拉近。

紧接着的活动是"小蝌蚪找妈妈"。孩子们带上眼罩，保持安静，用两分钟的时间来感受爸爸妈妈的特征。两分钟后学生原地不动，家长打乱原有位置，依次走到不同的学生面前，让学生仅靠触觉和嗅觉来寻找自己的爸爸妈妈。令人惊讶的是，所有"小蝌蚪"都在规定时间内找到了自己的"妈妈"。当孩子们被问到是怎么快速找到妈妈的时候，孩子们说"妈妈干活很辛苦，手上的皱纹很明显""妈妈的额头很高，还有很多肉""妈妈身上的味道很好闻"……家长的这些特征，孩子们不止看在眼里，更记在了心里。辅导老师为了再次考验大家的默契度，紧接着让家长们戴上眼罩，在同样的规则下开始寻找自己的孩子。惊喜的是，所有的家长也都找到了自己的"小蝌蚪"。在家长眼中，孩子是独一无二的，就算是蒙着眼睛，也能在人群中找到自己的孩子。

3. 应对训练，增加了解

应对训练阶段主要任务是营造充满理解、关爱、信任的气氛，创设特殊的游戏或讨论情境，使成员通过对他人的行为进行观察和模仿来学习和形成一种新的行为方式。每次活动后，团体指导者还要请成员们做出反馈，及时地交流新的认识和感受。

此阶段开展的团体心理辅导活动是亲子主题绘画。辅导老师指导大家将画纸对折，家长和学生可以选择自己喜欢的颜色，分别在纸张的两侧画出自己心中的家。悠扬的音乐再次响起，学生和家长也纷纷绘制出了自己的家。绘画完成后，辅导老师指导大家分别在对方的画上写下名字和一句最想说的话。绘画活动展开后，大家相互交流，每个家庭的故事跃然纸上。一个又一个关于爱和成长的故事，感人至深。

4. 整合结束，情感升华

经过多次成功的团体心理辅导之后，成员之间已建立了亲密、坦诚、相互支持的关系，这一阶段要处理可能的分离焦虑，做好结束活动，把团体学习成果应用到日常生活中。

这一阶段辅导老师请家长或者学生自主分享自己绘画创作的内容。将画好的画纸对折，先请学生分享自己创作的内容，然后请家长分享自己创作的内容，分享完以后将画纸展开，家长和学生依次分享自己对整幅画的感受。活动尾声，辅导老师建议大家将画拿回家，邀请其他家庭成员继续在画上进行创作，在家庭环境中继续用这种方式改善亲子关系。

四、团体心理辅导效果评估

本次辅导效果评估从两个方面进行：质的评估和量的评估。

1. 质的评估

本次活动结束后邀请家长和学生填写活动反馈表，再结合活动现场观察和个别访谈的结果，发现团体心理辅导的教育、发展、预防和治疗功能得到了不同程度的发挥。有家长说道："以前和孩子从来没有过这么亲密的接触和交流，平时都是围绕学习和孩子说几句话，孩子也不爱听。通过今天的活动，我发现和孩子做游戏、有肢体接触以后，和孩子的亲密感一下子就增加了，看来今后我也要在家多和孩子做一些类似的亲子游戏，改变自己的教育方式，做一个受孩子欢迎的好家长。"有学生说道："平时爸爸不爱说话，对我也很严厉，我一直以为他是不够喜欢我，今天爸爸也没怎么说话，但他给我按摩的时候很温柔，在'小蝌蚪找妈妈'活动中很快就找到了我，还在画画的时候画了一个爱心，让我看到了一个温柔的爸爸。"

2. 量的评估

对活动反馈表信息进行统计显示，100%的家长认为本次团体心理辅导活动对改善亲子关系有效；87%的家长反思了过去在亲子关系上的不足；91%的学生在活动中对父母产生了新的认识；86%的家长和学生愿意在活动后继续通过亲子绘画等形式增加亲子互动；97%的学生和家长愿意了解更多促进亲子关系的信息。

五、结语

团体心理辅导对亲子关系的促进作用建立在活动有效性的基础之上，因此如何保证团体心理辅导活动的有效性是我们要关注的重点。本次活动面向的是少数家庭的家长和学生，活动效果为我们今后开展类似的工作奠定了坚实的基础。同时本次活动也说明只有凝聚家校合力才可以携手共进，共建双赢教育。

自闭症儿童刻板行为积极行为支持干预的研究

湛留洋

一、研究背景

自闭症是一种发生在儿童早期的广泛性发育障碍性疾病，自闭症儿童的刻板行为是一种无目的性、重复性的身体运动，主要表现为自我刺激行为和自伤行为。在学校中自闭症学生越来越多，其刻板行为不仅分散了其他学生的注意力，也困扰了学校教师。教师和家长希望通过干预，消除或减少自闭症儿童的刻板行为，让他们能够参与课堂活动。另外，还有研究者根据表现形式和造成伤害程度的不同，将自闭症儿童刻板行为分成自我刺激性的刻板行为和自伤性的刻板行为。自我刺激行为指没有特定环境诱因，一天之内反复不断的刻板行为，但这类行为并不会对表现出这些行为的儿童造成躯体上的伤害。这些行为一般表现为头部自我刺激、脸部自我刺激、手部自我刺激、身体自我刺激、其他重复性活动等。研究者一般认为，不论是否对身体造成伤害，刻板行为都具有频繁、重复出现的特点。

积极行为支持重视对行为问题的功能性评估，通过功能性评估能够更好地分析行为的功能，进而更好地促进积极行为支持干预的进行。

二、研究方案

（一）研究目的

为了干预自闭症儿童的刻板行为，改善自闭症儿童打头、咬手等刻板行为,让他们能够在学校和社区活动中进行学习,获得知识,并且不会妨碍到其他人。本研究通过对一名有刻板行为的自闭症儿童进行积极干预支持,以个案研究的方式研究积极行为支持对自闭症儿童刻板行为的影响,分析出存在的问题,并找出积极行为支持对自闭症儿童的刻板行为有什么样的作用,以便用于以后教学活动的组织,让学生能够更好地通过学习获得知识,也为学校老师和家长提供有效的借鉴。

（二）研究对象

一名9岁的中重度自闭症儿童。该自闭症儿童无口语能力,有严重的刻板行为和社会交往障碍,无法参与到课程中去,并且表现出一些问题行为。目前,该自闭症儿童就读于某学校的三年级。

（三）研究方法

1. 访谈法

2. 观察法

3. 单一被试实验法

本研究采用单一被试实验法中的A-B-A实验设计,将选择一名自闭症儿童作为研究对象,对他的刻板行为进行积极行为支持干预,促进刻板行为的改善。本研究分为基线期、干预期、维持期。研究构架如图3-2所示。

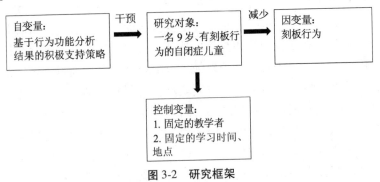

图3-2 研究框架

三、干预过程

（一）干预前准备

第一阶段为基线期,时间为两周。研究者在实习期间,选择本人实习所在班级的一名典型自闭症学生为被试。被试确定后,研究者通过对学校老师的访谈和本人的观察,了解刻板行为的表现、刻板行为发生的情境、对刻板行为的处理。

（二）确定刻板行为

研究者在实习期间，通过自己的观察和对班主任的访谈，最终确认被试需要进行干预的刻板行为有两种：打头和咬手。打头，是指用手用力拍打头部。咬手，是指把手放进嘴里咬，咬出红痕。该被试的打头行为动机依次是获得注意、逃避、自我刺激和获得实物，其中最重要的是获得注意、自我刺激；咬手行为动机依次是获得注意、自我刺激、获得实物和逃避，其中最重要的是获得注意、自我刺激。

（三）记录刻板行为

在观察中，为了保证观察结果的稳定性和准确性，观察时间为5天，并在语文课中对个体的刻板行为表现进行观察和记录。被试打头和咬手的行为，出现的情境有两种：一是刚来教室，无人上课的时候；二是有教师上课的时候。本研究重点分析语文课上被试的刻板行为的功能。课堂中没有明确布置任务时，被试的咬手、打头行为几乎持续整节课。

（四）刻板行为的功能

综合行为动机评估量表和行为观察两种不同的评估结果可知，被试打头、咬手这两种行为的功能基本一致。由此可以得出，被试打头的主要动机是获得注意和自我刺激，主要功能是社会正强化和社会负强化；咬手的主要动机是获得注意和自我刺激，主要功能是社会正强化和自动正强化。本研究选择语文课堂进行干预，因此，着重考虑语文课上被试各种刻板行为的功能。

（五）干预的方案

从上述对被试的行为动机和ABC行为观察分析中发现，刻板行为与教师课堂教学密切相关。所以，为该儿童制订积极的行为支持干预方案，主要着重于从课堂教学和被试咬手、打头行为本身的改善这两方面。

（1）针对该儿童打头的行为，主要采用阻断、替代性强化的方法进行处理。通过观察发现，该儿童在进行打头这个行为前，一般会有先兆，如举起手。所以在儿童刚要举起手来的时候，采用言语或者动作阻断此行为的连接，使打头这个行为不能进行下去。用举手回答问题的行为来代替打头的行为。在该儿童举起手的时候，研究者就固定该儿童的手势，形成举手回答问题时的手势，教师就让他起来回答问题。比如，在上生肖课的时候，出示一张马的图片，让该儿童上讲台去指一指马，教师和全班同学一起表扬他的这个行为。

（2）该儿童咬手的行为，是获得口腔刺激的需要。针对此行为，选用咬磨牙胶来代替咬手。磨牙胶由研究者代为保管。为了让被试适应咬磨牙胶这种行为，刚开始的时候，间隔一分钟给他一次磨牙胶，两分钟后收起。然后，将时间段延长，如间隔 5 分钟给他一次磨牙胶，再慢慢变为间隔 10 分钟给他一次磨牙胶，最后逐渐撤销磨牙胶。此外，还需要对被试在每个阶段的良好表现给予表扬。通过对被试咬手这个行为的功能性分析，发现该儿童本来是为了感官的刺激，但是在该儿童进行此类行为的时候，教师有时候会对他进行口头上的阻止，由此该儿童得到了教师的关注，于是便经常进行此类行为来获得教师的关注。针对这种为了获得老师关注而做出的行为，一方面，不要去关注他的动态，等他停止出现咬手这个行为后，再给予他关注；另一方面，在每个教学环节中多安排一些动手的任务，让他有事情可以做，从而让他减少咬手的次数，然后对他完成任务的行为进行表扬。如在上语文课，教师让其他同学读生字的时候，研究者在该儿童旁边，握住该儿童的手指指生字，在指一个生字的同时读这个生字的读音。

（3）让该儿童多参与教学活动，对其提供明确的要求和指令。按照被试现有的学习能力，为他专门拟定与他当前能力相符合的教学目标，将这些教学目标融入每个教学环节中去，并为他安排他能够完成的任务，降低他学习的难度。被试的认知方法比较狭隘，不知道自己应该做什么，这时就需要教师用简单的语言和手势对他提出明确的要求，还要看着他完成任务，并且对被试参与的行为给予及时的表扬。

四、研究结果与分析

（一）研究结果

（1）被试打头行为在基线期最多达到了 10 次，在干预期打头的行为出现率较快下降，在维持期，没有实施干预，该行为次数有所回升，但是也比基线期低。说明积极行为支持对自闭症儿童的打头行为有着积极的作用。

（2）被试咬手行为在基线期最高达到了 15 次，波动较大，在干预期很快下降，在维持期也有所上升，上升到 10 次。因此，通过积极行为支持对自闭症儿童的刻板行为进行干预，自闭症儿童咬手的行为次数得到相应减少，干预有着积极的效果。

（二）社会效度

老师肯定了积极行为干预对减少被试刻板行为的有效性，对干预的结果满意度高。在实施积极行为支持干预过程中，明显地感觉到，被试在课堂中发生的打头、咬手行为在慢慢减少。

（三）C 统计（表 3-1）

表 3-1 刻板行为的水平分析

	行为	打头			咬手		
	阶段顺序	基线期(A)	介入期(B)	维持期(C)	基线期(A)	介入期(B)	维持期(C)
阶段内的变化	阶段长度	10	30	10	10	30	10
	水准稳定性	80%	73%	76%	100%	43%	90%
	水准范围	6-10	2-7	4-7	12-15	3-13	7-10
	水准变化	-4	+5	-3	-3	+10	-3
	平均水准	7.7	3.7	5.8	13.5	7.23	8
	C 值	0.07	0.71	0.28	0.38	0.6	0.5
	Z 值	0.25	3.94**	1	1.36	3.33**	1.79
阶段间的变化	阶段间比较	B/A		C/B	B/A		C/B
	水准变化	2-10 (+8)		2-7 (-5)	3-15 (+12)		3-13 (-10)
	重叠百分比	6%		100%	4%		100%
	C 值	0.85		0.78	0.84		0.59
	Z 值	5.67**		5.2**	5.6**		3.93**

由表 3-1 可见，在基线期被试打头行为 C 统计（$C=0.07$，$Z=0.25$，$P>0.05$）显示数据没有明显差异，但是在进入干预期后 C 统计（$C=0.71$，$Z^{**}=3.94$，$^{**}P<0.01$）显示数据存在极其显著差异，在进入后面维持期的时候 C 统计（$C=0.28$，$Z=1$，$P>0.05$）显示数据没有明显差异，表明干预有效。被试咬手的行为在基线期 C 统计（$C=0.38$，$Z=1.36$，$P>0.05$）显示数据没有明显差异，但是在进入干预期后 C 统计（$C=0.6$，$Z^{**}=3.33$，$^{**}P<0.01$）显示数据存在极其显著差异，在进入后面维持期的时候 C 统计（$C=0.5$，$Z=1.79$，$P>0.05$）显示数据没有明显差异，表明干预有效。

五、讨论

（一）自闭症儿童刻板行为的干预方案

本研究选取被试打头、咬手刻板行为作为干预的目标行为，这两种行为都具有频繁、重复出现的特点，而且经常连接在一起出现，持续时间长。本研究结合行为动机评估量表和 ABC 行为观察记录，对被试的刻板行为做出了更加全面的评估,从被试的打头、咬手行为的主要动机是获得自我刺激和关注,主要的功能是社会正强化和自动正强化,总结出该儿童刻板行为的出现有以下几个原因:一方面由于被试在认知方面的局限性,听不懂教师讲课的内容,所以上课经常无事可做,又因为自身感觉的需要,会表现出打头、咬手行为;另一方面是当教师和同学都没有对被试进行关注的时候,被试会通过表现出这些刻板行为来获得教师和同学们的注意。所以本研究主要从课堂教学的调整和刻板行为本身改善这两方面进行干预。

从刻板行为本身的改善来说,针对被试打头的行为,采取阻断、替代性强化的方式进行处理,用举手回答问题这个行为来代替打头的行为;针对被试咬手的行为,用磨牙胶来代替咬手的行为,并增加一些动手的任务,让学生的手能够忙起来,减少咬手的次数。

(二)影响干预效果的因素

根据干预结果和教师的评价可知,本研究取得了良好的成效,但是在整个干预过程当中,也存在一些因素,影响了干预的效果。如教学课程内容的难度。被试是三年级的学生,在这个阶段,语文课的内容主要是学习课文及课文中出现的生字,这些对被试目前的认知水平来说非常难,而且被试跟同学的认知水平相差大,很难参与到课程活动中。因此,需要调整课程内容的难度,降低学习的难度,多使用教具,让学生更多地参与到课程活动中。

六、结论与建议

(一)结论

1. 对儿童的刻板行为进行功能性评估是非常有必要的

通过对自闭症儿童在语文课堂中的刻板行为的观察,了解刻板行为产生的动机并分析行为的前因后果,才能了解该类儿童刻板行为产生的原因,以及需要怎么做才能减少他们的刻板行为。

2. 积极行为支持能够改善自闭症儿童的刻板行为

以功能性评估为基础的积极行为支持,通过对自闭症儿童的刻板行为和课堂教学两方面的干预,为自闭症儿童制定适合其当前水平的教学目标,降低教学的难度,提高自闭症儿童的课堂参与热情,有效减少自闭症儿童的刻板行为。

3. 研究具有局限性

本研究只选取了一个被试,研究的样本较单一,选取的被试具有特殊性,可推广性较差。在日后的研究中,需要选取各种不同的被试,进一步证明积极行为支持对减少自闭症的刻板行为有着积极的作用,并且能够进行推广。而且,本研究只是选取在语文课上进行的干预研究,选择研究的情境比较单一。在不同情境中干预效果也是不同的,以后要选取多个有代表性的情境进行干预。

(二)建议

1. 学校教师应该加强对自闭症儿童的了解

有些学校的教师是从普通学校转来的,他们对自闭症儿童刻板行为的成因等方面的认识存在许多误区,他们对该类儿童的态度和应对方式也有待改变。所以,非常有必要加强对特殊教育教师相关知识的培训。

2. 增加帮助教师教学的助教

在现在的学校教学中,一名教师负责一节课程;而自闭症儿童的刻板行为随时都在发生。在这样的情况下,如果只有一名教师负责一节课的教学,就很难去照顾到这类儿童的情况。所以,增加助教是必不可少的一个举措。

特殊教育学校的教师专业发展现状及需求研究

——以重庆市某特殊教育学校为例

湛留洋　张　艳

一、研究背景

2017年,教育部等七部门印发《第二期特殊教育提升计划(2017—2020年)》,其中重点提到必须大力提升特殊教育教师专业化水平。据统计,2014年全国共有特殊教育学校2 000所,专任教师4.81万名。特殊教育教师是特殊教育的主要实施者,直接影响特殊教育发展的速度和水平。所以,对特殊教育教师专业化的研究必须得到重视,找出其中的问题进行分析,找出问题的根源,并且制定有效的对策,为解决教师专业化过程中的各种问题提供参考。本文以重庆市某特殊教育学校教师团队为例进行调查与访问,分析此学校的专业情况。

二、研究设计

(一)研究对象

2018年4月采用调查问卷取样的办法,对重庆市某特殊教育学校的全体教师进行调查。全校教师（不加后勤人员）36人，有效问卷36份，其中男教师9人，女教师27人。

（二）研究方法

文献分析法、问卷调查法、访谈法。

三、特殊教育教师专业发展讨论

调查结果显示，重庆市某特殊教育学校教师的专业素质发展存在一系列优点与缺点。

（一）专业素质发展存在的优点

1. 师资结构

近年来，我国对于特殊教育教师专业发展的重视日渐增强，对于特殊教育教师专业发展的管理体制推陈出新，对师资的要求也日渐提高。在针对"年龄""学历"进行调查后发现，特殊教育教师的年龄偏高，教龄偏大，但是本科学历占72.2%，专科为27.8%；一级教师占72.2%，二级教师占27.8%。可见特殊教育教师的师资结构安排比较合理。

2. 特殊教育专业器材

特殊教育学校配置了个别化教育的教材、功能教室和康复器材，增加了"康复功能室""音乐活动训练室""多功能教室"。

（二）专业素质发展存在的缺点

1. 专业素质偏低，专业意识欠缺

我国特殊教育学校中，大多数特殊教育教师属于教龄偏大的一部分老教师。以重庆市某特殊教育学校的调查为例，在校教师之前有的在普通学校工作，后被调入特殊教育学校，有的是为了考入市区里面的学校选择了特殊教育，大多数在校教师未经过专业培训就直接从事特殊教育工作，这样的情况致使教师团队的整体素质不高。同时，大龄教师偏多，问卷显示选择"热爱特殊教育"的占41.3%，选择"迫于无奈地选择特殊教育"的占58.7%。缺少对教师职业的热爱与认同感，导致职业发展的兴趣低，专业学习不积极。由于现今我国针对特殊教育教师的继续教育制度尚未建立完善，对于教师专业培训仅仅局限于培训机构的短期培训，满足不了教师的专业学习需要，一定程度上阻碍了特殊教育教师素质的提高。

2. 师资数量不足，男女比例失调严重

特教教师一直都是女性居多，男教师占比低。在此次调查的36名特教教师中，男教师有9位，女教师有27位，比例为1∶3。男女比例的结果也表明选择特殊教育的大多为女性，男女比例不协调。

3. 缺乏积极性与认同感

调查中，对于"教育部门对专业发展影响程度"选项，选择"影响很大"与"影响大"的各占38.9%，表明教师对于教育部门的支持极为看重。而教育部门关注尚不够全面的问题需要特殊教育教师自我的心理调试，而大多数学校没有专门的心理辅导人员配置，特殊教育教师缺乏专业的心理辅导。

4. 职业效能感不强

社会对特殊教育教师认识的不足导致特殊教育教师的职业效能感相对较低。在大多数人眼里，从事特殊教育的教师，多是因为能力不足或者是被调配才无奈选择这个职业。

5. 培训的自觉性不高

特殊教育与普通小学教育不同，升学压力小，作业完成度低，上课时间段少，假期长，竞争压力也少很多，长此以往，特殊教育教师会产生倦怠思想，顺其自然的念头会滋长。职业效能感较低，也是导致特殊教育教师对于专业培训兴趣不高的主要原因之一。绝大部分教师在问卷中表示，培训都是由上级安排的，自己并不想去。如今大部分特殊教育教师安于现状，得过且过，并且一到培训就会以"不想去""是被逼着去的""去了待几天，不得不做"的心态去交流，这样的想法导致其专业能力得不到提高。

6. 研究能力不强

问卷调查和访谈结果显示，教师们认为"教学研究与教学的关系不好统一"的占44.4%，在课余偶尔做甚至不做教学研究的比例占大部分。在这样的情况与认知之下，从事特殊教育的教师很少进行教学研究，导致其科研水平低下，阻碍了特殊教育教师专业化的前进步伐。

7. 专业培训方式单一，作用微弱

调查中，有22.2%的教师对教育培训结果不满意，认为"走过场"的有19.4%。教育培训的结果微弱，效果不明显，对于教师专业化发展并没有任何帮助，既浪费交流的培训资金，又使得教师们身心俱疲，完全失去兴趣。在调查访谈资料的总结中，有36.1%的教师是因为"假期长"而选择此专业，主动参与性不强。

8. 专业培训力度不够

调查总结中，有27%的教师认为教学任务重导致自己的教学研究有困难，这导致专业培训力度不足。

9. 教育投入不足，未能营造良好氛围

特殊教育经费来源单一，想要为特殊教育教师提供学习培训，但缺乏

足够的经费。特殊教育教师的工资待遇低,保障制度不完善,延缓了特殊教育的发展进程。

四、特殊教育教师专业发展研究结论

教师专业发展随着时代进步日渐被重视,专业发展的条件增加,发展内容也在增加,发展的形式越来越多样化、全面化。对于特殊教育教师专业发展的制度还在不断地修订与完善,促使专业发展与时俱进,可见特殊教育专业发展未来的前景。虽然机会增加,支持力度提升,但发展过程中仍存在诸多问题。在专业素质方面,教师的自我发展意识不强烈,职业效能感偏低,导致教师们在职业培训中不积极主动,培训效果不佳。在专业精神方面,大部分教师选择特殊教育不是因为热爱该职业,选择此行业更多是被迫无奈或者是对教师的寒暑假比较满意。在专业发展实践方面,半数教师更喜欢实例教学的培训,实践需求更大于理论知识需求,特别是对于康复训练知识的需求。部分教师认为自身文化基础足够适应特殊教育工作。在教学研究方面,36.1%的教师没有写教学日记的习惯,33.3%的教师没有发表过相关论文。

五、特殊教育教师专业化发展的建议

(一)在师资团队方面的建议

特殊教育教师学历和能力要求须提升;教师专业的培训内容须多样化、全面化;特殊教育教师须加强自身心理调适。

(二)在国家政府方面的建议

1. 完善相应的政策制度

(1)合理充分利用多媒体技术。交通不便的地方,政府提供资源与信息也可以帮助教师们掌握新技能,让教龄大的老师不掉队,创新教学方式。

(2)加强宣传,定期开展特殊教育的宣传知识,让特殊教育教师成为主要宣传者之一;利用社交网站,面向全社会宣传,政府出台鼓励政策,使特殊教育教师荣誉感大大提升。

(3)理论与实践结合。政府应充分提供理论资源,多借鉴国外优秀论文与教学方法进行宣传教育;鼓励特殊教育教师实践,实施个别化教育计划,在公立的特殊教育学校开展实践成果比赛交流会,推广新颖、有效的教育方式。

2. 保障经费落实制度

特殊教育经费在不断提升,可是仍然需要进一步加大投入。经费来源单一致使补助等程序烦琐，时间拖沓。政府应该专门设立特殊教育专业的教育经费，为特殊教育教师的发展提供可靠、高效的拨款。如增加特殊教育学校的硬件设备配置；适当拨款奖励优秀的专业教师；提高绩效工资；设立有效的经费监督机制，使特殊教育专业发展的经费得到有效利用。

3. 扩展教学研究活动

特殊教育教师专业发展也依托于教学新成果，新的教学方式和新的课程改革将极大地推动教师们的专业发展。所以，政府可以拓展教学研究的活动，鼓励教师们重视教学研究，提升自己的思考与创新能力。首先，提倡教师课后教学研究。宣传教学研究的重要性，使特殊教育教师在特殊儿童没有升学压力的情况之下，多了解国内外的教学研究新成果，充实自己的课后生活。其次，将教学研究成果纳入绩效考核中。政府的奖励制度一定是推动教学研究最有效的方式之一，鼓励特殊教育教师们真诚交流，尽心思考，将评职称、奖金与教学研究挂钩，充分鼓励教师们通过多种渠道拓展自己的专业技能。

辅导个案

走进学生心灵　唤醒内在力量
——选择性缄默儿童辅导个案

周洪友

一、案例背景介绍

小鑫，男，十岁，学校四年级学生。

小鑫的家庭非常特殊，他是三胞胎中的老大。前几年，父母在各地流动打工，只带着两个弟弟，把他留在了老家，由爷爷奶奶抚养。后来，因老人时常生病，没办法再照顾他，父母才把他接过来，他才与父母和弟弟们生活在一起。不久，他的爸爸妈妈又突然离婚，爸爸争取到了3个孩子的抚养权，靠着一个人打工的收入，独立养育3个孩子。去年暑假，小鑫的爸爸被单位调到大一小附近的厂区工作。于是，3个孩子就转入大一小来读三年级。兄弟三人中，小鑫的情况最糟糕，他甚至都不会写自己的名字，平时也沉默少言，比较内向。第一学期读了不到两个月，他在家里玩耍时，又把腿摔断了，就请假在家养伤。休息了一个多月，他正准备返校读书时，腿伤复发了。伤好回来后，他就不与老师和同学们说话了。我从他爸爸那儿了解到，小鑫在家里面说话还是正常的。也有同学反映说，小鑫与他的两个弟弟在课间玩耍时也会说话。

二、案例分析

小鑫的情况在心理学上称为选择性缄默症。患者在某些特定场合因为焦虑或极度害羞，即使能够说话也不敢开口。那么，造成小鑫这种状况的原因是什么呢？

第一，家庭的原因。小鑫大约在4岁时，就长期与父母和两个弟弟分离，由爷爷奶奶在农村老家抚养。据了解，爷爷奶奶性格也比较内向，加之身体不好，平日都基本待在家中，很少带小鑫出门与其他小孩玩耍，小鑫很少有与他人接触的机会。后来，他随父母和弟弟们生活在一起，爸爸妈妈却很快离婚了，这又给了他一个沉重的打击。

第二,学习的原因。小鑫的学习基础非常差,来到新的学校、新的班级,尽管老师很关心和照顾他,但他始终很难参与到课堂学习之中来。课堂上,小鑫不能回答老师的问题,不能有效地与同学们交流学习,失去了很多说话的机会。学习能力水平低下,也使他越来越自卑。

第三,受伤的原因。小鑫小腿意外受伤后,在家休养了七个多月。在家里休息的这段时间,因为爸爸要上班、弟弟要上学,他又是一个人待在家里,与校园生活越来越远,这也造成了他的孤独感。上学期,因家长担心他的腿伤复发,要求学校老师特别"照顾"他——少走路,避免与他人触碰。于是,他不上体育课,不与同学一起活动。当其他同学到功能室上课时,他就一个人待在教室里。经常这样独处,使他进一步与师生疏离。

第四,同学的言论。重回校园,小鑫虽然身体已好,但是心伤未愈。在这个时候,他不怎么开口说话,本来是很正常的事。可是,一些孩子却把他当成了哑巴。"小鑫不会说话了!""小鑫变成哑巴了!"班上同学或背着或当着面这样说,虽然他们并非出于恶意,但对小鑫伤害很大。孩子们的这种认识,无疑给了小鑫一个暗示:他不能表达反抗,只有以沉默来配合,以此适应这样的环境。

三、教育辅导过程

(一) 多方联动,达成共识

选择性缄默的孩子,只是在某些场合下不说话,他其实是会说话的。首先,我在向小鑫爸爸了解情况后,给他讲了我打算帮助孩子在学校正常说话的想法。接着,我又与班主任老师深入交流,并明确地告诉了学科老师和班上同学我的计划。给学校领导汇报后,在一次全校教师会上,我把小鑫的情况向老师们做了一个比较详细的介绍,让所有老师知晓和重视,共同努力来帮助小鑫。给班上同学讲,就得更加注意方式了,必须要小鑫不在场才好。我与班主任老师商议,决定用一节朝会课来专门讨论。于是,我和小鑫爸爸联系,让他在那天早上晚一点儿把孩子送到学校。在这堂特殊的朝会上,我明确告知孩子们,小鑫是会说话的,他只是由于一些原因不敢或是不愿意在学校说话。我要求同学们在任何情况下都不能说他是哑巴,否则,会受到严厉批评和惩罚。我积极引导和鼓励孩子们和老师一起来帮助小鑫。

(二) 用心发现,真情关怀

一方面,我与班主任协商,对小鑫在校的学习、活动要求进行了一些调整。既然他的腿伤已经痊愈,那就让他正常参加课堂学习,正常地到食堂就餐。于是，在体育课、音乐课、美术课、科学课、大课间活动等所有不在本班教室上课的时候，同学们就主动带着他一起去操场或功能室。所有老师在课堂上，都主动给予了他更多的关注和关心。再特殊的孩子，内心里都是渴望别人拿他当正常孩子看待的。我们该做的就是一视同仁，只要是不超出其能力范围的要求，他都是接受的。另一方面，我主动走近他，与他交朋友。本学期，我刚好上小鑫班上的道德与法治课。课堂上，我在面向全体学生上课的同时，特别关注他。虽然，他不能读，不能说，也不能表演和展示，但我要求他跟着老师的节奏认真上课：该看书的时候要看书；四人小组讨论的时候，他要主动围过去，倾听同学的交流；有画画等内容时，按着自己的理解画一画。在他认真的时候，我时不时朝他微微一笑，或是走到他身旁，摸摸他的头，以示鼓励。课余时间，我尽量抽空到班上走走逛逛，了解他的动态。一次，我见他把红领巾披在肩上，就提醒他系在脖子上。我发现他的系法不对，便耐心地教他。几天后，我把从北海买回来的一个小沙漏送给他。办公室没有其他老师的时候，我把他带进来，表扬他红领巾系得越来越好了，说老师准备把玩具送给他作为奖励。我问他喜欢吗？他不作声。我说，喜欢就点点头好吗？他马上点头。我连续问他想要吗？他频频点头，嘴唇微微动了一下。

就这样，一段时间下来，小鑫与老师和同学们亲近了许多。大家经常能见到他面带微笑的样子了。我也感觉他对我很有好感，每次遇见我都会流露出微笑，眼神明显在与我交流。

（三）介入沙盘，催化影响

新学期开学两个多月后，我感觉小鑫非常喜欢和信任我，我决定带他走进沙盘游戏。一天中午饭后，我叫小鑫的同桌传话，让他到我办公室来。没过一会儿，他果然来了。于是，我就带着他来到了学校的学生健康服务中心。

我问他：喜欢这儿吗？他高兴地点点头。然后，我故作神秘地把遮挡沙具柜的两个窗帘拉开，三个沙柜里的人物、动物、建筑物、军事、交通工具、生活用品、植物等共计1 000多件沙具展现在了小鑫面前。他惊呆了，一下子张大了嘴巴，兴奋与喜悦之情溢于言表。"小鑫，这些玩具，你想玩吗？"在我的追问下，他频频点头，嘴里终于迸出了一个字——"想！"我一阵惊喜，开始教他玩起了沙盘游戏。

我先给他讲了什么叫沙盘游戏，介绍他认识了各种类别的沙具。我说着说着，他也跟着我说起来了，"这是老虎，这是大象，这是章鱼，这是汽车，这是坦克，这是篮球……"不知是激动还是口齿不够伶俐，虽然有些名称说得不够清晰,但我已经非常高兴了!而且,如果不打断他的话,估计他会把认识的沙具都一一给我介绍。接下来,我让他按照自己的想法创造一个世界。马上就能够触摸到这些沙具,他更加激动了。只见他快步走到沙柜前,拿起了一个"警察",放到了沙盘上,然后一个快速转身,又抓了一辆"坦克",接着是"汽车""交通标志""公交车""消防车""房屋",他越摆越快……不到半个小时就取了92次沙具,把整个沙盘摆得满满的。待他摆好后,该他讲述自己所创造的世界了。我先问他最喜欢哪儿,他指了好几个。我要求他讲出来,"这是警察,这是汽车",他又这样说着。你可以说"我喜欢汽车",我又指导他以这样的句式来讲。"我喜欢汽车""我喜欢消防车""它们都是推土机",他居然很快就学会了。我又是一阵暗喜。见他如此兴奋,我就大胆地让他讲讲画面中的场景故事。他先是犹豫了一下,接着很快就指着公路上的汽车介绍起来,"这个汽车去上班,这个车把人压死了,救护车开来了"。

就这样,我们的对话效果越来越好。遇到感兴趣的地方,他就会主动讲下去。后来,他给自己的作品取名《汽车人类世界》。他也面带笑容地配合我在沙盘作品前照了相。最后,在拆除作品归还沙具时,他发现了一个哨子,自己拿着哨子兴奋地吹了起来。我问他喜欢吗?他使劲点头说:"喜欢!"我说:"小鑫,当你也能与同学们像今天这样说话交流的时候,老师就买一个更好的口哨送给你好吗?""好!"他爽快地回答我。

后来,我又连续为他做了两次个体沙盘。他都表现得非常主动,都是提前来到健康服务中心,更自如地玩耍,更放松地与我交流。

不久,有两位学科老师给我反映,小鑫在私下场合也愿意和他们说话了。几位同学也说小鑫下课时愿意和他们一起玩了,只是仍然不说话。

见他越来越向好的方向发展,我准备试着让他和小伙伴一起来玩沙盘。我先单独征求他的意见,他同意了!上周,我让他自己选了四位同学一起来做了一次非主题性的团体沙盘。我先给其他同学做了功课,要求他们一定配合我,几个孩子心领神会,很会示弱。于是,玩耍中"老手"小鑫有了自信,帮我这个陪伴者向同学们介绍各种沙具,摆的过程很自如,分享环节也能当着其他几位同学的面说话了!见证了小鑫在自己面前开口讲话,几位同学都非常高兴,我更是激动不已,但更高兴的肯定是小鑫自己!

"破冰"成功,相信小鑫很快就可以在校完全正常说话了!

孩子，愿你做一朵勇敢的小花

刘家春

一、背景描述

小刘是我们班五年级的一个女孩子，她长着一双大大的眼睛，活泼开朗。我对她的印象很好，她上课很认真，不浮躁，很踏实，在我们三班，像这样踏实的孩子其实很少。一天午休的时候，她和同学发生了小矛盾，我把她叫到办公室。正在询问情况的时候，我突然发现她的手臂上有一道伤痕，我以为是这次小矛盾造成的，我赶紧让她拉起袖子。起初她并不愿意，我觉察到了不对劲，拉过她的手一看，手臂上密密麻麻的全是小刀划的伤痕，有的已经结痂，有的还泛着红。我心里顿时一惊，在我的追问下，她告诉我，这是她自己用小刀片划的。我问她为什么，她说，看到网上有人这样做，觉得特别好玩，很酷，很刺激，所以也想试试。而且，割的时候并不觉得疼，也没什么感觉。

二、成因分析

经过详细了解，我发现这个孩子活泼的外表下藏着一颗伤痕累累的心。四年级下，小刘的父母就离异了，虽然孩子平常不说什么，但是这在孩子心里留下了一道伤痕。父母离异后，孩子跟着母亲，母亲因为忙于生意，对她疏于照顾，常常给她一部手机让她自己玩。第一次自残时，她并不觉得疼痛，渐渐地她在朋友面前还会展示自己这一项"特异功能"，在看到朋友们惊叹的表情之后，她的内心得到了极大的满足，她觉得这样的行为既能博人眼球又很酷。这两大原因导致问题越来越严重。

三、问题解决

为了妥善地解决小刘这一不理智的行为，我采用了"两影响、一约定"的处理方法。

（一）学校的影响

第一，要转变小刘的观念，她认为自己具有"特异功能"，因此用刀子在手上割也不觉得疼。我引导小刘认识到自己本身也许对疼痛并不是那么敏感，但这不是让她一而再、再而三对自己动刀的理由，这是截然不同的两个概念。与此同时，小刘也要认识到，获得友情的方式，并不是通过伤害自己，而是通过自身散发出来的魅力吸引朋友，真正的朋友看见你的这种行为不会惊叹而是制止。

第二，要对小刘进行积极的引导，主要以朋友积极的引导和主题班会的形式进行，因为还有几个不明是非的孩子也有跟着学的现象，但是他们尝试了下就停了下来。通过和班干部交流，我向他们表示了我想帮助小刘的意图，他们也纷纷表示乐意帮助小刘走出困境。同时在日常生活中，及时制止小刘的自残行为，并在同学之间造成舆论，让大家认识到这种行为很愚蠢，并不是一种很酷的行为。然后开展心理方面的班会活动，引导孩子们要敢于并学会表达自己的情绪，合理排解负面情绪，寻找身边的正能量，让孩子们学会自尊、自爱、自信。

（二）家庭的影响

我和小刘的母亲沟通，给她提出合理的建议：一是尽量避免孩子独自使用手机，同时让孩子控制好使用手机的时间，家长应该做到全程监控，扮演好引导者的角色；二是认识到陪伴的重要性，孩子的成长是不可逆的，与其到孩子成年之后后悔，不如趁孩子还没长大的时候尽量陪伴她，家长关注孩子，孩子才不会做出一些只为博取他人关注的事情；三是虽然家长离婚了，也要让孩子的父亲参与孩子的成长。

（三）我们的约定

在了解事情的过程中，小刘泣不成声，她一再要求不要告诉妈妈自己自残的事情。我答应了她，同时她也答应我不再做出这样让老师痛心、父母伤心的行为。我建议她如果有需要，还可以寻求学校心理老师的帮助。

就这样，我们之间有了一个小秘密，孩子在信任我的同时，在多方的努力下，改掉了这个毛病。一年多过去了，她再也没有做这样的事情。我相信，在今后的学习和生活中，她会继续勇敢前进，不负青春，做一朵勇敢的小花。

做星星孩子身边的云

——基于一个自闭症儿童的教育案例

游 琴

有这样一群孩子，他们生活在他们自己的世界里——他们听力正常，但对外界充耳不闻；他们眼睛明亮，但不敢看别人；他们有一颗丰富的心，但不愿与他人沟通。有些人说，他们是来自星星的孩子，却意外地坠入这个世界，静静地、孤独地闪烁着。

一、案例描述

2017年9月，当我刚进入大一小接手这个班时，从未想过我会与小诺相遇。胖胖的脸蛋，小眼睛，初见他觉得十分可爱。但接下来我发现他的行为有些异常，说话能力相当于三四岁的孩子，口齿含糊不清，他怕和别人的目光接触，连家人看他，只要目光和他眼睛对上，他就立刻转移目光。他静静地坐在教室的最后面，爸爸妈妈轮流陪在他身边，他眼睛喜欢盯着窗外，丝毫不受周围的影响，感觉整个世界只有他一人。高兴时他会跑到讲台前，对着其他孩子们说话或者满教室跑，时不时地还会用手去敲打其他温柔一点的孩子，不高兴时会无缘无故地哭闹，会摔身边的东西，或者敲打桌子，妈妈提醒他之后，他会不依不饶，直接躺在地上，开始脱自己的裤子，并且大声吼叫。但是，我发现他对音乐特别感兴趣，课上总会不自觉地唱出声来。

二、案例分析

面对孩子不同寻常的表现，我决定向孩子的父母询问情况。孩子的母亲告诉我，孩子被诊断出患有"阿斯伯格综合征"，也称为"自闭症"，这是一种精神疾病。不仅如此，他还智力上存在缺陷，智力相当于两三岁的孩子。他患上此病的主要原因有两个方面。

1. 家庭环境影响

我从孩子妈妈的口中了解到，小诺出生后一直由外公外婆照顾，她和他爸爸忙于工作，很少照顾他。久而久之，缺乏父母关爱的小诺就变得害怕和其他人沟通，并且眼睛不停地躲闪。父母没有意识到他们一直忽视孩子的心理感受。

2. 社会环境影响

由于缺乏早期教育的意识，孩子留给年迈的外公外婆带，老人年龄大了，不愿意去热闹一些的地方，喜欢待在家里。因此，小诺就很少有机会与其他小朋友沟通和玩耍，失去了和同龄人交流的机会。外公外婆在家也几乎很少和他对话，他总是一个人玩耍，由此变得更加孤僻，习惯性地将自己封闭起来，活在自己的世界里。

三、案例教育措施

教师的天职就是教育好每一位学生。我决心对小诺进行教育干预，帮助他适应新的环境，让他发自内心地接纳老师，我信任老师。我坚信用爱能改变一切，用心去与他交流，关心、帮助他，增强他与人交往的自信。

1. 寻找和激发兴趣源

想要和自闭症孩子交流，就要进入他的世界，观察和了解他所感兴趣的事。上语文课时，小诺对读生字游戏很感兴趣，每次都会开心地在座位上自言自语地读出来。后来，每节语文课我就会叫他玩生字游戏，这些生字他已经在他妈妈的帮助下预习过了，因此对他来说是非常简单的。每次听到他说出正确的答案时，我就会走到他身边，摸摸他的头，微笑地竖起大拇指。得到我的点赞，还有同学们的掌声，小诺脸上马上露出了自信的笑容。

2. 营造关爱的班级氛围

老师的关爱是孩子们最大的渴望之一，特殊儿童也是如此，他们需要老师的爱帮助他们走出封闭的世界。

在班上，孩子们从未真正把小诺当成特殊孩子，在他们眼里，小诺是一个可爱、幽默的同学，只是偶尔会做出一些令老师生气的事情，但他们从未疏远他。只要一有机会，我就会让班上的其他孩子和他一起玩游戏，比如，识字卡片、合作画画、共读绘本故事等，一起来帮助、关心小诺，促进相互接纳。同时，我也会鼓励小诺养成与他人玩耍的习惯。孩子们争先恐后地帮他准备饭菜、书包。渐渐地，小诺可以主动拉孩子们的手，传达友好的信息。

3. 说服家长，接纳和包容

刚开始接触小诺时，很多孩子都有点害怕。每一次小诺的情绪不可控时，便会动手打其他同学，加上他的年龄和个头都比其他孩子更占优势，因而，有些孩子回家便会把被打的情况告知家长，家长知晓后便要求我让小诺转学。为了消除其他家长的顾虑并获得他们的支持，我和家委会进行了一次谈话。我先告诉家委会，小诺的病情肯定适合融合教育，并且大多数情况下家长都是陪伴在其身边的，希望他们能换位思考，理解父母的苦心；也劝他们从另一个角度来思考问题，和小诺一个班生活的同学肯定会优先学会包容和理解，对孩子而言这何尝不是一种成长呢？经过不懈的努力，家长们纷纷表示理解和支持。

4. 培养独立生活的能力

独立生活的能力是每个人都需要具备的，特殊孩子更加需要。在学校我会让小诺帮助老师做一些比较简单的事情，比如，到办公室拿语文书，帮同学接水，帮妈妈捶捶背，等等。通过这些事情培养他做事的兴趣，让他喜欢并主动去做。在家里，妈妈教他洗碗、拖地、煮饭，使他不在父母的帮助下，也能有独立生活的能力。有一天，小诺妈妈拍了一条他正在认真炒蛋炒饭的视频发给我。视频里的小诺，一点也看不出是个自闭症孩子。虽然蛋炒饭颜值不是很高，但重要的是小诺成长了。

5. 家校携手

特殊孩子的教育不仅需要教师参与，更需要家长配合。小诺的妈妈是极其负责的，一年级时她每天坚持坐在孩子旁边监督，尽量配合老师的工作；二年级情况慢慢变好后，她会适当放手，让小诺独立完成一些事情。如若当天，小诺有做错的题目，她会等放学后，慢慢地在教室和他说清楚，让他意识到自己的错误。下课后，她会主动让小诺和同学们玩游戏，创造更多与同龄人沟通的机会。校外，我们还联系了教育专家定期对小诺进行有针对性的个性化培训。经过两年的学习，小诺有了很大的变化，可以与同龄人交流。家长对培训的信心增强了，他们与老师的合作也变得更加默契。

6. 多管齐下，积极寻找对策

事实上，小诺父母很早就到多个医院咨询了特殊教育方面的专家。专家们建议特殊儿童应去正常的义务教育学校上学。碰巧我们学校配备了专业特殊教育教师。在特殊教育老师的共同帮助下，我发现小诺的每一次攻击性行为都有诱因，可能是吵闹的声音、陌生的老师、缺少他想要的东西、很久没有被人注意到等。因此，我在上课时制定了相关规定：教室内不得喧哗、追逐和打架，教室尽量保持安静；如果小诺情绪不受控制，其他学生不要慌张和害怕，立即向老师报告。为了防止出现意外情况，我要求小诺家长每天早上 8 点准时送他上学，在校期间一直陪伴在其左右。学生和家长都很合作，我也做了很大的调整。我不能大声责骂学生，尽量多鼓励，少批评，这样才能营造一个温馨、和谐的课堂氛围。更重要的是，让孩子感觉到你对他很真诚，每天主动向他打招呼，温柔地跟他说话。"你吃早餐了吗？你今天喝牛奶了吗？"因为专家给他做了一张行为评估表，内容包括"是否发脾气""是否扰乱课堂""是否伤害老师、同学""是否认真听讲""是否喝牛奶"。小诺很在意老师的评价，每天都能按时交表和取表。我专门找机会和他聊天。一开始他完全不理我，时间久了，对简单的问题能有所回应了。每天放学，我会告诉他今天哪些事情做得很棒，什么地方需要改正，他承诺会去改正。随着对他的深入了解，我也找到了一些应对的方法。例如，当他出现问题抬起头，嘴里发出"呼呼"的声音时，就用手抚摸他的头，轻轻地说："没关系，不是你。放轻松，老师不会怪你的。"

每个孩子都是一颗独特的星星。虽然不是每一颗星星都能像太阳般耀眼，但每一个人都潜藏着无穷的力量。或许有些星星有些暗淡，那不是因为它们生来就不发光，而是因为缺少发光的条件。帮助星星闪耀需要教师、儿童家庭和学校共同创造条件，需要我们给予更多的关注、更多的肯定和信任，做他们身边的那朵用心陪伴的云。

通过烘焙课提高随班就读特殊学生的劳动技能的案例研究

吴　婷　湛留洋

一、研究背景

截至2021年，学校有26名特殊学生随班就读，其中包含18名智力障碍、3名自闭症、3名听力障碍、1名肢体残疾、1名言语残疾学生。根据学生的实际情况和自愿选择，共计15名同学固定在每周一下午前往烘焙室，在学校资源教师的指导下开设烘焙课，进行劳动技能的学习和巩固，从而增强学生的生活自理能力，提高其社会适应能力。

二、研究内容

（一）新手教师

我们虽然是学校专职资源教师，但烘焙不是我们的强项。为了更好地给学生带来烘焙课的有趣体验，我们自己买了全套烘焙用品，在家跟着视频教程学习烘焙技术。刚开始的学习并不顺利，不是制作顺序混淆了，就是材料配比不精确。厨房成了我们的实验室，经常弥漫着因为烘焙失败而散发出的奇怪味道。但当我们带着试一试的心态带学生们一起上烘焙课的时候，即使面包没有蓬松起来，即使饼干烤焦了，孩子们依然吃得津津有味，还鼓励我们说自己参与制作既卫生又好玩。孩子们的肯定就是我们坚持下去的动力，即使我们没有烘焙天赋，浪费了很多材料和时间，但勤能补拙是良训，一分辛苦一分才。除了视频学习之外，我们主动向烘焙老师现场求教，让他指点迷津，我们的烘焙技术也在一次次的不完美的练习中愈发成熟。

（二）新手学生

孩子们第一次踏入烘焙教室，无比兴奋和激动。面对烘焙室各种各样的机器和材料，每个人都跃跃欲试。一开始，我们并不熟悉每个孩子的劳动技能水平，于是就根据观察给孩子们进行任务分工：打鸡蛋、切黄油、称面粉、搅拌……结果令我们大跌眼镜：一打鸡蛋因为争抢而全部打碎，没清洗的鸡蛋壳裹在蛋液里，黄油袋子是用学生用嘴巴咬开的，面粉倒得到处都是，烤箱电源也被偷偷开启……可想而知这次烘焙课以失败而告终。我们原以为这样的课堂体验会让孩子们觉得糟糕透顶，但孩子们下课后纷纷围住我们，问下次可不可以还上烘焙课。看着他们渴望的眼神，我们马上给出了肯定的答复，学生们瞬间欢呼雀跃，就像中了大奖一样。

（三）小柯成长记

小柯是一名六年级的男孩，也是我们小组里年龄最大的学生，他的劳动技能并不是最好的，最突出的问题就是肢体动作不协调，比如，筷子夹不稳，鞋带系不好，写字歪歪扭扭，等等，在烘焙课上的表现是不会使用裱花袋，很难把面团搓成均匀的细条，作品缺乏造型，等等。一开始，我们会给他安排一些不需要肢体动作介入的任务，但小柯对这样的安排并不满意，他想参与到挤裱花袋、给食物做造型等环节中来，这都是他不擅长的领域。我转念一想，自己对烘焙也是从不熟悉到熟悉，更何况是孩子呢？而且小柯想学习新的技能，说明他好学上进，我应该帮助他才对。于是，我们调整了原有的任务分工，将孩子们的优势与弱势进行比对，虽然课堂上的进度慢了下来，也常常会出现意外情况，但孩子们能够用自己或他人的优势来弥补自身不足之处。小柯在大家的帮助下也出现了显著的变化。

三、研究启示

（一）熟悉规则促成长

烘焙室作为学校功能室之一，也是孩子们学习的第一课堂。烘焙课每周只有一次，烘焙教室的环境与班级教室也存在很大差异，因此学生会产生新鲜感和不适应。为了帮助孩子们建立秩序感，尽快适应新课堂，一开始需要制定烘焙室规则，并用通俗易懂的语言详细地讲给孩子们听。烘焙室规则包括烘焙室的开放时间、烘焙室的功能、烘焙室的课程设置、烘焙工具的使用说明、不同区域的负责人划分、学生的活动任务分工、劳动技能分步骤图解等。纯文字版的烘焙室规则对于特殊学生来说晦涩难懂，因此我们采用图文并茂的方式进行排版，采用趣味问答、有奖抢答等方式强化孩子们对规则的掌握，并统一制作积分表张贴在资源教室，对孩子们的积极行为进行肯定和奖励。有了这些措施，孩子们的规则意识就建立了起来，课堂上就不会混乱。

（二）选好搭档益处多

根据加德纳的多元智力理论，每个人都是具有多种能力组合的个体，每个人身上都有优势和弱势。这就启示我们要善于发现学生身上的闪光点，不要总是盯着学生的不足。小柯肢体动作不协调，但他的运动能力很出色。和小柯搭档的是一名女生，肢体动作很协调，但运动能力滞后，她会耐心地手把手教小柯怎么把奶油装进裱花袋、怎么用裱花袋在面包上画出图案等。小柯也会主动邀请这名女生和他一起打球、跑步、跳绳等。刚开始小柯其实并不愿意接受"妹妹"的指导，他觉得自己作为"哥哥"被"妹妹"教育很没面子，有时候还会故意捣乱表示反抗。我多次开导小柯，并经大家同意后在全班宣布任命小柯为我们的体育委员，组织大家一起运动锻炼。我对小柯说："肢体动作也是运动能力中很重要的一种，如果你的精细动作有进步，那你在烘焙课上的表现会更棒。我们的体育委员可要带好头，起到模范作用呦！如果有同学主动帮助你，你愿不愿意接受帮助呢？而且你也要当好别人的小老师，带领大家一起运动，发挥你的长处。"小柯若有所思地点了点头，之后与"妹妹"的合作也越来越顺利。

（三）因材施教有妙招

我也会分步骤在小柯面前示范具体做法，把操作步骤用彩色打印机打出来，粘贴在黑板上，请小柯充当我的助手，用语言表达的方式来播报烘焙过程等。一开始，小柯并没有足够的耐心，多次失败后就特别失落，想要放弃，在同学的安慰和我的鼓励下，他又拿起裱花袋开始尝试。我专门给小柯一个加大号的面包和小号的裱花袋，并给小柯准备了一副手套。经过一个学期的练习，小柯的机打动作有了很大进步，他可以独立使用裱花袋创作出识别度高的图案，并能在规定时间内提前完成烘焙任务，还会主动去帮助低年级的孩子。除了烘焙之外，我们还组织学生一起包饺子、包汤圆、煮火锅、做水果拼盘等，在不同的活动中设计不同的训练项目和任务分工，让孩子在真真切切的活动体验中感受自己的成长。

四、研究反思与分析

（一）关注学生需求

根据马斯洛的需求层次理论，不同发展阶段人们产生的需求是不同的，对于特殊儿童来说亦是如此。烘焙课刚开设的时候，我们按照自己的主观判断给学生分组和分配任务，但发现有的学生会通过行动上的不配合来表达自己的不满。意识到这一点后，我们先列出任务清单，让学生自由选择；学生分组也采用双向选择的方式确定；劳动任务的分配采用轮流负责的方式，让每个学生都参与到不同的劳动技能训练中来。及时关注学生需求会让学生感受到自己被重视、被尊重，任务执行也会更积极主动。

（二）加强同伴指导

同伴指导起源于1700年的贝尔兰卡斯特制，由"导生制"演变而来，这种教育制度到20世纪60年代发展成了由学生指导学生的"同伴指导制"。确保同伴指导策略顺利实施的首要条件是选择合适的指导者。我们刚开始在烘焙课上以优势互补的原则为学生选择同伴并分组，但实施效果并不理想，同伴间的合作不顺利反而会激化矛盾，适得其反。于是，我们借鉴学校延时服务老师安排的双向选择机制，再次对学生进行分组，双方都有合作意愿的学生组成了学习小组，降低了同伴之间的抵触情绪和矛盾发生率，提高了同伴指导的效率。在国外，同伴指导策略不仅用于提升残疾学生的学习能力，并且逐渐被应用于提升残疾学生的社交技能、联合注意力等方面，最终均取得了良好的效果。

（三）丰富课堂活动

一般而言，随班就读学生的学习速度要比普通学生缓慢，一项新的学习任务要花较长时间才能完全掌握。随班就读学生中，有的擅长视觉信息加工，有的擅长听觉信息加工，有的擅长动作记忆……如何在一堂课上兼顾学生的不同信息加工方式呢？我们发现多样化的课堂活动可以满足学生的不同需求。例如，学习如何制作绿豆糕，除了在黑板上写出制作步骤之外，还可以播放制作视频，通过提问回忆制作步骤，并绘制相应图画，最后出示制作过程图片，多渠道向学生输入信息，学生才有可能多渠道输出信息，并将这些知识应用于实践中。

教育故事

他不是笨小孩

胡须美

四年级语文定时测试时间结束，看着还在作文纸上奋笔疾书的他，我笑了。为写满作文纸的一面而努力，这是现在我与他之间的约定。他没有放弃，他在努力，在交卷之前马上就写到最后一行了。不管这一面的文字是否通顺，都不重要，他尽力了！我们相视一笑。这一笑，我的脑中不禁浮现出这一路走来我和他的故事。

活泼、机灵却逐渐暗淡的他

还记得初入学时看见的微明，圆头圆脑，大眼睛扑闪扑闪，一说话便眉飞色舞，讲起故事来更是手舞足蹈，别提有多机灵、可爱了！他的脸上总是充满了笑意。这样的他，我怎么也想不到他会在学习上有什么困难。

直到一年级自主识字检测时，我发现他识字量太少，识字速度很慢。当时我以为是家长没有提前给孩子预习的缘故，并没有格外在意。

二年级时，我发现微明背诵古诗尤其困难。一首简单的五言绝句，就简单的四行，班上其他同学早就背得滚瓜烂熟了，他却还不能读通顺。当时我很诧异，可仍然想着，或许他只是慢一点，我只要对他多些耐心就好了。

再后来，三年级了，我突然发现微明已经不知不觉成了我们班在学习上最让我放心不下的孩子。他不是随班就读的特殊儿童，可我却要在期末检测时特地拜托监考老师帮我关注他，提醒他。因为遇到不会写的字，他就会停下，这一停可能后面的试卷他都不会做了。为此，我还特地给他换了座位，换到我随时都能看得到的地方。因为只有这样，我才可以在他停下不知所措，或者停下来看别人且一看就是半天的时候及时提醒他。尽管如此，三年级下的期末考试，他还是没有考及格，因为考试作文他只写了一个题目和读不懂的拼音，并且拼音也只写了两三行。那一刻，我心灰意冷了!

回忆起平日听写,一课的词语他能写对两三个词语就已经很不错了,他自己对照书订正的词语,我一眼也能找出许多个错来。记忆最深的是有一次上《火烧云》,他将"沿途"的"沿"写错以后,我让他把"沿"写5遍。我惊讶地发现他写着写着竟将"沿"的三点水写成了走之底,写着写着又把走之底写成了言字旁。那一刻,我目瞪口呆,同一个字写5遍,竟然能写出3个不同的模样出来,难怪平时的书写笔画要么丢,要么加,要么变。可这是什么缘故?我百思不得其解!

是因为注意力不集中吗?是因为家长没有督促吗?是因为练习得太少了吗?我和家长通电话,责怪他们不关注、不督促孩子的学习。我也批评过孩子,批评他的懒惰和不专心。就那样,我眼看着那个曾经机灵的孩子越来越显得笨拙,越来越不那么爱笑,眼看着他的眼神越来越暗淡却无能为力……

转机和希望——他不是笨小孩

这一切一直持续到四年级上期,我参加了沙坪坝区杜艾静老师组织的特殊学生《"一人一案"手册》使用培训,培训中我有幸学习了李欢教授的《学习障碍学生的早期识别与诊断》。那时,我如梦初醒,关于微明的许多问题都找到了答案。我第一次了解到学习障碍、读写障碍,原来微明有自己客观存在的困难,只是我并不了解。他的家长也有自己难言的苦衷,只是我并没有看见。

那一刻,我决定重新开始,抛弃过去的偏见,理解和接受微明的学习障碍。因为他可能只是一个遭遇阅读障碍的孩子,他并不是一个笨小孩,也不是一个懒小孩,更不是一个不想要自己变得更好的小孩。

从此以后,我改变了自己对待微明的方式。以前我错以为是微明粗心,不认真,懒,甚至笨,所以当他出现听写很多遍都写不出正确的字,考试怎么考都不及格的时候,我会批评他。可现在我了解了读写障碍,我对他多了一些理解和包容。我一再提醒自己不要给他负面反馈,因为那样只会让他更加觉得自己不行,更加丧失自信,缺失动力,甚至心理承受更大的压力。

当我自己的认识有了这一点改变后,每当我看见微明的作业速度快了一些,错误比以前少了一些,诗歌会读了一些,一个句子写得更通顺了一些,我都会在全班对他进行肯定和赞扬。当我这样做的时候,我惊喜地发现微明比以前笑得更开心了,做作业比以前更主动了,甚至上课还积极思考,参与小组合作并敢于发表自己的见解了。一切都开始向一个更好的方向发展起来。

这还不够,我还特地给微明妈妈打了个电话,我之所以给她打这个电话,是因为我认识到了,我改变了,因此孩子变得更好了。我也希望她能像我一样了解孩子存在的学习障碍,带孩子去儿科或儿童精神科测评。当然,这不是关键,关键的是改变自己对孩子的认识,从而调整自己对待孩子的方式。因为他不是笨小孩,也不是懒小孩,他需要家人和老师的理解、帮助、肯定及激励。最后我还推荐微明妈妈,让她与微明爸爸一起看一下杜老师推荐的央视纪录片《我不是笨小孩》……

那天电话里我和微明妈妈聊了很多,让我最不能忘记的是她在电话里对我说:"胡老师,谢谢你,说真的,以前我很怕接你的电话,因为有的时候不是我们没配合您的工作,没管孩子作业。我们一方面感觉有些不好意思,另一方面也感觉有些苦恼,为什么自己的孩子是这样的。可是今天,谢谢您让我知道原来问题出在这里。"

而我也想感谢杜老师组织的培训,感谢李欢教授为我们带来的关于阅读障碍学生的培训,让我重新认识了微明,更新了自己对学习障碍学生的认识,从而调整了对他们的教育方式。我不会忘记李欢教授说的"接纳、调试,多鼓励,多赞赏"。明白孩子的成长需要,接纳孩子的学习差异,关怀及尊重孩子。对孩子有合理的期望,调适自己的教学行为和技巧,给孩子提供适当的协助。保持自己和孩子父母的一致性,多肯定孩子付出的努力和取得的进步。

这条路还很长很长,可是,我相信,有了方法,还有宽容、耐心和关爱,可爱的微明,也终将有属于自己的光亮、温暖和灿烂!

让每一颗星星都在夜空闪烁

刘 怡

莲莲今年 13 岁,与一般四年级的孩子相比,明显大了许多。本应该读初中的她,为什么还留在小学呢?这得从 2018 年 8 月,我们的初次相遇说起。

一、初次相遇,我心惶恐

我们见的第一面,是在一年级新生报到的那天。她在一群孩子里很醒目,又高又瘦,眼神闪躲,她一直藏在爸爸身后,不看人,也不讲话。

我本想拉拉她的手,她却往旁边一躲,直往爸爸身上靠,还不停用手扯旁边的树叶。孩子的举动,让我有些担心。

第一次让我感到为难的是在开学一周后,当时全校的孩子都在吃午餐,突然传来了几声撕心裂肺的吼叫,我马上反应过来,是莲莲。我知道孩子有了情绪波动,因此,没有立刻制止,可没想到孩子的吼声更大了,旁边的同学又惊讶又诧异。我立马赶到莲莲身旁,询问:"莲莲,你怎么……"话未说完,莲莲又开始吼叫,什么话都听不进去。第一次,我感到无能为力。

殊不知,这仅仅是个开始。莲莲妈妈作为陪读,经常会来找我。

"刘老师,多让莲莲回答问题嘛。"

"刘老师,你说话再慢点……"

一开始,我虚心接受莲莲妈妈的建议,但结果不尽如人意。让莲莲上课回答问题,但是回答不出的莲莲会大吼大叫,根本停不下来,使正常的上课都不能继续下去。更严重的是,有时情绪过于激动的莲莲会有自残的行为,用牙齿咬胳膊,用头撞墙……这样的行为,让班上一些孩子对莲莲的态度悄然改变。排队时,莲莲后面的孩子都离她远远的,不敢靠近;下课时,没有孩子和莲莲玩;小组合作时,组员都不会邀请莲莲……

二、爱与尝试,心心相碰

面对种种问题,我知道不能只和莲莲妈妈交流,得找莲莲爸爸谈一谈。于是,我请莲莲爸爸来学校。在交流中,我才知道莲莲是家里的第二个孩子,她还有个哥哥,因为哥哥患有脑瘫,因此父母将更多的时间和精力都放到了哥哥身上。莲莲从小是跟着爷爷奶奶长大的,直到两岁多还不会说话,这才引起了父母的注意。去医院检查,才发现莲莲患有智力残疾和自闭症。

莲莲的病情无疑让这个家庭雪上加霜,莲莲妈妈非常焦虑,她迫切地希望莲莲能在班级生活中有所好转。莲莲之前陆续去过两个学校,但出于种种原因被劝退,然后才来到了我们学校。

不得不说,了解了莲莲的详细情况后,我的压力骤然增加。为了更好地帮助莲莲,也为了营造良好的班级氛围,我决定行动起来。

1. 帮她,是教育使命

学校了解到我的困惑,专门让我参加了沙坪坝区融合教育培训班。在培训中罗咏梅老师说:"普通学校应当依法接收本校服务范围内能够在校学习的残疾儿童少年随班就读,不得拒绝。"保障每一个孩子接受教育的权利，对能够随班就读的孩子不拒绝、不排斥、不放弃。这是国家政策的要求，作为一名人民教师，我责无旁贷。我转变了自己的观念，有了挑战的兴奋感与助人的使命感！

2. 懂她，要专人指导

我第一时间找到了学校的资源教师湛老师，希望他能从专业的角度帮助莲莲。湛老师了解情况后，经常邀请莲莲去他的办公室，让她试着做一些力所能及的事，也安慰焦虑的莲莲妈妈。

湛老师和莲莲妈妈交流后告诉我，有时候家长会把焦虑的情绪带给老师，所以，作为老师要清醒地认识到莲莲现在面对的种种问题，正确地看待家长提出的要求。目前，最好的办法就是让莲莲慢慢融入班级，其他方面不应该对她有过多的要求。

除此之外，学校邀请了重庆师范大学魏教授来学校做讲座。有了专业的引导和帮助，我有了行动的方向。听了魏教授的讲座，我试着给莲莲布置不一样的作业，比如，让她回家后做一些力所能及的家务。第二天，我会询问莲莲完成的情况，给她小礼物作为奖励。慢慢地，莲莲对我不再那么生疏，虽然也不怎么与我交流，但是当我与她说话时，她会渐渐报以微笑，这也让我很是欣慰。

3. 爱她，让书籍引领

读《孤独的孩子》使我明白，只有给予爱和理解，才能帮助孩子走出孤独。读《问题儿童教育实录》使我懂得不抛弃、不放弃，才能让孩子敢于尝试。读《星期三是蓝色的》使我坚信，尊重不一样，才能让孩子更好地融入集体。我还将电影《地球上的星星》放给孩子们看，将歌曲《夜空中最亮的星》教给孩子们唱，将《流星没有耳朵》读给孩子们听……让孩子们学会接纳不同，尊重不同；让孩子们有能力爱自己，也有余力爱别人。

此外，我试着给莲莲读一些书。有一次，我正在给她读绘本《团圆》，平时不怎么理我的她，居然用手指着书上的图片，看着我说："汤圆、汤圆……"一时间，我心中充满了快乐。

4. 陪她，聚班级力量

俗话说："众人拾柴火焰高。"如何使莲莲更好地融入班级还需要集体的力量。一方面，我在班级中开展了一系列班会课，将尊重、友善引入班级文化；另一方面，我积极鼓励班级的其他孩子，让他们多和莲莲一起玩。

班级里有个叫涵涵的小女孩，就特别喜欢和莲莲一起。大课间，以前莲莲总是不愿意动起来，现在有涵涵牵着她跑步，带着她做操，陪伴着她一起做体能运动……随着时间的推移,班上更多的孩子愿意试着靠近莲莲。上次轮到莲莲做课前三分钟演讲,好多个孩子自愿上去陪着莲莲。

运动会时,莲莲虽没参加拔河比赛,但她和她妈妈在一旁当啦啦队。虽然孩子当时有些羞涩,但是莲莲妈告诉我,莲莲那天很开心。

我欣喜地发现,莲莲也慢慢地和其他孩子建立了友谊,她会主动跑去和孩子们碰头。莲莲正在慢慢接受其他孩子,慢慢融入我们这个班级大家庭中。

三、助人自助,点亮星空

在帮助莲莲的过程中,孩子们也学会了许多。孩子们自发组织去社区开展爱心义卖活动,积极、踊跃地贡献出自己的那一份爱心,将义卖的全部所得无偿捐给学校,用来帮助学校里家庭困难的孩子。街道组织垃圾分类挑战赛,整整 21 天,孩子们都坚持进行垃圾分类的打卡活动,并发动周围的人一起参与。孩子们在活动中成长,也在活动中为社会贡献出自己的力量。

我们已经和莲莲相处了整整 3 年,在这 3 年的时间里,莲莲从她的世界探出了脑袋,尝试着与我们接触;我们班的孩子们也学会了伸出双手,主动去包容和关爱;而我,也得到了历练和成长。

作为一名班主任,当我去擦亮这颗小星星时,我发现整片星际也随之点亮。当流萤聚集,能照亮夜空;当群星闪耀,能照亮大地。

孩子,你慢慢来

杨 姗

我牵着一只蜗牛去散步,我想带着她去看最美的夕阳,于是,我放慢脚步,等着她慢慢来。昕昕宝贝,你就是我的蜗牛。

"特殊"的你

前年夏天,我听到了你。你的爸爸说,你的智商比别的孩子低,无法正常学习和生活。到了秋天,我总算见到了你,那天,你安安静静地站在妈妈身边,我无法把你和"特殊学生"联系在一起。

你的"特殊",在证件上有显示。妈妈把残疾证给了我,我翻开一看,照片上的你笑得很纯真。接着，我就被"智力残疾四级"刺痛了双眼。可爱的昕昕，你真的就和别的孩子不一样了吗？不，我不相信。

你的"特殊"，在行为上有展现。开学第一天，是新生入学课程，看着你安静的模样，我把你和同学们的座位放到一起，你有了自己的同桌。我期待着你能有所改变，有所进步。然而，你不是用水彩笔画眉毛，就是涂指甲，还乐呵呵地问我："老师，好看吗？"你甚至在上课时随意下座位，稍不留神，你就离开了老师的视线。我好像明白了你的"特殊"。

妈妈的爱

学校教育和家庭教育相结合，才能给孩子最好的教育。第一天放学，我立刻联系了昕昕妈妈，请她到办公室商讨帮助昕昕的办法。

昕昕妈妈毫无保留地告诉我她家的具体情况：爸爸承担着家庭的经济压力，一个人在北京工作，妈妈刚生了弟弟，弟弟才一个多月，外公外婆年纪大了，但是能帮着带孩子。我知晓了昕昕的具体情况。原来，昕昕从小就比别的孩子发育慢，爸爸妈妈也没有带孩子的经验，直到2岁多她才被查出来智力发育迟缓，接着就开始每个月去医院治疗。他们很担心昕昕以后不能照顾自己，因此一直努力在教昕昕生活的技能。

结合画眉毛、涂指甲、下座位的表现，我和妈妈共同商定了帮助昕昕的办法：首先，妈妈到学校陪读，为了不挡住别的同学，妈妈要求把座位换到教室最后一排。其次，昕昕要上所有的课程。再次，如果班级参加比赛，昕昕可以参加，但是妈妈要求成绩不计入班级。最后，昕昕的作业根据情况完成。别的同学写两遍，昕昕可以只写一遍，甚至不写。

陪读的日子，从第二天就开始了。妈妈带着昕昕按时到学校，有了妈妈的看护，昕昕的行为变得似乎和大家一样了，我为她高兴，也为妈妈点赞！

同学的关心

昕昕妈妈的到来，给全班同学带来不小的困惑和压力。趁着她俩不在教室的下午，我开了一次班会课。昕昕的残疾，自然是不能告知孩子们的，我用身体年龄和心理年龄解释，孩子们纷纷表示要保护好她。

然而，孩子毕竟是孩子，总会有控制不住的时候。二年级的一节美术课，妈妈故意走出教室，站在后门猫眼处看昕昕上课。一开始，昕昕和妈妈在时没什么两样，妈妈心里甚是安慰。可是，没过一会儿，昕昕就开始下座位，随便去拿吴同学的水彩笔。吴同学正在画画，自然是不同意的，然而昕昕坚持要拿，吴同学粗鲁地拽回了水彩笔，还打了她的手。妈妈站在门外泪如雨下。

自然，这件事也是用班会来解决，还是在昕昕和妈妈不在教室的时候。借助辩论，孩子们知道了包容，通过情景模拟，孩子们明确了怎么帮助昕昕。接下来，我看到了孩子们陪她上厕所、等她回教室、帮她交作业、为她打饭、带她玩游戏……

友谊之花正在悄然绽放，未来，它必将绚烂无比。

老师的爱护

作为班主任，我召集了任课老师们开会，告知大家昕昕的具体情况，也请求大家最大限度地包容昕昕，同时让大家明确在我们班上课时会有一名家长在场。老师们和孩子们一样，都表示会照顾好昕昕。于是，每一位老师到班级上课时都会先清点人数，发现昕昕不在就立刻去找人；遇到陪同昕昕外出的同学回教室迟到了，都只是示意其回座位而不是去苛责；发现昕昕上课举手时，第一时间让她起来回答问题……

老师们的爱护，昕昕感受到了。每一次遇到任课老师，昕昕都会主动打招呼："×老师好！"有时候甚至主动跑到办公室问："谢老师在吗？我想你了。"如果谢老师在办公室，昕昕会冲上去拥抱她。

昕昕的进步

老师们对昕昕最大的希望是她能快乐，但是昕昕老是给人意想不到的惊喜。

一次期末复习语文课，课堂作业是给生字写笔顺，老师把题目投影出来，昕昕拿出本子就开始做。此时，妈妈有事离开了，她一个人独立完成了作业。作业完成后，老师统一批改，老师发现昕昕的作业不仅做完了，还是按照格式要求完成的，只错了2个，这可比很多孩子完成得都好。

不仅如此，现在的昕昕在妈妈不在时，也能管理好自己，能自己打饭，能找到食堂座位、厕所、教室、食堂，交作业能排队，见到垃圾能主动捡起来，能主动参加活动……

昕昕小蜗牛，在散步的路上，你一点一点地往前挪，我想带着你去看最美的夕阳。我想，你会看到的，哪怕你慢一点。

每个孩子都是独一无二的

石华丽

伟大的教育家苏霍姆林斯基说过:"每一个孩子都是一个完全特殊的、独一无二的世界。"是呀,正是这些不同创造了这个五彩缤纷的世界,作为一名教师,有责任和义务去呵护这一个个"小世界"。

一、学生问题

小A,一名普通而又特别的二年级学生,虽然入学刚满一年,但早已是学校的"风云人物"。我在二年级刚接手这个班级,接之前我是内心发怵的,因为对小A的情况有所耳闻。据说,他常常因为和父母拌嘴就躲在花坛里不进教室,或是因为和同学的意见不合、老师的一句提醒,就跑出课堂,藏到校园里的某个角落,让老师一通好找……

还好,和小A的第一面很顺利,自我介绍时,他有些害羞,充满稚气的声音小小的,像在撒娇,我难以将他和传闻中的形象对应起来,我甚至认为关于他的消息都是误传。不过开学第二天我的幻想就被打破了,小A"失踪"了……原因是上五年级的哥哥没有送他进教室。我心急如焚,家长却漫不经心答道:"老师,你别担心,他一定又藏在哪个犄角旮旯里了,藏够了自己就出来了。"我和家长开始翻学校的各个角落,终于找到了小A。他叉着腰,仰着头,嘴巴噘着,对我和家长充满了敌意,好说歹说终于进了教室。此后的一个月,他几乎以每周两次的频率"失踪",甚至在体育课上将老师咬伤。

二、问题调查

小A的问题亟待解决,于是我开始走访原班主任和任科老师。从他们那里我得知,小A自入学以来几乎每周必跑,一年级入学第一周几乎天天跑出去,情绪一激动,就跑去校园的草丛里或者一些角落里躲起来,咬人也不是第一次发生了。一年级时,原班主任也多次家访或者请家长来学校沟通,但都没有效果,小A父母认为老师只要包容就好了,不惹他就不会出问题。

从多次和小A妈妈的谈话中得知,小A从小是外婆在照顾,极受宠爱，打不得，说不得，不想上幼儿园，外婆就天天拿一块糖哄着去，因家人觉得他天资不错，生活中处处满足他的要求。

三、问题症结

由此可见，小A的规则意识缺乏和他的家庭教育有着很大的关系，父母在孩子教育上是缺位的，外婆在宠爱孩子上则没有原则和底线，面对孩子的无理要求也一再妥协，这让小A分不清什么是规则，什么应该做，什么不应该做，凡事以达到自己的目的为主。

同时，家校沟通出了一定的问题。家长认为孩子只是不适应学校的环境，老师和同学哄着就可以了，殊不知孩子规则意识的淡漠已经影响了他的学习和群体生活。家长的不信任和不配合，让小A的情况持续了一年，且家校关系逐渐恶化。

小A遇到问题就选择逃避，这表明他还没有建立起对小学的归属感和安全感。为了消除他的这种敌意，建立信任感是第一步。

四、对策

找到了症结所在，我开始制订对策。

第一，要改善家校关系。当了母亲之后，我能够真切体会到当家长的心情。面对学生，老师是理性的，但作为父母，看待孩子是感性的。父母的眼中只有自己的孩子，无论他是优秀的，还是稚拙的。所以，我和小A父母进行了一次促膝长谈，把我一个月来的观察、反思告知了他们，肯定了孩子的天资，同时也指出孩子的情绪管控已经严重影响到校园的正常秩序和孩子的安全，如果不加引导，后果不堪设想。并且，我站在他们的角度，有针对性地提出建议。没有哪个父母不盼着孩子好，小A父母也认识到自己在教育上的问题，表示一定会召开家庭会议，端正教育态度。在后面的学习和生活中，小A父母的反馈执行得也不错。

第二，在学校里着重培养孩子的安全感和归属感。我给孩子们上了班会课、绘本课《你出生的那个晚上》《你是特别的》等，让班级的每一位孩子都学着悦纳自己、他人，让大家知道我们每一个人都是独一无二的，学着欣赏自己，欣赏别人，友善地和大家相处，班级氛围也越来越好。逐渐地，同学们也不再因为小A的情绪而疏远他。同时，我经常和小A谈心，拉着他和同学玩游戏，帮助他融入集体的同时建立规则意识，然后教他情绪上来时的一些处理方法。后来，他在课堂上也会跑出教室，但多是跑我这里来，或者是我们约定的地方。

第三，挖掘闪光点，促进特质学生的转化。小A在查字典比赛中获得了一等奖，于是，我抓住这一点让他当小老师，教其他不会的同学。小A很有责任感，这些任务完成得很好，同学们的赞扬让他又在学习上有了成就感。自此以后，"安全劝导员""值日班长""听写员"等，他完成了一项又一项的工作，他的声音越来越响亮，笑容也越来越多。

五、目前状况

从第二学期开始，小A开始从一周跑两次减少到两周跑一次，11月开始再也没有跑过。我也慢慢增加他的耐受能力，最近一次因为写字态度不端正，我批评了他。我注意到他强忍着眼泪，回到座位上才偷偷地擦掉眼泪。我马上将这段经过分享给小A父母，只有他们才能体会到我的那种快乐。

鲁迅曾说"教育根植于爱"，同样，教育还能创造更多的爱。它是一种能够温暖人心的景致，它拥有你最意想不到的力量。小A是唯一的，每一个生命都是唯一的，他们是如此可爱，我们怎能不爱！

教育感悟

如何让"小调皮"变成"乖宝宝"
——《超级育儿师》观后感

刘善敏

假期里,我观看了几期《超级育儿师》,这个育儿师有多"超级"呢?她能一下就解决孩子的问题吗?她"搞定"的是多大的孩子呢?带着一大串问题,我打开了电视。

几期下来,"兰海"这个名字印入了我脑海。她通过观察、召开家庭会议、制订家庭规则、协助管教、暂时离开、最后指导等步骤,让家中的"小调皮"变成"乖宝宝"。节目传递科学育儿的新方法,让父母学着当父母,让孩子更快乐地成长,让我有了学习、观摩的机会。

记忆最深刻的案例是毛豆。毛豆是一个只有3岁的男孩,专注度不够,需要大人陪伴,家里的爸爸妈妈和奶奶3个大人整天都围着毛豆转,几乎没有自己的时间。兰海老师通过观察发现,首先要解决的是环境问题。毛豆的家里都是玩具,毛豆一会儿玩这个,两三分钟后又玩起了那个,注意力特别分散。所以兰海老师准备了几个箱子,让父母带着毛豆一起把玩具进行分类收纳。需要玩具时再把它们拿出来,不用的时候就把它们放在角落里。干净、整洁的环境让3岁的毛豆明白了自己的需要,他更专注了。除此以外,语言环境的营造也很重要。毛豆的妈妈总是对毛豆的"命令"唯命是从,这让毛豆更得意了。所以,要让毛豆明确"我该干什么",而不是"我想干什么就干什么"。

对于我而言,环境的改变很有借鉴意义。六年级的孩子开始有自己的想法了,纷杂的环境里有许许多多的诱惑,他们忍不住去选择,而他们选择的东西往往是这个阶段被禁止的,如网络游戏、早恋……所以,老师和家长要联合起来,给孩子营造良好的物质环境和语言环境,和孩子商量电脑、手机的使用时间和方式,管理孩子的零花钱,给孩子进行男生和女生交往界限的讲解……做好这些工作,让他们平稳地度过六年级这个特殊的时间段。

制订规则也很重要。毛豆的一日三餐要人照顾,穿衣、洗脸、刷牙更是离不开妈妈的帮忙,全家人都围着他转。兰海老师在面对如此状况时,召开了家庭会议,并制订"毛豆自己能做的事情"列表。父母营造良好的语言环境,坚定地告诉毛豆需要做什么、必须做什么;帮助毛豆每天按时打卡完成任务,来培养毛豆的自理能力。所以,合理的规则和良好的监督具有重要意义。

　　《超级育儿师》,一个值得细细品味的节目,或许有些经验和方法不太适合我们的实际,但多学习总是没错的!

学科教案

咕咚

唐海超

一、学习内容

语文教材一年级下册第八单元的内容。

二、学习目标

1. 借助连环画课文特点，读懂故事的内容；能根据课后问题找出相关信息进行推断。

2. 理解课文，知道"遇事要学会思考，不盲目跟从"的道理。培养学生独立思考的能力，不要盲从大众，要学会动脑思考，并依靠亲身实践，去探求真相。

三、学习重难点

1. 借助连环画课文特点，读懂故事的内容；能根据课后问题找出相关信息进行推断。

2. 理解课文，知道"遇事要学会思考，不盲目跟从"的道理。培养学生独立思考的能力，不要盲从大众，要学会动脑思考，并依靠亲身实践，去探求真相。

四、学习准备

课件。

五、学习过程

（一）复习导入

出示词语，学生开火车认读生字、生词。教师指导学生用词语说一句话。

师：通过上节课的学习，大家知道什么是"咕咚"吗？小兔子听到

"咕咚"声为什么拔腿就跑？其他动物为什么也要跑呢？野牛又是怎么做的呢？这篇课文告诉了我们一个什么道理？这节课我们继续一起去探秘。（课件出示：咕咚）

（二）研读课文，明白事理

问题一：咕咚来了，小动物们有什么反应？

1. 出示课文第一、二幅插图。木瓜熟了。一个木瓜从高高的树上掉进湖里。咕咚！听到这个声音，小动物们有什么反应呢？

2. 自学要求：

（1）自读课文第2自然段到第5自然段。

（2）找出小兔子、小猴子、狐狸、山羊、小鹿、大象的表现，圈出它们的动作，用横线勾画出它们说的话。

（3）看插图，想象当时的场景，读一读它们说的话，读出它们说话时的语气。

3. 互学要求：

（1）同桌交流自己圈到的表示动作的词，勾画相应的句子。

（2）同桌合作读一读它们说的话，读出它们说话时的语气。

（3）同桌合作演一演。

4. 展学提示：

1号：我们圈到的表示动作的词有_____。

2号：我们勾画的相应的句子有_____。

1号：我来表演动作。2号：我来读。

师：野牛又是怎么说，怎么做的？再读课文第5自然段，圈出野牛的动作，勾出野牛说的话。

（1）指一名学生演示"拦"的动作，体会提手旁的字的用法。

（2）说话练习：指导学生用"先问……再问……最后问……"的句式，表达野牛的问话。

"心之桥"上遇见我——重庆大学城第一小学校心理健康教育课程创新基地建设

课件出示:
野牛先问_____,再问_____,最后问_____。
(3)引导学生体会野牛问话的语气。(野牛问话的语气应不慌不忙)
(4)分角色朗读"野牛"的问话和"大象""兔子"的答话。
6. 出示图片。

7. 出示句子:"大伙你看看我,我看看你,都笑了。"为什么大家都笑了?

(1)师生合作读课文第6、7自然段。

师:通过读课文,我们知道了"咕咚"就是熟了的木瓜从树上掉进湖里发出的声音。

师:为什么大家都笑了?(他们知道了"咕咚"是木瓜掉进湖里发出的声音,弄清了事情的真相后,觉得自己刚才的行为十分可笑,所以笑了)

(2)再读文段,读出可笑的语气。

(3)引导学生进行合理想象:小动物们都会想些什么?例如,小猴子想:我以后要向野牛学习,不再偏听偏信、人云亦云,遇事要多动脑筋,弄清事情的真相。

8. 下面的这些情况,如果你遇到了会怎么做?说说原因。

① 上学路上，过马路时红灯亮起，大人们、同学们自在地过马路。
② 家里老人说新冠肺炎疫苗有危害，不要注射。
…………

（像野牛一样，遇事要学会思考，不盲目跟从）

【设计意图】充分利用课文插图，图文结合，抓住重点词句，通过各种形式的朗读，联系实际，师生互动，调动了学生阅读的积极性，同时也提高了学生理解和运用语言文字的能力。通过讲故事、演故事，完成了由书本语言到口头语言的过程，让学生在实践中领悟其中的道理：遇事要学会思考，不要盲目跟从，使课堂与学生的生活和情感体验有效地结合在一起。

Moan, Moan, Moan

唐志丹

一、学习内容

本堂课旨在通过将难度相同、话题一致、功能语句相似的外研社《丽声拼读故事会》第四级分级绘本 Moan, Moan, Moan 与主教材五年级上册第三单元 At the table Part 5 "Learn with Max and Rex" 融合教学，充实主教材内容，提升学生学习的兴趣，丰富学生的语言知识。同时，传播文化知识，让学生明白父母的唠叨是关心、爱护孩子的一种特殊表达方式。

二、学习目标

1. 通过自然拼读掌握字母组合 oa、ow、o 及魔法 o-e 发 long "O" 音，能够拼读 no、old、hole、rose、blow、yellow、boat、throw、stone、moan 等单词。

2. 能通过听绘本找出含有 "O Family" 妈妈唠叨的内容并认读，如："Don't throw stones." "Don't dig holes." "Don't pick that rose." "Fold those clothes up." "Blow your nose."，对绘本进行听音跟读。

3. 引导学生了解父母在什么情况下唠叨，选择新的场景对绘本进行新的创编，明白父母的唠叨是关心、爱护孩子的一种特殊表达方式。

4. 引导学生正确对待父母的唠叨，共同探讨对待唠叨的好办法。

三、学习重难点

1. 重点：能正确拼读"O Family"的单词和词组，并认读拼读绘本。

2. 难点：能选择新的唠叨场景对绘本进行创编，明白父母的唠叨是关心、爱护孩子的一种特殊表达方式。

四、学习准备

1. 教师准备：课件、绘本、词条。

2. 学生准备：铅笔、橡皮、心形卡纸。

五、学习过程

Step 1　Warming-up

1. Warming-up：师生共唱歌曲并做动作。

T：Are you ready? Are you happy? If you're happy and you know it … Here is a song to begin our class. Let's sing and do. PPT落脚在歌词的主要三个短语：Go to school. Touch your nose. Row your boat.

2. Review：通过复习短语中的单词 go、nose、row 和 boat 引出"O Family"。

通过 go 引出字母 o 发 long "O" 音，复习单词：no、old、potato；通过 nose 引出魔法 o-e 发 long "O" 音，复习单词：hole、rose、stone；通过 row 引出字母组合 ow 发 long "O" 音，复习单词 bow、blow、yellow；通过 boat 引出字母组合 oa 发 long "O" 音，复习单词 coat、toast、moan。

3. Free talk：利用 PPT 最后定位的 moan，讲解意思"唠叨"，并询问学生：Do you like moaning?（你喜欢唠叨吗？）Who likes moaning in your family?（你家里谁喜欢唠叨？）Are you happy if he/she moans at you?（如果被唠叨了，你开心吗？）

【设计意图】请学生结合自己的生活实际自由发言，说说父母的唠叨并谈谈感受，教师适时互动并归纳唠叨的特性，提示：父母的唠叨其实都是对我们的学习、生活、安全、习惯等方面的严格要求。这些唠叨声就是父母对我们的殷切希望、对我们浓浓的爱、对我们的关心。

Step 2　Presentation

1. View the cover：Today, I will share you a picture book. Let's view the cover. 教师出示绘本封面，学生观察封面，找关键信息：title 题目和 writer 作者。揭题，并回答：What do you see in the picture? Do you like fish?

What is the girl thinking? Does the girl like fish? Why? （这个问题为引出下文做铺垫）

2. Now let's see why does the girl like fish? 老师指着第一句话，带着孩子一起说第一句话，讲 never 和"moans at"。（提醒孩子注意 oa 的发音和用法）老师指爬树的图片问：What is the girl doing? 老师带学生一起回答：Climbing the tree! 同时老师指着 PPT 上的"climb that tree"询问学生：Do you always climb the trees? If you climb the tree, what will your mother say? 老师指最后一句话"Don't climb that tree"带学生一起读，一边读一边做摆手的动作，让学生模仿跟读，模仿语音和语调。

3. 老师指着扔石子的图片，问：What is the girl doing? 指第二句，带孩子说：She is throwing stones。（提醒孩子注意 o-e 的发音和用法）并问学生：Do you always throw stones? What if you throw stones into the river?（老师重点讲解画圈的单词 throw、stones，然后带领让学生模仿跟读，一定要让孩子模仿语音和语调）

4. Let's see. What will her mother do? 老师指句子"But Mum just moans and moans and moans"，带孩子一起读。老师问学生：Is she the same with your mother? How does your mother moan at you? Let's see what her mother says?（引出下一页 PPT）

5. Self-study：① guess and choose 猜一猜小女孩的妈妈唠叨了什么，在导学单上圈出答案；② read the story and check 朗读故事，检查自己猜测的答案是否正确。

6. Mutual-study：① discuss answers in groups 小组内讨论答案；② practice in groups 组内练习；③ prepare to show 准备上台朗读展示。

7. Group show：小组上台展示，教师适时检测学生是否会读所有内容。

【设计意图】小女孩为什么喜欢金鱼呢？因为金鱼从来不会在我们面前唠叨。同学们，当你们爬树或者在河边扔石头时，你们的妈妈会说什么吗？我们在父母的唠叨声中成长，他们为我们付出了很多，让我们再来重温父母关爱我们的点点滴滴吧！

Step 3　Practice

1. Listen and repeat：听音跟读故事，模仿语音和语调。

2. Group work：在生活中父母经常会唠叨，那他们一般都会在哪些情况下唠叨呢？请大家四人一组讨论并确定唠叨场景，选择角色，创编新的绘本。

Step 4　Consolidation

1. 观察绘本最后一页图片回答问题：What does the girl wish? 找到答案句子"I wish my goldfish was my mum"，小女孩希望金鱼是她的妈妈。Why? Why does the girl wish her goldfish was her mum? 为什么小女孩希望金鱼是她的妈妈呢？回到绘本最开始，小女孩给出了答案，因为金鱼永远不会唠叨她，但是她的妈妈一直唠叨她。

【设计意图】看到这里，此时此刻，你们想说些什么呢？父母对我们唠叨，是因为父母爱我们、关心我们，我们要理解父母、感恩父母。

2. Free talk：Why do mums moan at us? What should we do when mums moan at us? 妈妈为什么对我们唠叨呢？如果妈妈对我们唠叨，我们应该怎么做呢？

【设计意图】有时候父母的唠叨会让我们心烦。那么，如何面对父母的唠叨呢？教师引导学生分享自己面对父母唠叨的方法（撒娇法、转移注意法、换位思考法、解释沟通法、安静聆听法等），并在全班交流，然后确定两个自己认为最好的方法写在心形卡纸上。

Step 5　Summary

1. What we learned today：教师带领学生总结本节课所学的知识点，并引导学生读懂父母的唠叨：他们的唠叨就是满满的爱啊！

2. 情感升华：父母唠叨我们是因为他们爱我们，关心我们，我们应该理解我们的父母。因为我们无论多大，都永远是那个长不大的孩子、那个让他们牵挂的亲人，他们永远是我们的"避风港""加油站"。

【设计意图】通过情感升华希望学生们能够正确对待父母的唠叨，在父母的唠叨声中汲取营养，尽自己最大的努力让父母放心，为父母的唠叨画上一个圆满的句号，因为唠唠叨叨满是情！

Step 6　Homework

1. Read the picture book.
2. Share with parents.

【设计意图】利用家庭作业的方式鼓励同学们放学回家后和父母交流今天的学习感受，与他们多一份沟通！

认识圆锥

杨媛媛

一、学习内容

西师版教材六年级下册第二单元第 31 页例 1 及第 33 页课堂活动第 1 题。

二、学习目标

1. 认识圆锥特征，知道圆锥各部分的名称。
2. 理解圆锥高的意义，会正确测量圆锥的高。
3. 培养学生的动手操作能力、观察分析能力和空间想象能力，使学生获得积极的情绪体验，并学会表达情绪。

三、学习重难点

1. 重点：认识圆锥的特征和知道各部分名称。
2. 难点：理解圆锥高的意义，以及寻找测量圆锥高的方法。

四、学习准备

1. 教师准备：圆锥模型、多媒体课件。
2. 学生准备：导学单、圆锥模型、直尺、三角尺、剪刀等。

五、学习过程

（一）情景引入

1. 由旋转平面图形，引出圆锥。
（1）直接出示长方形，旋转得到圆柱。
（2）缩小长方形上面的边，观察旋转得到的新的立体图形，说说它们与圆柱的区别。
（3）继续缩小上面的边，变成直角三角形，旋转成圆锥。
（4）介绍圆锥顶点。
2. 揭示课题。
师：今天这节课我们就来认识圆锥（板书：认识圆锥）。

【设计意图】认识圆锥是学生已经直观认识了长方体、正方体、圆柱，并初步了解了长方形、正方形、圆等平面图形的特征基础之上安排的内容。学生在之前的学习过程中不但获得了知识方面的提升，而且积累了大量的活动经验，掌握了一定的认识几何形体的方法。初步感知平面图形和立体图形的联系，初步建立圆柱和圆锥之间的联系。借助以往的学习经验来了解圆锥的特征，为后面圆锥体积的计算奠定基础，并为深入学习圆锥做好了必要准备。因此，从平面图形到立体图形的动画，以学生发展为根本，遵循学生身心发展规律，能有效激发学生的学习兴趣，充分发挥和调动学生的主体性，使学生初步感知学习本节课知识的乐趣。

（二）探究新知

1. 回顾圆柱的学习方法和相关知识。

回顾：认识圆柱，我们研究了哪几个方面？（抽学生回答）

师：认识圆柱是从面和高两个方面来研究的，因此认识圆锥也可以从这两个方面来研究。

【设计意图】要想认识圆锥，进一步学习有关它的知识，首先要了解它的特征。由于圆柱与圆锥的知识是密切相关的，借助探究圆柱的方法进行迁移学习，指明探究圆锥特征的方向。引导学生积极、主动利用以前所学的经验，坚持面向全体学生，并关注个别差异。通过回顾圆柱的学习方法和相关知识，激发学生的学习兴趣和探究精神，让所有学生都能轻松进入圆锥的探究中。

2. 探究圆锥特征。

（1）独立自学：圆锥有什么特征？

出示学习要求：

① 看一看、摸一摸、剪一剪，思考圆锥具有哪些特征？

② 独立完成导学单。

【设计意图】通过看、摸、剪等操作活动直观感受圆锥的特征。让每一个学生都能经历观察和发现的过程，形成具有直观、形象支撑的表面特征认识。借助导学单使学生学会自己学习，正确认识自我，提高自主自助和自我教育能力。在自学过程中，老师对自学有困难的学生进行有效辅导，及时给予必要的学习指导，提高其自学能力，从而培养其良好的心理品质，提高其心理健康水平。

（2）小组互学。

提出小组合作要求：

① 根据导学单所填内容，指着实物交流圆锥的特征。

② 交流导学单问题：圆锥侧面展开是什么图形？你们用什么方法去证明？圆锥高有几条？请说明理由，并画出它的高。

【设计意图】圆锥的认识是小学阶段学生学习的最后一个几何图形。在这一阶段，尽管学生拥有一定的知识储备，积累了一定的学习经验，具有一定方法、策略，但学习这一图形对于学生来说困难还是比较大的。将自己的发现在小组内进行交流，对不同看法进行辨析，寻找论证方法，可完善自己的观察和发现，明确圆锥的特征。在整个学习过程中，学生经历了看、摸、说、议、辨等活动，充分调动了感官和头脑积极参与探究活动，合作确定圆锥的高，充分发挥了学生的主体意识，培养了开朗、合群的健康人格。老师引导学生在互学中感受解决困难的快乐，学习体验情绪并表达自己的情绪，帮助学生建立正确的角色意识，同时增强小组时间管理意识。

（3）小组展学（展示台展示导学单。主持1人，其余3人指着实物依次汇报底面、侧面、高）。

① 底面：1个，是圆形。

② 侧面：1个，是曲面，展开是个扇形。（学生展示已经剪开的侧面）

③ 认识高。

a. 定义：顶点到底面的距离叫作圆锥的高。

b. 辨析高的定义。

c. 条数：一条。交流高只有一条的理由。

④ 画高。

【设计意图】学生对圆锥侧面展开的形状和高的理解都有一定困难，特别是对圆锥高的理解。因为圆锥的高不像平面图形的高那样明显。通过动手操作、实物模型，使隐形的高显性化，直观感知圆锥高的特征。在小组互学交流中，培养学生创新精神和实践能力，开发学生的心理潜能，提高学生的心理健康水平，促进学生形成健康的心理素质。

（4）总结圆锥的特征。

（5）及时练习。判断这些图形哪些是圆锥。

师：这里的圆锥有大有小，你们觉得圆锥的大小与什么有关?

生：高、底面半径、底面面积、扇形……

3. 测量圆锥的高。

（1）思考：如何测量圆锥的高？

(2) 自学：独立思考测量方法。

(3) 互学：

a. 先交流测量圆锥高的方法，再合理分工进行测量。

b. 说一说：你们所测量的线段长为什么就是圆锥的高？

(4) 展学：

a. 说一说：你们用了哪些工具，怎么测量圆锥的高？

b. 一边说一边操作测量。

c. 汇报后，学生质疑并补充。

(5) 梳理测量方法。

a. 强调测量中应注意的问题。

b. 明确为什么用这样的方法在外面量出的这条线段就是圆锥的高。

c. 小结方法。

师：我们再来完整看看，测量圆锥的高经历了怎样的过程。

视频：测量圆锥的高，首先要把直尺靠近圆锥并垂直于桌面，再用三角尺的一条直角边靠在圆锥的顶点上，并与直尺垂直。简单地说，就是要做到两靠两垂直。

d. 再量一次。

师：会量了吗？小组内按照正确的方法再量一次。

【设计意图】六年级学生的思维能力、分析能力有明显的提高；动手操作能力、语言表达能力有所发展，让学生主动思考，合作交流，动手实践，亲自体验和感知圆锥的特征后，采取让学生合作的形式，培养学生动手的能力和解决问题的能力，进一步加深对圆锥高的理解。通过测量，突破对圆锥高的认知难点，在合作测量中使学生进一步认识和体会圆锥的高是顶点到底面圆心之间的距离。在这个过程中，学生认识自我，感知自我，学会学习，调整学习的状态，体验学习的乐趣。

4. 课堂小结。

师：今天我们从面和高两个方面认识了圆锥，你们学会了吗？

【设计意图】通过小结，梳理圆锥的特征。学生在学习和交流中感受到学习的快乐，体会到自己在集体学习中的作用。

(三) 巩固练习

1. 判一判。（请学生读题并判断，错的说明理由）

① 圆锥的底面是圆形的。√

② 圆锥的侧面是一个曲面，这个曲面展开是一个扇形。√

③ 从圆锥的顶点到底面任意一点的连线叫作圆锥的高。×

④ 量高的画图。（出现一个错误）×

师：错在哪里？（三角尺没有与直尺垂直）（出示正确量法）

⑤ 把一个圆锥的侧面展开得到一个半圆，半圆的半径就是圆锥的高。×

师：你们能在圆锥上找到这条半径吗？这是圆锥的高吗？（实物展示）

2. 想一想：直角三角形沿斜边旋转一周会得到什么图形呢？

师：我们已经知道了直角三角形沿直角边旋转一周得到圆锥。

师：如果直角三角形绕斜边旋转一周，会得到什么图形呢？

生：两个圆锥。

师：为什么是两个圆锥呢？

师：老师给你们小小的提示（斜边上的高出现）。

师：上面这个圆锥是怎么得到的?

师：所以2个直角三角形分别绕直角边旋转，就得到了2个圆锥。

【设计意图】通过练习，让学生进一步巩固对圆锥的认识，注重对概念的理解和运用，进一步强化学生对圆锥特征的理解，获得积极的情感体验。同时充分利用体和面之间的关系，加强学生对圆锥的认识，利用圆锥实物图和展开图之间的对比，旋转形成的圆锥体和直角三角形的对比，帮助学生克服认知障碍，积极促进学生的学习行动力，培养学生分析问题和解决问题的能力。

（四）生活应用

1. 师：我们从数学角度认识了圆锥，那么在生活中，哪些物体的形状也是圆锥形？

生：圣诞帽是圆锥形，铅笔头是圆锥形……

2. 师：生活中的圆锥形物体还有很多，不知大家想过没有，为什么这些物体的形状要做成圆锥形呢？

生：利用了圆锥的特征……

师：一起来看看圆锥在生活中的应用。

视频播放圆锥在生活中的应用实例。

铅锤：多用于建筑测量，判断物体是否垂直于地面。

漏斗：做成圆锥有利于液体下漏。

火箭头：头部做成圆锥可以减小空气阻力，提高飞行速度，穿越大气层时保护火箭。

灯罩：做成圆锥可以聚光，防止灰尘、油烟的侵袭。

圆锥形屋顶：屋顶做成圆锥，能够减小积雪对屋顶的压力。

师：只要我们善于观察，生活中还有很多圆锥形的物体，学会用数学的眼光去看，可能会发现圆锥更多的奥秘。

【设计意图】 生活中存在大量自然形成的圆锥体，这些现象背后蕴含着科学道理。通过观看生动的视频感受圆锥在生活中的广泛应用，激发学生探究的兴趣，进一步激发学生学习的积极性，把学生的视野引向深处。逐步认识自己所学与社会、国家和世界的关系。

（五）课堂总结

师：通过这节课，你们有什么收获？

生：认识了圆锥特征——圆锥有2个面，底面是1个圆，侧面是1个曲面，展开是一个扇形；圆锥有1个顶点；有1条高，学会了测量圆锥高的方法……

师：今天借助圆柱的学习方法，从面和高两方面研究了圆锥。其实，我们还可以运用这样的方法去认识更多的立体图形（出示立体图形）。

【设计意图】 首先，通过课堂总结，梳理所学知识，收获学习方法，积累活动经验，提升学习能力，增强学习动力。其次，通过思维导图形式完整回顾学生的思维过程，经历了"具体实物——抽象形象——空间表象"的发展历程后，学生有关圆锥的空间观念有效发展。最后，在单元视角下来梳理立体图形家族和学习方法，为后续研究学习提供知识储备和思维经验，能有效增进学生后续学习的自信心与内驱力，帮助学生加强自我认识，客观地评价自己，同时培养正确的学习观念，发展学习能力，改善学习方法，提高学习效率。

第四部分

基于凝练——教育思考与成果

"心之桥"上遇见我——重庆大学城第一小学校心理健康教育课程创新基地建设

《7—12 岁儿童学习与发展指南》

教育部为了指导幼儿园和家庭实施科学的保育和教育，促进幼儿身心全面、和谐发展，制定了《3—6 岁儿童学习与发展指南》，从健康、语言、社会、科学、艺术五个领域描述幼儿的学习与发展。每个领域按照幼儿学习与发展最根本、最重要的内容划分为若干方面，每个方面由学习与发展目标和教育建议两个部分组成。

大一小于 2018 年 11 月成为重庆市沙坪坝区心理健康教育课程创新基地学校，在建设过程中逐步发现，小学阶段的学校及家长在实施教育时也需要一本类似的指南。于是，学校参照《3—6 岁儿童学习与发展指南》体例，研读相关教育学、心理学专著，结合文献研究、教师工作实际及对儿童的日常观察，特制定了校级《7—12 岁儿童学习与发展指南》，一是从年龄上与 3—6 岁儿童做自然衔接，二是与儿童在小学阶段受教育的年龄基本吻合，涵盖了 1—6 年级的所有学生。

研究《7—12 岁儿童学习与发展指南》的目的在于填补一项空白，并对本校的教育与家庭的教育给予较为科学的指导与建议。因研究能力和心理学专业知识储备有限，可能出现各种疏漏与差错，尽可批驳指正！

《7—12 岁儿童学习与发展指南》也从健康、语言、社会、科学、艺术五个领域描述小学阶段 7—12 岁儿童的学习与发展。每个领域按照国家课程设置即学科再细分，健康包括心理健康、身体健康（体育），语言包括语文与英语，社会包括道德与法治、综合实践活动，科学包括数学与科学，艺术包括音乐与美术。

《7—12 岁儿童学习与发展指南》按照低、中、高三段给出相应年龄儿童心理特征，及其在各个学科学习、各个领域中应该具有的心理特质，并提出保持积极心理与改进消极心理的建议。帮助学校及家庭更懂得儿童发展规律与特点，遵循规律，尊重特点，寻找教育良方，促进儿童更好地学习与发展，把儿童培养成德、智、体、美、劳全面发展的健康人！

一、健康

健康是指人在身体、心理和社会适应方面良好的状态。小学阶段是儿童身体发育和机能发展从前期稳步向上过渡到后期快速发展的一个重要时期,也是发展运动能力的重要阶段。发育良好的身体、愉快的情绪、强健的体质、良好的锻炼和卫生习惯,是小学生身心健康的重要标志,也是其他领域学习与发展的基础。

为有效促进小学生身心健康发展,成人应为小学生提供合理、均衡的营养,保证充足的睡眠和适宜的锻炼,满足小学生成长和发育的需要;创设和谐、友好的氛围,让小学生充分感受友情和关爱;帮助小学生养成良好的锻炼与卫生习惯,提高运动能力,形成使其终身受益的健康生活方式。

小学生身心发育尚未成熟,需要成人的精心呵护和照顾,但成人不宜过度保护,以免剥夺小学生自主学习的机会,使其过于依赖成人,影响其主动性、独立性的发展。

（一）健康的体质（表 4-1 至表 4-3）

表 4-1　目标 1：身高体重指数（BMI）

7—8 岁	8—10 岁	10—12 岁
1. 7 岁身高体重指数 参考标准： 男孩：13.5~18.1 女孩：13.3~17.3	1. 9 岁身高体重指数 参考标准： 男孩：13.9~19.4 女孩：13.6~18.6	1. 11 岁身高体重指数 参考标准： 男孩：14.4~21.4 女孩：13.8~20.5
2. 8 岁身高体重指数 参考标准： 男孩：13.7~18.4 女孩：13.5~17.8	2. 10 岁身高体重指数 参考标准： 男孩：14.2~20.1 女孩：13.7~19.4	2. 12 岁身高体重指数 参考标准： 男孩：14.7~21.8 女孩：14.2~20.8

注：身高体重指数数据来源为《国家学生体质健康标准》（2014 年修订）；BMI＝体重（千克）除以身高（米）的平方。

【教育建议】

1. 为儿童提供营养丰富、健康的饮食。

（1）为儿童提供谷物、蔬菜、水果、肉、奶、蛋、豆制品等多样化的食物,均衡搭配。

（2）烹调方式要科学,尽量少煎炸、烧烤、腌制。

2. 保证儿童每天睡 10 个小时。

3. 培养儿童正确的坐立行姿势。

（3）提醒儿童要保持站如松、坐如钟、行如风、卧如弓的姿势。

（4）桌、椅和床要适合儿童。

4. 每年为儿童进行健康检查。

表 4-2　目标 2：肺活量和坐位体前屈

7—8 岁	8—10 岁	10—12 岁
1. 肺活量指数 参考标准： 男孩：≥700 毫升 女孩：≥600 毫升	1. 肺活量指数 参考标准： 男孩：≥900 毫升 女孩：≥800 毫升	1. 肺活量指数 参考标准： 男孩：≥1300 毫升 女孩：≥1050 毫升
2. 肺活量指数 参考标准： 男孩：≥800 毫升 女孩：≥700 毫升	2. 肺活量指数 参考标准： 男孩：≥1100 毫升 女孩：≥900 毫升	2. 肺活量指数 参考标准： 男孩：≥1500 毫升 女孩：≥1200 毫升
3. 坐位体前屈指数 参考标准： 男孩：≥0 厘米 女孩：≥2.4 厘米	3. 坐位体前屈指数 参考标准： 男孩：≥-0.8 厘米 女孩：≥2.2 厘米	3. 坐位体前屈指数 参考标准： 男孩：≥-2.6 厘米 女孩：≥2.0 厘米
4. 坐位体前屈指数 参考标准： 男孩：≥-0.4 厘米 女孩：≥2.3 厘米	4. 坐位体前屈指数 参考标准： 男孩：≥-2.2 厘米 女孩：≥2.1 厘米	4. 坐位体前屈指数 参考标准： 男孩：≥-4 厘米 女孩：≥1.9 厘米

注：肺活量和坐位体前屈指数数据来源为《国家学生体质健康标准》（2014 年修订）。

【教育建议】

1. 肺活量。

（1）运动呼吸法：在行走或是慢跑中主动加大呼吸量，慢吸快呼，慢吸时随着吸气将胸廓慢慢地拉大，呼出要快。每次锻炼不要少于 20 次，每天可进行若干次。

（2）静呼吸法：将右手大拇指按住右鼻孔，慢慢地左鼻孔深呼吸，有意识地想象空气是朝前额流去的。当肺部空气饱和时，用右手的食指和中指把左鼻孔按住，屏气 10 秒再呼出，然后按住左鼻孔重新开始。每边各做 5 次。

（3）睡眠呼吸法：躺在床上，两手平放身体两侧，闭上眼睛开始做深呼吸。慢慢抬起双臂举过头部，紧贴两耳，手指触床头。这一过程约 10 秒，双臂同时还原，反复 10 次。此法还有助于安然入睡。

2. 坐位体前屈。

（1）压腿练习：一条腿站立，另一条腿搭在高处，注意支撑腿保持直立，上体前压，两条腿轮换练习。

（2）站位体前屈练习：两腿并立，膝盖伸直，上体前屈，两手掌触地，上体与腿尽量贴近，复原姿势后连续再做（也可两手扶小腿后部来做）。

（3）劈叉：两手扶地，两腿前后或左右分开成直线，上体俯卧或侧倾。

表4-3　目标3：仰卧起坐和50米×8往返跑

9—10岁	11—12岁	
仰卧起坐	仰卧起坐	50米×8往返跑
1. 仰卧起坐指数参考标准： 男孩：≥16个 女孩：≥16个 2. 仰卧起坐指数参考标准： 男孩：≥17个 女孩：≥17个	1. 仰卧起坐指数参考标准： 男孩：≥18个 女孩：≥18个 2. 仰卧起坐指数参考标准： 男孩：≥19个 女孩：≥19个	1. 50米×8往返跑指数参考标准： 男孩：≤2分18秒 女孩：≤2分23秒 2. 50米×8往返跑指数参考标准： 男孩：≤2分12秒 女孩：≤2分19秒

注：仰卧起坐和50米×8往返跑指数数据来源为《国家学生体质健康标准》（2014年修订）。

【教育建议】

1. 提高仰卧起坐的能力可采取定时、定量的练习方法。

2. 在练习50米×8往返跑之前，应做好充分的准备活动，防止运动损伤的出现。

3. 在耐久跑过程中，应做好呼吸的节奏、跑速和体力的合理分配。

（二）心理状况（表4-4和表4-5）

表4-4　目标1：积极心理和向上精神

7—8岁	8—10岁	10—12岁
1. 认识班级、学校等日常学习和生活环境。 2. 初步感受学习知识的乐趣，重点是学习习惯的培养。 3. 具有礼貌、友好的品质，乐于与老师、同学交往，在谦让、友善的交往中感受友情。 4. 有安全感和归属感，初步学会自我控制。 5. 适应新环境、新集体，	1. 了解自我，认识自我。 2. 具备自主学习能力，激发学习兴趣和探究精神，树立自信，乐于学习。 3. 树立集体意识，善于与同学、老师交往，培养自主参与各种活动的能力，以及开朗、合群的健康人格。 4. 学生在学习和生活中感受战胜困难的快乐，学会体验情绪并表达自己的情绪。	1. 正确认识自己的优缺点和兴趣爱好，在各种活动中悦纳自己。 2. 培养学习兴趣和学习能力，端正学习动机，调整学习心态，正确对待成绩，体验学习成功的乐趣。 3. 初步了解青春期的变化，进行恰当的异性交往，建立和维持良好的异性关系，扩大人际交往的范围。

续表

7—8 岁	8—10 岁	10—12 岁
树立纪律意识、时间意识和规则意识。 6. 知道积极、乐观情绪有益健康，能够识别、表达情绪，能与他人交流。	5. 建立正确的角色意识，能够适应不同的社会角色。 6. 树立时间管理意识，帮助学生正确处理学习与兴趣、娱乐之间的矛盾。	4. 克服学习困难，正确面对厌学等负面情绪，学会恰当地、正确地体验情绪和表达情绪。 5. 具备亲社会行为，逐步认识自己与社会、国家和世界的关系。 6. 具有分析问题和解决问题的能力，为初中阶段学习和生活做好准备。

注：资料来源为《中小学心理健康教育指导纲要（2012年修订）》。

【教育建议】

1. 将积极的心理和向上的精神始终贯穿于教育和教学全过程。

（1）要注重发挥教师人格魅力和为人师表的作用，建立起民主、平等、相互尊重的师生关系。

（2）要将心理健康教育与班主任工作、班团队活动、校园文体活动、社会实践活动等有机结合，充分利用网络等现代信息技术手段，多种途径开展心理健康教育。

2. 开展健康专题教育。

（1）引导学生心理和人格积极、健康发展。

（2）使用好心理辅导室，对个别有严重心理疾病的学生，能够及时识别并转介到相关心理诊治部门。

（3）联系家长共同实施心理健康教育，协助他们解决孩子在发展过程中的心理问题。

3. 按照规则和要求参与各类促进健康的活动，表现出相互尊重、乐于助人等品质。

4. 根据该水平学生喜欢参与挑战的特点，可以让学生参与不同主题、不同形式、不同情境的体能游戏和比赛，循序渐进地提升学练难度，培养学生迎难而上、顽强拼搏的精神。

表4-5　目标2：积极价值观与心理品质

7—8 岁	8—10 岁	10—12 岁
1. 积极参与各种游戏活动，感受游戏活动的乐趣。	1. 积极参与多种项目的游戏活动，体验运动的乐趣。	1. 积极参与体育游戏和运动项目学练，培养运动兴趣和运动习惯。

续表

7—8岁	8—10岁	10—12岁
2. 感受体育锻炼对身体健康及心理健康的重要性，参与校内外体育活动。 3. 乐观开朗，能够与他人交往，适应自然环境和社会环境。 4. 在活动中与同伴友爱互助，遵守纪律，文明礼貌，表现出克服困难、坚持到底的意志品质。 5. 按照要求参与游戏活动，养成集体意识和规则意识。 6. 在游戏活动中尊重教师、爱护同学，能够扮演不同的角色，适应多重身份。 7. 知道男、女生的生理差异，认同自己的性别。	2. 了解体育锻炼对健康的重要性，积极参与校内外体育活动。 3. 了解参与体育锻炼、充足睡眠、合理膳食对生长发育和身心健康的益处。 4. 知道自身身体状况，参加适合的体育锻炼，选择合理的运动负荷。 5. 关注自己情绪的变化；与他人沟通与交流，适应自然环境的变化。 6. 在有困难的体育活动中表现出勇敢、顽强、奋勇拼搏、相互尊重、克服困难的意志品质。 7. 在体育活动中能乐于助人，有责任心。	2. 理解体育锻炼对健康的重要性，主动参与校内外体育锻炼。 3. 将安全和健康知识与方法运用于日常生活中。 4. 适应学习与生活中的变化，在遇到困难时能及时应对、主动克服，积极调控情绪。遭受挫折和失败时保持情绪稳定。 5. 交往与合作能力的提升，适应自然环境和社会环境的能力强。 6. 在有挑战性的活动中能够迎难而上，表现出自信心和抗挫折能力，以及积极进取、勇敢顽强的精神品质。 7. 具有团队精神和集体意识，表现出负责任的行为，能够接受比赛的结果。

注：资料来源为《中小学心理健康教育指导纲要（2012年修订）》。

【教育建议】

1. 开展形式多样、内容丰富的心理健康教育活动。

心理健康教育课应以活动为主，可以采取多种形式，包括团体辅导、心理训练、问题辨析、情境设计、角色扮演、游戏辅导、心理情景剧、专题讲座等。注重内容的多样性与活动的变化性，开展简便易行的游戏和比赛等，让学生积极参与体能活动，培养学生持续学练的意识和行为。

2. 创设趣味性强的活动情境，激发学生学习的兴趣。

开展校园特色活动，提高学生参与活动的兴趣，激发想象力，培养克服困难、坚持到底的意志品质。

3. 密切联系家长，共同实施心理健康教育。

学校要帮助家长树立正确的教育观念，使其了解和掌握孩子成长的特点、规律及心理健康教育的方法，加强亲子沟通，注重自身良好心理素质的养成，以健康、和谐的家庭环境影响孩子。同时，学校要为家长提供促进孩子发展的指导意见，协助他们解决孩子在发展过程中出现的心理和行为问题。

4. 充分利用校外教育资源开展心理健康教育。

学校要加强与基层群众性自治组织、企事业单位、社会团体、公共文化机构、街道社区及青少年校外活动场所等的联系和合作，组织开展各种有益于中小学生身心健康的文体娱乐活动和心理素质拓展活动，拓宽心理健康教育的途径。

（三）运动技能

7—8岁须掌握基本运动技能（表4-6）。8—12岁须掌握体能及专项运动技能（表4-7至表4-11）。

表4-6　目标1：基本运动技能

7—8岁
1. 了解正确的身体姿势。站如松、坐如钟、行如风、卧如弓。 2. 能进行多种方式的走、跑、跳、滚翻、攀爬及匍匐等移动性技能。 3. 能进行伸展、屈体、扭转、悬垂、支撑、推拉、平衡等非移动性技能。 4. 能进行投、传、击、踢、接球、运球等操控性技能。 5. 在运动过程中体验方向、水平、路径、节奏、力量和速度的变化，以及与人或物体的相对关系，知道相关的运动术语。 6. 能根据指定节拍感受时间变化；在不同活动场景感受空间变化。

注：资料来源为《义务教育体育与健康课程标准（2022年版）》。

【教育建议】

1. 利用多种教学方式促进儿童养成正确的坐、立、行和读写姿势。如利用多媒体出示图片或视频进行模仿教学。

2. 根据该水平儿童爱模仿的特点，创设生动、形象的情境开展游戏化活动，引导儿童模仿动作或跟随语言提示做动作，扮演某种角色或对象进行学练，如模仿熊、兔子等动物的活动方式或飞机、火车等交通工具的通行方式等，提高柔韧性、灵敏性、平衡能力及自我展示能力，学会与同伴友好相处。

3. 根据该水平儿童好奇心强的特点，运用启发和诱导，如"能不能用身体展示一个圆形的苹果""如何能像青蛙那样在池塘中从一片荷叶跳到另一片更远的荷叶上"等，引导儿童发挥想象力，以多种形式探索各种可能的运动，加强儿童对身体表达的认知，促进儿童积极参与和主动思考。

4. 根据该水平儿童双侧大脑处于分化时期的特点，为儿童提供双侧协调练习，如左右手交替运球、左右脚交换跳、各种追逐与躲闪游戏等，促进儿童大脑的均衡发展，提高儿童的反应能力、身体控制能力和协调能力，增强儿童敢于挑战的自信心。

5. 根据该水平儿童身心发展的特点，在进行基本运动技能教学时，注意与音乐、美术、劳动等课程相结合，避免单调、枯燥的练习形式，创设生动、活泼的情境，用有创意的方式引导儿童参与活动，激发儿童的学习热情和兴趣。

6. 根据该水平儿童的认知特点，引导儿童参与有变化、多样化的活动，如运球时可以进行变化方向、路径、节奏的练习，追逐跑中根据不同信号做出不同的动作，与同伴做镜像游戏等，丰富儿童的运动体验，培养儿童对时空和身体变化的认知。

表 4-7　目标 2：体能

8—10 岁	10—12 岁
1. 知道发展心肺耐力的多种练习方法，能完成 2 分钟跳绳、较长距离的游泳或滑冰、折返跑、障碍跑等。 2. 知道发展柔韧性的多种练习方法，能完成横叉、纵叉、握杆转肩、体侧屈和坐位体前屈等。 3. 知道发展反应时的多种练习方法，能完成正反口令练习、听口令变向跑、起动与制动等。 4. 知道发展速度的多种练习方法，能完成 30 米跑、15 秒快速跳绳、变速跑和追逐跑等。 5. 知道发展协调性的多种练习方法，能完成投掷、抓握、抛接等简单的手眼协调练习，跳绳、韵律体操、合作击球等四肢协调练习。 6. 知道发展灵敏性的多种练习方法，能完成绕杆跑、折返跑、变向跑、追逐跑等。 7. 知道发展爆发力的多种练习方法，能完成立卧撑、跳过障碍物、纵跳摸高和快速斜身引体等。 8. 知道发展平衡能力的多种练习方法，能完成燕式平衡和多点支撑等静态平衡练习，在狭窄路径上行走、跳上或跳下低矮物体和双足脚尖走等动态平衡练习。	1. 了解并运用体能发展的基础知识和多种练习方法，以及科学的体能测评方法，用《国家学生体质健康标准》评价体能水平等。 2. 了解并运用发展速度、力量、耐力、灵敏、柔韧、协调、爆发、平衡能力的基础知识和多种练习方法，如发展耐力的 50 米×8，发展力量的俯卧撑、仰卧两头起，发展柔韧性的体前屈，发展反应时的正反口令练习，发展协调性的跳绳，发展平衡的燕式平衡等。 3. 了解并运用身体成分的基础知识和改善身体成分的多种练习方法，如能量摄取和消耗、健康饮食和体育锻炼等。 4. 能描述体能对生活和健康的重要性，了解体能的分类、循序渐进的体能发展原则，并在练习中加以运用，运用心率评价运动强度。 5. 能参与各种体能练习，体能水平进一步提高，达到相应年级的合格水平。 6. 能表现出参与体能练习的热情，练习中意志顽强、挑战自我、相互尊重，具有合作精神和公平竞争意识。

注：资料来源为《义务教育体育与健康课程标准（2022 年版）》。

【教育建议】

1. 利用儿童体能学练内容的多样性与活动的变化性，创设趣味性强、不同主题、不同形式、不同情境的体能游戏或比赛，激发儿童学练体能的兴趣。循序渐进地提升学练难度，培养迎难而上、顽强拼搏的精神。例如：在柔韧性练习中，用身体摆出不同的"数字"和"字母"造型；在心肺耐力练习中，开展定向活动，进行50米×8往返跑、长距离跑和游泳等。

2. 注重儿童体能的全面和协调发展，重点发展柔韧性、协调性、灵敏性、平衡能力、反应能力、速度、力量等，促进儿童体质健康水平的提高。例如：2分钟跳绳、折返跑、仰卧推起成桥、听口令变向跑、变速跑、纵跳摸高、跳健美操等。

3. 引导儿童参与课外体能练习，与家长或同伴开展简便易行的体能活动，如跳绳、踢毽子、骑行、跳健身操等，增进与家长、同伴的交流；引导儿童在日常体能锻炼中定期对各项体能自测，根据结果合理调整锻炼目标，养成科学锻炼的习惯。

4. 结合活动内容对儿童进行安全教育，注重在活动中培养儿童的安全意识和自我保护意识。

表4-8　目标3：专项运动技能——球类

8—10岁	10—12岁
1. 能在足球运动中敢于根据不同方向、不同水平要求进行运球、传球和射门动作展示，并参与形式多样的足球比赛。	1. 学练足球运动项目中的推球、拨球、传接球、射门技术，参与班级4对4、5对5足球比赛。
2. 能在篮球运动中敢于根据不同方向、不同水平要求进行运球、传球和投篮动作展示，并参与形式多样的篮球比赛。	2. 学练篮球运动项目中的传接球、运球、移动、投篮技术，参与班级3对3、5对5篮球比赛。
3. 能在乒乓球运动中敢于根据不同方向、不同水平要求进行发球、接发球、攻球和移动步法展示，并参与形式多样的乒乓球比赛。	3. 学练乒乓球接发球、推挡球、攻球技术，参与班级内单双打教学比赛。
4. 知道所学球类游戏和比赛的基本规则和要求，尝试进行判罚。	4. 了解所学球类运动项目比赛的基本规则和裁判的基本知识，能判罚。
5. 每学期观看不少于8次所学球类运动项目的比赛，并能够进行简要评价。	5. 每学期观看不少于8次所学球类运动项目的比赛，并能够进行简要评价。

注：资料来源为《义务教育体育与健康课程标准（2022年版）》。

【教育建议】

1. 根据球类运动项目技术掌握的不同阶段，有针对性地创设多种形式的情境游戏和比赛，激发儿童的学习兴趣，让儿童在玩中学、赛中学，既能产生愉悦体验，又能习得运动技能。例如：篮球"交通信号灯"游戏、"猫捉老鼠"游戏;足球"穿越隧道"游戏、"过山洞"运球游戏;乒乓球"托球接力"游戏;等等。同时,引导儿童在情境游戏和比赛中逐步了解运动项目规则,学会按照规则要求参与学习比赛,培养规则意识和团队合作意识。

2. 活动内容的设计应融入球类运动项目元素,活动方法要从相对简单、具有一定的变化,到体现出战术学习的进阶性和连贯性。如运球或传球中,从无人防守到有人防守;传接球射门活动,由设置障碍物向设置防守者过渡,进攻路线由中路向边路过渡;等等。每节课应安排8~10分钟的教学比赛,培养学生的运动能力及团队合作和公平竞争的意识。

3. 可适当调整规则要求、变化场地器材等,如足球教学中可利用小场地、不设守门员、放大球门、设置多个小球门、增加进球机会等,激发学生学习的积极性,使学生获得成功感、自信心。

4. 在游戏和比赛中,让儿童了解所学球类运动项目的一些礼仪,如比赛开始和结束时向观众敬礼、与对方队员握手或拥抱、同伴进球后主动上前击掌祝贺等,培养学生良好的体育品格。

5. 引导儿童通过报刊、网络等途径学习所学球类运动项目的文化知识,加深学生对该项运动的理解。

表4-9 目标4:专项运动技能——田径

8—10岁	10—12岁
1. 在游戏活动或比赛中展示不同距离、不同形式跑的动作技能,如不同起点或终点的60米或100米计时跑、不同距离的小组接力赛等。 2. 在游戏活动或比赛中展示单腿、双腿、不同方向的跳跃动作技能,如"袋鼠跳接力"、猜拳跨步跳、摸高挑战等。 3. 在游戏活动或比赛中展示单手、双手、不同姿势等,投抛动作技能如不同姿势(站或坐)、不同目标(移动或固定)的投准、掷远、抛高比赛等。 4. 学习跑、跳、投等项目的比赛规则、比赛秩序和成绩测试方法,能组织班级内的小型比赛,进行简单判罚,与同伴合作完成比赛场地、器材、着装的安全检查、成绩记录等。 5. 每学期观看不少于8次所学田径类运动项目的比赛,并能够进行简要评价。	1. 参与不同距离、不同形式跑的比赛,如运动会中100米跑和60~80米迎面接力比赛等。 2. 参与个人间或小组间的跳远比赛,如参加学校田径运动会中的跳远比赛等。 3. 参与不同重量、不同姿势投掷的个人间或小组间的比赛。如参加学校田径运动会中掷垒球、实心球比赛等。 4. 学习跑、跳、投等项目比赛规则、比赛秩序和成绩测试方法,能组织班级内的小型比赛,进行简单判罚,与同伴合作完成比赛场地、器材、着装的安全检查、成绩记录等。 5. 每学期观看不少于8次所学田径类运动项目的比赛,并能够进行简要评价。

注:资料来源为《义务教育体育与健康课程标准(2022年版)》。

【教育建议】

1. 田径类运动项目的活动应以游戏为主，如运用"叫数抱团""30米迎面接力赛""斗鸡""袋鼠跳接力赛""打移动靶""抛地滚球"等，激发学生对田径类运动项目的学习兴趣。

2. 重视动作之间的组合练习，如助跑摸高物，助跑投掷轻物。设置有一定难度的跑、跳、投练习活动，如在"快速跑"教学时采用负重跑、上坡跑等。限制练习条件，降低难度要求，体验完整的动作技术，增强学生对所学运动项目的完整体验和理解。例如：初学跳远项目时可以采取不固定起跳点或设置35~40厘米起跳区，随着学生助跑技术的熟练和步点的稳定，再逐渐缩小起跳区，直到学生能够在起跳板上起跳。

3. 重视活动的安全防范，教会学生运用预防和处理伤害事故的方法，指导学生做好准备活动，遵守练习秩序等，培养学生安全参与运动的意识和能力。例如：跑类运动项目要明确跑进与返回的方向和前后左右间隔的距离，不能有碰撞；跳跃类运动项目要挖松沙坑或铺平海绵垫等，不能有坚硬的物体，保证落地安全；投掷类运动项目要背向阳光，留有足够距离，在统一口令下投掷和取回器材，不能在投掷区域内随意穿行；等等。

表4-10 目标5：专项运动技能——体操

8—10岁	10—12岁
1. 敢于在小组和班级内进行各种方向的滚动、滚翻等基本动作的展示，知道技巧动作的连贯与稳定要求，并注意展示前和结束时的礼仪。 2. 敢于在小组和班级内进行跳上、跳下、跳上成支撑、单腿摆越上、前翻下等基本动作的展示，知道低单杠动作的要求，并注意展示前和结束时的礼仪。 3. 敢于在小组和班级内进行4个八拍的韵律操小组合作或自己喜爱的舞蹈等动作展示，知道韵律操动作的流畅性与表现力要素，并注意展示前和结束时的礼仪。 4. 知道所学体操游戏中动作的稳、美、新等方面的基本规则和要求；能够基本判断动作的对错，并尝试进行打分。 5. 每学期观看不少于8次所学体操类运动项目的比赛，并能够进行简要评价。	1. 参与技巧运动小组合作比赛，展示小组创编成果，在展示与比赛中能做出正确、规范的动作。 2. 参与低单杠运动组合动作展示，参加小组和个人挑战赛；在展示与比赛中能做出正确、规范的动作。 3. 参与韵律操的多人或小组比赛，展示个人和小组创编成果；在展示与比赛中能做出正确、规范的动作并表现出青春活力。 4. 了解所学体操项目中动作准确性与规范性的比赛规则与评判方法，能担任组内展示与比赛的小裁判。 5. 每学期观看不少于8次所学体操类运动项目的比赛，并能进行简要评价。

注：资料来源为《义务教育体育与健康课程标准（2022年版）》。

【教育建议】

1. 设置专门的情境游戏或比赛，如在斜坡上做前后滚翻动作，体验做团身滚动动作时的身体感受。加强动作技术与生活的联系，如让学生模拟在遇到突如其来的冲撞等危险时灵活运用鱼跃前滚翻动作化险为夷，培养学生的安全意识和学以致用的能力；学习摔倒时有意识地做前后滚翻动作，提高自我保护能力。

2. 重视学生学练体操类运动项目时的安全问题，指导学生学习正确的保护与帮助的方法。例如：在做低单杠跳上、跳下、跳上成支撑、单腿摆越上、前翻下等动作时，一方面让学生做好充分的准备活动，预防运动损伤的发生；另一方面通过相互轮换保护与帮助他人，培养学生的安全运动意识与团队协作意识，提高学生关心他人的意识。

3. 避免单个动作的简单重复，适当增加组合动作学练。例如：在韵律操学练中，让学生学习两三个动作后就要尝试进行小组合作学练；在技巧运动的学练中，学生学习了前滚翻分腿坐、并腿后倒、连续侧滚动3米三个动作后，就要将三个动作反复进行组合练习，培养学生关联学习与拓展学习的能力，增强学生对技巧运动的完整体验。

表 4-11　目标 7：专项运动技能——中华传统及新兴体育类运动

8—10 岁	10—12 岁
1. 知道长拳展示与比赛的基本要素，在小组和班级内展示勾手弹踢、抢背滚翻等基本动作及"段前"一级、二级、三级拳操套路等，并注意展示前和结束后的礼仪。 2. 参与小型定向运动比赛，如班级内百米定向赛、星形定向赛、闯关游戏赛等，懂得互相保护与行为礼仪。 3. 参与小型花样跳绳展示与比赛，如班级内配合音乐或有节奏地展示花样跳绳动作、规定时间内的小组间自选动作计数赛等，懂得互相保护与行为礼仪。 4. 知道所学运动项目的基本规则和要求，能够评判基本动作的对错。 5. 每学期观看不少于 8 次所学传统与新兴类运动项目的比赛，并能够进行简要评价。	1. 参与长拳的个人展示和小组比赛，如"长拳一段"对打套路展示；在展示与比赛中能运用正确、规范、协调的基本动作技术、组合动作技术和套路。 2. 运用定向运动技术参与不同形式的定向运动比赛，如迷宫定向、九宫格定向、智能定向等比赛；在比赛中能够做出准确判断，表现出定向运动的基本礼仪。 3. 运用花样跳绳技术参与不同形式的花样跳绳展示与比赛，如固定音乐节奏的跳绳展示、自选2种动作计时计数或两人车轮跳计数等比赛；在展示或比赛中能表现出连贯、流畅的动作，表现出默契和花样跳绳的基本礼仪。 4. 知道所学运动项目的基本规则和要求，能够评判基本动作的对错。 5. 每学期观看不少于 8 次传统与新兴类运动项目的比赛，并能进行简要评价。

注：资料来源为《义务教育体育与健康课程标准（2022年版）》。

【教育建议】

1. 创设虚拟或模拟的情境,帮助儿童理解所学中华传统体育类运动项目的知识和技能。例如:通过播放影视集锦、动画片等,为学生展示在不做防护动作的情况下摔倒对人体所造成的伤害,帮助学生了解"倒地"防护的重要性;用视频、动画等形式呈现螃蟹行走、骏马奔腾、游龙飞行等形态,形象直观地学习步型、步法和动作,提高学生的模仿能力、自我保护能力。

2. 武术活动中注重基本动作技术、组合动作技术及单人动作技术、双人或多人配合动作技术的学练,强化动作之间的衔接性、连贯性,逐步提高学生的动作技术的熟练程度和合作能力。

3. 创设具有一定挑战性的不同主题、不同形式、不同情境的定向运动;重视所学运动项目的完整体验和实际运用。如在花样跳绳项目中设计规定时间自选动作计数练习,包括1分钟双脚交换跳、4人跳绳计数(计时)接龙、10~20秒4人不同跳法接力等,促进学生对所学运动项目的理解。

4. 注重与生活实际相联系,如在花样跳绳的教学中,用绳子捆绑轻物做搬运物体接力游戏,用双脚交换跳的方式做"踏石过河"等游戏,培养学生学以致用的能力。

5. 重视活动中的创新与探究,如在花样跳绳的教学中,让学生任意选择3~5种动作技术,配合音乐进行单人单绳组合动作技术的创编与展示,让学生体验基本脚步变化、摇绳变化、速度节奏变化等,培养学生的创新意识和能力。

(四)健康生活与行为(表4-12)

表4-12 健康生活与行为标准

7—8岁	8—10岁	10—12岁
1. 知道饮水的重要性,知道瓜果蔬菜需要清洗干净才能入口食用,了解食物的种类,了解偏食、挑食、暴饮暴食的危害,以及基本的就餐礼仪。 2. 知道保持个人卫生,不咬手指,不随地吐痰,文明如厕,咳嗽、打喷嚏时遮掩口鼻,感冒或患呼吸道疾病时戴口罩。	1. 了解安全食品和饮料的种类及成分,能够科学选购食品。 2. 了解吸烟、被动吸烟有害健康,拒绝吸烟并抵制二手烟,发现周围有人吸烟能够劝阻。 3. 了解参与体育锻炼、充足睡眠、合理膳食对生长发育和身心健康的益处。知道自身身体状况,参加适合的体育锻	1. 理解一日三餐的营养要求与作用、合理膳食的含义,注意营养和饮食多样化的作用,适当运动,有利于营养的消化和吸收。 2. 理解饮酒影响健康和生长发育、毒品的常见种类及主要危害、定期体检的益处。 3. 理解健康、疾病、传染病的概念和影响健康的

续表

7—8岁	8—10岁	10—12岁
3. 知道体育锻炼有益健康，经常参加体育锻炼，知道基本的运动安全知识和方法。 4. 知道基本的自救方法和基本处置方法，遇到意外伤病时拨打急救电话110、120、119。 5. 知道眼睛的重要性和保护视力的一些方法，树立爱眼意识，预防眼外伤；知道视力异常的症状和正确配戴眼镜的方法，能做到定期检查视力。	炼，选择合理的运动负荷。 4. 了解体育与健康课和课外体育活动中常见的运动伤病及简易处理方法。 5. 知道生命孕育过程、身体主要器官的名称和功能及男女生的生理差异，认同自己的性别。 6. 了解近视的成因和危害、科学的矫正方法，知道科学锻炼对预防近视的作用。	因素，知道正常体重、超重、肥胖和体重不足的含义，了解超重、肥胖与健康问题的关系，保持正常体重的方法。 4. 了解生长突增、第一性征、第二性征的概念和意义及青春期身体的各种变化，知道运动交往中的身体边界，学会保护自己的身体不受侵犯。 5. 了解科学锻炼的注意事项，骨折和心肺复苏的正确处理原则与方法。 6. 理解视力不佳对自身生活质量等方面的影响。分析视力不佳对职业发展及国家经济和安全等方面的影响。

注：资料来源为《中小学心理健康教育指导纲要（2012年修订）》。

【教育建议】

1. 设置不同的场景，引导学生开展学习活动，如看图或视频说出餐桌上哪些行为不礼貌，培养学生在活动中获取多方面知识的能力。

（1）指导学生调查与了解家庭成员的饮食习惯，让学生懂得不偏食、不挑食、不暴饮暴食的益处。

（2）指导学生设计小报，宣传饮水饮食、游戏中的安全注意事项等健康知识，培养学生的动手能力和实践能力。

2. 设置不同的生活情境，引导学生积极开展学习活动，如让学生给爱喝饮料的同学和亲友讲解含添加剂饮料的危害，劝自己的家长戒烟，在他人抽烟时通过言行劝阻以抵制二手烟，等等。

3. 根据生活实际，引导学生主动开展学习活动，如引导学生根据自己的体重从营养、锻炼等角度进行调控，维持正常体重，提高学生综合运用知识的能力。

4. 设置不同的场景，引导学生开展合理用眼的活动，让学生学会在活动中保护眼睛，视力不佳时科学佩戴眼镜。

二、语言

语言是人类最重要的交际工具和信息载体，是人类文化的重要组成部分。随着年龄的增长，小学阶段的学生正在逐步建立自身语言体系。语言学习能培养学生的语言文字运用能力，提升学生的综合素养，让学生不断扩充自己的词汇、改善自己的表达及明确语言在语境中的使用。

语言学习应注重听、说、读、写的互相联系，识字、写字是阅读和写作的基础。同时，阅读与写作又有着相辅相成的关系。

小学阶段学生的语言能力是在交流和运用的过程中发展起来的。教学时，应鼓励学生多读多写，日积月累，在大量实践中体会、把握运用语言的规律，培养阅读兴趣和良好的阅读习惯，进一步拓展学习经验。此外，还要注意根据学生身心发展和语言能力特点，鼓励学生自主阅读、自由表达，在多样的生活情境和各种阅读活动中引导学生对文字表达产生兴趣。

（一）识字与写字（表4-13、表4-14）

表4-13　目标1：主动识字，养成良好的识字习惯，具备一定的识字能力

7—8岁	8—10岁	10—12岁
1. 喜欢学习汉字，有主动识字的愿望。认识常用汉字1 600个左右。 2. 识字。能借助汉语拼音认读汉字，学会用音序检字法和部首检字法查字典。 A. 正确读出26个英文字母。	1. 对学习汉字有浓厚的兴趣，养成主动识字的习惯。累计认识常用汉字2 500个左右。 2. 有初步的独立识字能力。会运用音序检字法和部首检字法查字典。 A. 累计识别英语单词350个左右。 B. 根据单词的音、义、形来学习词汇。	1. 有较强的独立识字能力。累计认识常用汉字3 000个左右。 A. 累计识别600～700个单词和50个左右的习惯用语，并初步运用400个左右的单词。 B. 根据单词的音、形、义和自然拼读的规则，读出简单的单词。

注：资料来源为《义务教育语文课程标准（2011年版）》《义务教育英语课程标准（2011年版）》。

【教育建议】

1. 7—8岁学会汉语拼音。能准确拼读音节，读准声调。

2. 多方面培养学生的识字兴趣，引导学生习得识字方法。

（1）借助图画识字。

（2）通过汉字规律识字，包含象形字、会意字、形声字……

（3）借助工具书识字，学会用音序检字法、部首检字法查字典。

（4）结合语境与生活经验（广告牌等）识字。

(5) 同伴互助识字，制作生字卡片，互相检测等。

英文（8—10岁）：

A. 训练音、形对应的能力，训练学生按照读音规则拼读单词的能力。

B. 掌握有效记忆和使用英语词汇的方法。

英文（10—12岁）：

A. 借助图片、视频创设情境，在情境中学习单词，便于学生理解。

B. 加强指导学习方法：感官记忆、构词记忆、分类记忆、图片记忆。

表 4-14　目标 2：能写一手好字，养成良好的书写习惯

7—8 岁	8—10 岁	10—12 岁
1. 喜欢学习汉字，有主动写字的愿望。会写 800 个左右的常用汉字。 2. 努力养成良好的写字习惯，写字姿势正确，书写规范、端正、整洁。书写速度一年级每分钟 3~5 个字，二年级 5~7 个字。 3. 掌握汉字的基本笔画和常用的偏旁部首，能按笔顺规则用硬笔写字，注意结构。初步感受汉字的形体美。	1. 对学习汉字有浓厚的兴趣。会写 1 600 个左右常用汉字。 2. 写字姿势正确，有良好的书写习惯。能使用硬笔熟练地书写正楷字，做到规范、端正、整洁。书写速度三年级每分钟 8 个字左右，四年级 10 个字左右。 3. 用毛笔临摹正楷字帖。 A. 正确书写 26 个大小写字母和常用的标点符号。 B. 能模仿范例正确书写词句。	1. 会写 2 500 个左右的常用汉字。 2. 写字姿势正确，有良好的书写习惯。硬笔书写楷书，行款整齐，力求美观，有一定的速度。五年级每分钟 15 个字左右，六年级不少于 20 个字。教师可根据实际情况指导学生初步认识行书和楷书。能用毛笔书写楷书，在书写中体会汉字的优美。 A. 正确使用英语字母和大小写形式，写出简单的问候语和祝福语，正确使用标点符号。 B. 根据图片词语或例句的提示，写出简短的语句。

注：资料来源为《义务教育语文课程标准（2011 年版）》《义务教育英语课程标准（2011 年版）》。

【教育建议】

1. 学习正确的书写姿势。眼离桌子一尺远，胸离桌子一拳远。

2. 学习正确的握笔方法。可以借助握笔器。

3. 能够在四线三格中正确书写声母、韵母、音节。

4. 正确书写常用基本笔画，进行控笔训练。

5. 能够按笔顺规则书写。先横后竖，先撇后捺，从里到外，从上到下，从左到右，先中间后两边。

6. 能够按照汉字结构规则书写，学会合体字的观察方法。

7. 每天安排时间做书写练习，增强练字意识。养成"提笔即练字"的习惯。

8. 在日常生活中持续强化儿童的练字意识，讲究练字效果。提高书写质量。

英文（8—10岁）：

A. 能够在四线三格中正确书写26个英语字母的大小写形式，并和汉语拼音进行区分。

英文（10—12岁）：

A. 能够在四线三格上正确、熟练、清楚地书写，做到大小写、笔顺、连笔、词距、标点和格式正确。

B. 发挥教师书写的示范性，开展多样的训练形式。

（二）阅读（表 4-15、表 4-16）

表 4-15　目标1：喜欢阅读，养成良好的阅读习惯

7—8岁	8—10岁	10—12岁
1. 喜欢阅读，感受阅读的乐趣。爱护图书。 2. 阅读浅显的童话、寓言、故事，向往美好的生活，关心自然和生命，对感兴趣的人物和事件有自己的感受和想法，并乐于与人交流。 3. 积累自己喜欢的成语和名言警句，背诵优秀诗文50篇（段）。课外阅读总量不少于5万字。	1. 养成读书看报的习惯，收藏图书资料，乐于与同学交流。 2. 积累课文中的优美词语、精彩句段，以及在课外阅读和生活中获得的语言材料。背诵优秀诗文50篇（段）。课外阅读总量不少于40万字。 A. 能读懂程度相当的英语绘本，每学期的阅读量不少于20本。	1. 诵读优秀诗文，注意通过语调、韵律、节奏等体味作品的内容和情感。背诵优秀诗文60篇（段）。扩展阅读面，课外阅读总量不少于100万字。 A. 能借助图片读懂简单的故事或小短文，并养成按意群阅读的习惯。

注：资料来源为《义务教育语文课程标准（2011年版）》《义务教育英语课程标准（2011年版）》。

【教育建议】

1. 为学生提供良好的阅读环境和条件。提供一定数量、符合儿童年龄特点的图书；提供相对安静的地方，尽量减少干扰，保证儿童自主阅读。

2. 激发学生的阅读兴趣，培养学生的阅读习惯。

（1）经常抽时间与儿童一起看图书、讲故事，开展多种形式的共读，如亲子共读、班级共读等。

（2）提供不同体裁的儿童文学作品，让儿童自主选择和阅读。

（3）举办阅读活动，鼓励儿童参加，如好书推荐、读书节等。

（4）扩大阅读面，增加阅读量，提高阅读品味。

（5）引导儿童将阅读和生活联系起来，体会文字的用途。买新玩具时，阅读说明书上的文字，了解玩具的玩法；去游乐场时，阅读游玩须知；等等。

3. 引导儿童钻研，在主动积极的思维和情感活动中，加深对阅读的理解和体验，有所感悟和思考，受到情感熏陶，获得思想启迪和审美乐趣。

英文（8—10岁）：

A. 选择学生感兴趣的绘本，以图片较多、英语较少的绘本为主。

B. 选择有趣的绘本进行角色扮演游戏，激发学生的阅读兴趣。

英文（10—12岁）：

A. 教师榜样示范，激发学生阅读兴趣。

B. 教师选择适合学生年龄特点的英文读物，拓宽阅读范围。

表 4-16　目标 2：具备一定的阅读能力

7—8 岁	8—10 岁	10—12 岁
1. 学习用普通话正确、流利、有感情地朗读课文。学习默读。 2. 结合上下文和生活实际了解课文中词句的意思，在阅读中积累词语。借助读物中的图画阅读。 3. 诵读儿歌、儿童诗和浅近的古诗，展开想象，获得初步的情感体验，感受语言的优美。 4. 认识课文中常见的标点符号，在阅读中体会句号、问号、感叹号所表达的不同语气。	1. 用普通话正确、流利、有感情地朗读课文。初步学会默读，做到不出声、不指读。能够带着问题默读。学习略读，粗知文章大意。 2. 能联系上下文，理解词句的意思，体会课文中关键词句表达情意的作用。能借助字典和生活积累，理解生词的意义。 3. 诵读优秀诗文，注意在诵读过程中体验情感，展开想象，领悟诗文大意。 4. 能初步把握文章的主要内容，体会文章表达的思想感情。能对课文中不理解的地方提出疑问。能复述叙述性作品的大意，初步感受作品中生动的形象和优美的语言，关心作品中人物的命运和喜怒哀乐，与	1. 能用普通话正确、流利、有感情地朗读课文。默读有一定速度，默读一般读物每分钟不少于 300 字。学习浏览，扩大知识面，根据需要搜集资料。 2. 能联系上下文和利用自己的积累，推想课文中有关词句的意思，辨别词语的感情色彩，体会其表达效果。 3. 阅读叙事性作品，了解事件梗概，能简单描述自己印象最深的场景、人物、细节，说出自己的喜爱、憎恶、崇敬、向往等感受。阅读诗歌，大体把握诗意，想象诗歌描写的情境，体会作品的情感。受到优秀作品的感染和激励，向往和追求美好的生活。阅读说明性文章，

续表

7—8 岁	8—10 岁	10—12 岁
	他人交流自己的阅读感受。 5. 在理解语句的过程中，体会句号与逗号的不同用法，了解冒号、引号的一般用法。 A. 能借助图片或动作读懂小故事。	能抓住要点，了解文章的基本说明方法。阅读简单的非连续性文本，能从图文等组合材料中找出有价值的信息。 4. 在阅读中了解表达顺序，体会作者的思想感情，初步领悟文章的基本表达方法。在交流和讨论中，敢于提出看法，做出自己的判断。 5. 在理解课文的过程中，体会顿号与逗号、分号与句号的不同用法。 A. 能使用英汉词典等工具书帮助阅读。 B. 能用普通话及英语正确、流利、有感情地朗读课文。

注：资料来源为《义务教育语文课程标准（2011 年版）》《义务教育英语课程标准（2011 年版）》。

【教育建议】

1. 重视朗读和默读。重视讲故事和复述。

（1）7—8 岁读准字音，读句子时恰当停顿；读好长句子（停顿、连贯），读出感叹句和疑问句的语气，读好对话；能读出句子的不同语气，分角色朗读，学习默读，试着不出声；学习朗读逻辑重音和语气。

（2）9—12 岁能够通过朗读表现自己对作者及其作品情感态度的理解。

2. 8 岁借助提示（图片、关键词、关键句子、思维导图）等讲故事；9 岁进行详细复述；10 岁进行简要复述；11 岁进行创造性复述。

3. 引导学生学习理解文章内容、中心思想的方法。

（1）9—10 岁了解课文怎样围绕一个意思把一段话写清楚；了解课文从哪几个方面把事情写清楚；了解课文怎样把事情写清楚；等等。

（2）11—12 岁初步了解课文借助具体事物抒发感情的方法；了解文章怎样点面结合写场面；体会文章怎样围绕中心意思来写；分清内容主次，体会作者如何详写主要部分；体会文章怎样表达情感。

4. 在阅读中发展学生的想象和创造能力。

（1）学生依据画面线索讲述故事，大胆推测、想象故事情节的发展，改编故事部分情节或续编故事结尾。

（2）鼓励用故事表演、思维导图、绘画等不同的方式表达自己的理解。

（3）鼓励和支持学生自编故事，为自编故事配画，制作成册。

（4）引导学生感受文学作品的美，有意识地引导学生欣赏或模仿文学作品的语言节奏和韵律。

英文（8—10 岁）：

A. 提高学生理解文本的能力，可通过图片猜测故事情节及人物的心理活动。

B. 训练学生掌握基本的阅读方法，掌握良好的阅读技巧，培养必要的课外阅读能力。

英文（10—12 岁）：

A. 引导学生抓住文章中的关键语句，掌握英语阅读技巧。

B. 引导孩子积累词汇，帮助解决词汇困扰。

（三）写话与习作（表 4-17 和表 4-18）

表 4-17　目标 1：留心观察，乐于表达，培养对表达的动机和兴趣

7—8 岁	8—10 岁	10—12 岁
对写话有兴趣，留心周围事物，写自己想说的话，写想象中的事物。	1. 乐于书面表达，增强写作的自信心，愿意与他人分享写作的快乐。 2. 观察周围的世界，能不拘形式地写下自己的见闻、感受和想象，注意把自己觉得新奇有趣和印象最深、最受感动的内容写清楚。 3. 能用简短的书信、便条进行交流。	1. 懂得写作是为了自我表达和与人交流。 2. 养成留心观察周围事物的习惯，有意识地丰富自己的见闻，珍惜自己的独特感受，积累习作的素材。

注：资料来源为《义务教育语文课程标准（2011 年版）》《义务教育英语课程标准（2011 年版）》。

【教育建议】

1. 引导学生关注现实，热爱生活，培养儿童观察、思考、表达和创造的能力，表达积极向上的真情实感。

2. 积极、合理利用信息技术与网络的优势，丰富写作形式，激发写

作兴趣,增加儿童创造性表达、展示交流与互相评改的机会。

英文（7—8岁）：

A. 自信、大胆地将英语说出来。

英文（8—10岁）：

A. 增加音频、视频等英文原版资料,培养学生的语感。

B. 交流活动要有明确的目的、真实的意义和具体的操作要求。要多为学生提供展示学习成果的机会,让学生在展示中感受成功。

英文（10—12岁）：

A. 创设接近实际生活的各种语境,采用循序渐进的语言实践活动,培养学生的语言运用能力。

B. 以"用英语做事情"为发展目标,鼓励学生运用英语进行表达与交流。

表4-18　目标2：具备一定的表达能力,培养表达能力

7—8岁	8—10岁	10—12岁
1. 在写话中乐于运用阅读和生活中学到的词语。 2. 根据表达的需要,学习使用逗号、句号、问号、感叹号。	1. 尝试在习作中运用自己平时积累的语言材料,特别是有新鲜感的词句。 2. 学习修改习作中有明显错误的词句。根据表达的需要,正确使用冒号、引号等标点符号。 3. 课内习作每学年16次左右。	1. 能写简单的纪实作文和想象作文,内容具体,感情真实。能根据内容表达的需要,分段表述。学写读书笔记,学写常见应用文。 2. 修改自己的习作,并主动与他人交换修改,做到语句通顺,行款正确,书写规范、整洁。根据表达需要,正确使用常用的标点符号。 3. 习作要有一定速度。课内习作每学年16次左右。

注：资料来源为《义务教育语文课程标准（2011年版）》《义务教育英语课程标准（2011年版）》。

【教育建议】

1. 注重培养学生在生活中观察的习惯。

（1）7—8岁按一定顺序观察,分类观察；培养在观察中积累素材的习惯,用适当的语言、图画、文字记录；在观察中借助适当的语言、图画、文字等恰当表达。

（2）9—10岁仔细观察,动用五官,注意事物变化,试着借助观察记录卡把观察到的事物写清楚；进行连续观察,注意事物的变化,把变化过

程写清楚；学写观察日记，记录观察对象、观察过程及当时的心情和想法。

（3）11—12岁学习描写景物的变化；学会搜集资料，介绍一个地方。

2. 引导学生进行合理、大胆、丰富的想象。

（1）7—8岁看图想象写故事。

（2）9—10岁试着自己编童话、写童话，发挥想象写故事，写自己发明的东西、新编故事。

（3）11—12岁学习列提纲，分段叙述，根据情境编故事，注意情节的转折；写作时发挥想象，创编生活故事、科幻故事，把重点部分写详细。

英文（7—8岁）：

A. 自信、大胆地将英语说出来。

英文（8—10岁）：

A. 增加音频、视频等英文原版资料，培养学生的语感。

B. 交流活动要有明确的目的、真实的意义和具体的操作要求。要多为学生提供展示学习成果的机会，在展示中感受成功。

英文（10—12岁）：

A. 创设接近实际生活的各种语境，开展循序渐进的语言实践活动，培养学生的语言运用能力。

B. 以"用英语做事情"为发展目标，鼓励学生运用英语进行表达与交流。

（四）口语交际（表4-19）

表4-19　目标：具备一定的口语交际能力，养成文明用语习惯

7—8岁	8—10岁	10—12岁
1. 学说普通话，逐渐养成说普通话的习惯。 2. 能认真听别人讲话，努力了解讲话的主要内容。 3. 听故事，看音像作品，能复述大意和自己感兴趣的情节。 4. 能较完整地讲述小故事，能简要讲述自己感兴趣的见闻。 5. 与别人交谈，态度自然大方，有礼貌。	1. 能用普通话交谈。学会认真倾听，能就不理解的地方向人请教，就不同意见与人商讨。 2. 听人说话能把握主要内容，并能简要转述。 3. 能清楚、明白地讲述见闻，说出自己的感受和想法。讲述故事力求具体、生动。 4. 能用英语交流简单的个人信息。	1. 与人交流能尊重和理解对方。 2. 乐于参与讨论，敢于发表自己的意见。 3. 听人说话认真、耐心，能抓住要点，并能简要转述。 4. 表达有条理，语气、语调适当。 5. 能根据对象和场合，稍做准备，做简单发言。 6. 注意语言美，抵制不文明用语。

续表

7—8 岁	8—10 岁	10—12 岁
6. 积极参与讨论，敢于发表自己的意见。	5. 能在游戏中进行简单口语交际和角色扮演。 6. 能根据特定情景、主题进行简短的对话。	A. 对一般赞扬、请求、道歉等做出适当的反应。 B. 能在口语表达中做到发音清楚、语调正确。 C. 能就所熟悉的个人和家庭情况进行简短的对话。 D. 能就日常生活话题做简短的叙述。 E. 能在教师的帮助和图片的提示下，讲述简单的小故事。

注：资料来源为《义务教育语文课程标准（2011年版）》《义务教育英语课程标准（2011年版）》。

【教育建议】

1. 注重培养学生口语交际礼仪。

（1）7—8岁具有场合意识和对象意识，认真倾听，大方交际。用礼貌用语，有基本的交际原则，有让别人听清楚的意识；礼貌提问，用商量的语气与人沟通，注意说话的语气和速度，轮流说，认真说，主动发表意见，让别人听清楚。

（2）9—10岁选择别人可能感兴趣的内容，多从别人的角度着想。有礼貌地请教或者回应，耐心听，不打断别人；注意说话的音量，避免干扰别人；根据对象和目的不同，介绍的内容有所不同。

（3）11—12岁发言时要注意控制时间，对别人的发言给予积极回应，尊重大家的共同决定；避免不良的口语习惯。

2. 引导学生形成口语交际能力。

（1）7—8岁轮流说，认真倾听别人说话，如注视说话人，不打断别人说话，对别人说的话给出积极的回应；引导儿童使用规范的普通话，乐于运用阅读和生活中学到的词语。

（2）9岁表达时说清楚看法和理由，运用合适的方法讲述；倾听时，能了解讲话的内容，边听边思考，想想别人讲的是否有道理；讨论时，汇总小组的意见，尽可能反映每个人的想法。

（3）10岁表达时围绕话题发表看法，不跑题。用卡片提示讲述内容，不遗漏主要信息。倾听时，判断别人说的话是否与话题有关。根据讨论的目的记录重要信息，听清要点。讨论时，围绕话题说，分类整理小组意见，有条理地汇报。

（4）11—12岁表达时选择恰当的材料支持自己的观点，分条讲述，按顺序讲。根据记录，有条理地表达。丰富故事的细节，根据听众的反应对讲解的内容做调整。听别人说话能抓住重点，用心倾听，做一个好的听众。在交流时，能边听边记录。讨论时，控制发言的时间。讨论后小结，尊重不同的意见。

英文（8—10岁）：

A. 教师做好示范，使用文明用语。

英文（10—12岁）：

A. 创设相应的情境，在情境中运用称谓语、问候语和告别语表达自己的情感。

（五）语言综合应用（表4-20）

表4-20　目标：初步运用学科知识解决生活中的问题

7—8岁	8—10岁	10—12岁
1. 对周围事物有好奇心，能就感兴趣的内容提出问题，结合课内外阅读共同讨论。 2. 结合语文学习，观察大自然，用口头或图文等方式记录自己的观察。 3. 热心参加校园、社区活动，结合活动用口头或图文等方式记录自己的见闻和表达自己的想法。	1. 能提出学习和生活中的问题，有目的地收集资料，共同讨论。 2. 结合语文学习，观察大自然，观察社会，用书面或口头方式记录自己的观察。 3. 能在教师的指导下组织有趣味的语文活动，在活动中学习语文，学会合作。 4. 在家庭生活、学校生活中，尝试运用语文知识和能力解决简单的问题。 A. 乐于接触外国文化，增强祖国意识。 B. 积极与他人合作，共同完成学习任务。	1. 为解决与学习和生活相关的问题，利用图书馆、网络等信息渠道获取资料，尝试写简单的研究报告。 2. 策划简单的校园活动和社会活动，对所策划的主题进行讨论和分析，学写活动计划和活动总结。 3. 对自己身边的大家共同关注的问题，或电视、电影中的故事和形象，组织讨论、专题演讲，学习辨别是非、善恶、美丑。 4. 初步了解查找资料、运用资料的基本方法。 A. 能在教师的帮助下表演小故事或小短剧。 B. 积极与他人合作，运用所学的英语进行表达和交流，共同完成学习任务。

注：资料来源为《义务教育语文课程标准（2011年版）》《义务教育英语课程标准（2011年版）》。

【教育建议】

1. 鼓励孩子多接触大自然，平时注意培养孩子细致的观察力。

（1）定期带孩子去爬山、参观动物园、体验田园生活等。

（2）教给孩子运用视觉、听觉、嗅觉、味觉、触觉的方法观察事物。

2. 联系生活中的实际问题，提高儿童对自然、社会现象与问题的认识，追求积极、健康、和谐的生活方式，增强抵御风险的意识，提升在与自然、社会和他人互动中的应对能力。

3. 提高对自然、社会现象与问题的认识。追求积极、健康的生活方式。

4. 提高学生策划、组织、协调和实施的能力，培养合作精神。

5. 联系生活中的实际问题，丰富综合性学习，开展活动。

（1）9—10岁收集传统节日的资料，交流节日的风俗习惯，写一写过节的过程；初步了解现代诗的一些特点，体会诗歌的情感；根据需要收集的资料，初步学习整理资料的方法；合作编小诗集，举办诗歌朗诵会。

（2）11—12岁感受汉字的有趣，了解汉字文化；学习搜集资料的基本方法，学写简单的研究性报告；学习整理资料的方法，策划简单的校园活动，学写策划书。

6. 鼓励孩子积极参加丰富多彩的团体活动，教给孩子团体合作的方法，引导孩子用合适的方式表达。

（1）使用文明用语，能清晰、大方地表达自己的观点。

（2）鼓励学生用图画本、水彩笔等文具记录活动过程、感受。

英文（8—10岁）：

A. 活动的内容和形式要贴近学生的生活实际，符合学生的认知水平和生活经验。

B. 活动应有助于学生学会用英语做事情、获取信息，提升语言的实际运用能力。

C. 在实践活动中遇到困难时要有效地寻求帮助。

D. 要扩大学生接触外国文化的范围，帮助学生拓宽视野，提高跨文化交际能力。

E. 结合德育内容开展爱国主义教育。

英文（10—12岁）：

A. 结合学生的生活经历和教学话题，设计适宜学生合作和交流的主题。

B. 运用多媒体手段，激发学生合作和交流的欲望。

C. 结合学生的年龄特点，教师组织学生表演小故事、小短剧等活动，激发学生学习英语的兴趣，培养学生发现问题、解决问题的能力。

三、社会

小学阶段是儿童品德和行为习惯、生活态度、认知能力发展的关键时期，也是逐步熟悉和理解社会的重要时期，更是形成道德情感、道德判断能力，养成行为习惯的重要阶段。社会领域各课程的学习，能为儿童建立良好的道德体系，树立积极、乐观的人生目标，使学习与自然、社会、生活相结合，提高儿童能力，促使儿童个性健全发展，为成长为复合型人才奠定基础。

当今社会发展迅速，产生了环境、道德等一系列新的问题。该领域设计的"我的健康成长""我的家庭生活""我们的学校生活""我们的社区生活""我们的国家""我们共同的世界"都体现了社会环境、社会活动和社会关系的内在整合；"我们的社区生活""我们的国家""我们共同的世界"等方面有机融合了爱国主义教育、规则教育、历史与国情教育、地理与环境教育、民族团结教育等，体现了学生生活经验、知识学习与社会参与的彼此渗透和相互促进，从多角度、多层面引导学生去理解、认识自我、他人和社会，并以此形成基本的道德品质。

教育教学中，从儿童的实际生活出发，积极借助当地学校、家庭、社会等各方教育资源，以多样且有效的活动为基本形式，注意引导儿童进行自主的道德学习，为儿童学会生活、学会做人打下基础。

（一）我的健康成长（表4-21和表4-22）

表4-21　目标1：养成良好的生活习惯

7—8岁	8—10岁	10—12岁
1. 按时作息，早睡早起。 2. 养成良好的饮食习惯，不挑食。讲究个人卫生，自己能做的事情自己做。	1. 爱护自己的身体，知道生命来之不易。 2. 知道日常生活中有关安全的常识，有安全意识和基本的自护自救能力。 3. 了解健康饮食的重要性，感受劳动和生活的乐趣，形成积极的劳动态度。	1. 了解迷恋网络和电子游戏等不良嗜好的危害，抵制不健康的生活方式。 2. 知道吸毒是违法行为，远离毒品，珍爱生命，过积极、健康的生活。

注：资料来源为《义务教育品德与社会课程标准（2011年版）》《义务教育品德与生活课程标准（2011年版）》《中小学综合实践活动课程指导纲要》。

【教育建议】

1. 根据实例讨论几点入睡才合适及晚睡的后果。讨论早睡早起的各种方法，讨论一个人睡的方法。

2. 开展"干干净净吃好饭"活动，讨论餐前、餐中礼仪，举办爱惜与浪费等行为的辨析活动。

3. 结合案例体会家庭和公共环境不整洁的坏处，通过送"小伙伴"回家活动学会垃圾分类。

4. 从防火、防盗、防触电、防中毒、防溺水、防雷电等方面，查找有关安全的小常识和发生安全事故的案例，以知识竞赛、设置情境等方式，学习、演练自救自护方法。

5. 讨论、交流沉迷电子游戏、吸食毒品的危害及抵制的方法，举行有关的主题活动。

表 4-22　目标 2：能积极向上地生活

7—8 岁	8—10 岁	10—12 岁
1. 能关注并简单表述自己的身体状态，积极参加预防疾病的活动。 2. 知道初步的保健常识，并在生活中运用。有初步的自我保护意识和能力。 3. 在学校里情绪安定，心情愉快。	1. 了解自己的特点，发挥自己的优势。有自信心，知道人各有所长，要取长补短。 2. 懂得做人要自尊自爱，有荣誉感和知耻心，愿意反思自己的生活和行为。 3. 能够面对学习和生活中遇到的困难和问题，尝试自己解决问题，体验克服困难、取得成功的乐趣。	1. 大胆地剖析自己，研究自己，发挥自己的优势，重新去发现和认识新的自我。 2. 理解做人要诚实守信，学习做有诚信的人。 3. 懂得感恩和基本的礼仪常识。 4. 学会欣赏、宽容和尊重他人。 5. 知道我们的心理压力来自哪里，以及如何释放自己的心理压力。

注：资料来源为《义务教育品德与社会课程标准（2011 年版）》《义务教育品德与生活课程标准（2011 年版）》。

【教育建议】

1. 利用家长资源和国旗下的讲话等活动，介绍儿童常见的疾病及怎么预防。比如，感冒怎么预防？应该根据天气情况，知道增减衣服。

2. 开展"我能行，你也行"等活动，发现自己的优点，能够取长补短。

3. 结合实例，举行有关善恶、美丑、荣辱等是非的辨析活动。

4. 回忆自己在面对困难和问题时的想法和表现；讲一件自己或他人克服困难的实际事例，互相交流。

5. 结合自己生活中的事例，并收集社会生活中关于诚信的事例，进行比较和分析。

6. 邀请家长参加以"感恩"为主题的亲子交流活动，开展"寻找身边同学的长处""我想感谢的人"等活动。

7. 制订调查问卷，寻找产生心理压力的原因，倾听心理专家的建议或者向同学、老师、家长说一说自己的心理压力，释放自己的情绪。

（二）我的家庭生活（表4-23至表4-25）

表4-23 目标1：正确认识家庭关系

7—8岁	8—10岁	10—12岁
了解家庭成员的构成和职业，学会爱家人、尊重家人。	1. 知道自己的成长离不开家庭，感受父母和长辈的养育之恩，以恰当的方式表达对他们的感激、尊敬和关心。 2. 培养家庭责任意识，能参与家庭事务。	主动参与家庭事务，提高家庭责任感。

注：资料来源为《义务教育品德与社会课程标准（2011年版）》《中小学综合实践活动课程指导纲要》。

【教育建议】

1. 向父母和长辈了解他们的职业，可以走进他们的工作单位，体验职业的苦与乐，理解他们的辛劳。

2. 向父母和长辈了解他们养育自己成长的事例，可以结合有关的节日、纪念日，用写信或其他方式向父母和长辈表达感激之情；还可以讲一个自己印象深刻的敬重长辈的故事。

3. 进行"今日我当家"家庭角色互换活动，在实践中锻炼处理家庭关系、家庭事务的能力。

表4-24 目标2：学会料理自己的生活

7—8岁	8—10岁	10—12岁
1. 学习简单的生活技能，自己穿衣服、洗澡、系鞋带、戴红领巾、整理书包等，学习整理自己的物品。 2. 学习扫地、擦桌子、洗袜子等简单的家务劳动。	学习料理自己的生活，养成良好的生活习惯。关心家庭生活，主动分担家务，有一定的家庭责任感。	了解家庭经济来源和生活必要的开支，学习合理消费、勤俭节约的途径和方法。

注：资料来源为《义务教育品德与社会课程标准（2011年版）》《中小学综合实践活动课程指导纲要》。

【教育建议】

1. 鼓励低年段学生做力所能及的事情,对学生的尝试与努力给予肯定,不因学生做不好或做得慢而包办代替。指导学生学习和掌握生活自理的基本方法,如系鞋带、戴红领巾等生活技能的正确方法。

2. 观察和体会日常生活中父母的辛苦操劳,选择一些自己可以承担的家务劳动,坚持去做。

3. 向父母了解他们从事的工作、他们的家庭经济来源,通过诸如水电、电信等费用,了解家庭的日常开支。

表4-25　目标3:学习家庭间的相互沟通

7—8岁	8—10岁	10—12岁
愿意、喜欢与家人分享自己的生活。主动和家人交流。	积极参与家庭讨论,发表意见。懂得邻里生活要讲道德、守规则,与邻里要和睦相处,爱护家庭周边环境。	知道家庭成员之间应该相互沟通和谅解,学习化解家庭成员之间矛盾的方法,弘扬优秀的家风。

注:资料来源为《义务教育品德与社会课程标准(2011年版)》《中小学综合实践活动课程指导纲要》。

【教育建议】

1. 家长以身作则,主动与孩子分享并鼓励孩子每天回家分享校园生活趣事。

2. 交流自家与邻里相处的情况,讨论邻里怎样才能和睦相处。观察自家周边的公共设施,为合理使用和爱护它们提出建议,做力所能及的事。

3. 组织"与父母长辈沟通"主题活动,请父母和长辈一起参加。讨论怎样用平和的态度和正确的方法处理与长辈之间的矛盾。

(三)我们的学校生活(表4-26至表4-28)

表4-26　目标1:了解学校环境和主要部门工作

7—8岁	8—10岁	10—12岁
1. 熟悉学校环境,能利用学校中的卫生保健设施。 2. 喜欢和老师、同学交往,高兴地学,愉快地玩。	1. 能看懂学校和学校周边的平面图。能利用简单的图形画出学校平面图和上学路线图。 2. 了解学校主要部门的工作和发展变化,增强对学校的亲近感,尊敬老	了解当地多发的自然灾害的有关知识,知道在紧急情况下的逃生或求助方法。适应并喜欢学校生活。

续表

7—8岁	8—10岁	10—12岁
	师，尊重学校工作人员的劳动。 3. 通过访谈校长每天的工作，走近校长、了解校长，在参与体验中成熟、成长。	

注：资料来源为《义务教育品德与社会课程标准（2011年版）》《义务教育品德与生活课程标准（2011年版）》《中小学综合实践活动课程指导纲要》。

【教育建议】

1. 老师带领学生参观校园和各个功能室。
2. 在课堂上和课后与孩子们进行游戏和交流。
3. 通过小组合作的方式，开展看平面图、寻找学校设施或周边标志物的活动。
4. 通过不同途径，了解并交流学校某一方面的发展变化，访问老师或学校其他工作人员。
5. 在新闻和书籍中发现周边环境的变化。

表4-27　目标2：学会与人相处，关心集体

7—8岁	8—10岁	10—12岁
1. 关心同学，和同伴友爱，乐于分享与合作。 2. 喜欢集体生活，爱护班级荣誉。 3. 亲近老师，愿意与老师交流。	1. 体会同学之间真诚相待、互相帮助的友爱之情。 2. 知道自己是集体中的一员，关心集体，参加集体活动，维护集体荣誉，对自己承担的任务负责。 3. 能协助老师完成班级事务。	1. 学会和同学平等相处。知道同学之间要相互尊重，友好交往。 2. 通过学校和班级等集体生活，体会民主、平等在学校生活中的现实意义。 3. 通过考查、访问了解校园志愿服务需求，了解不同岗位的职责和要求；学习开展服务的方法，了解相关事项；开展持续、有效、多样的校园支援服务活动。

注：资料来源为《义务教育品德与社会课程标准（2011年版）》《义务教育品德与生活课程标准（2011年版）》《中小学综合实践活动课程指导纲要》。

【教育建议】

1. 小组之间开展丰富多彩的活动。
2. 通过游戏，体验班级荣誉带给学生的自豪感。

3. 可以讲述同学们互相关心的事例和自己的感受。
4. 尝试与同学合作完成一件事，并在班内交流自己的体会和感受。
5. 针对同学中常出现的摩擦和冲突，设置情境，讨论解决的办法。
6. 分析班级民主参与和管理的现状，提出积极的建议。
7. 制作"我骄傲，我是校园志愿者"一年工作计划卡，记录自己未来一年里的志愿者经历。

表 4-28　目标 3：合理安排时间，养成良好的学习习惯

7—8 岁	8—10 岁	10—12 岁
1. 按时上下学，遵守学校作息时间。 2. 在成人的帮助下，养成良好的学习习惯。	珍惜时间，学会合理安排时间，养成良好的学习习惯，独立完成学习任务，不抄袭，不作弊。	1. 学会欣赏自己和别人的优点与长处，并以此激励自己不断进步，有应对挑战的信心与勇气。 2. 学习合理安排时间，利用图书、电视、网络等多种方法收集需要的资料。

注：资料来源为《义务教育品德与社会课程标准（2011 年版）》《义务教育品德与生活课程标准（2011 年版）》《中小学综合实践活动课程指导纲要》。

【教育建议】
1. 通过游戏和学校、班级活动，体验规则的必要性。
2. 通过游戏，体会时间的宝贵。尝试设计一周的课余或寒暑假的安排，并进行交流。收集关于时间的谚语和故事。
3. 班级每月开展一次欣赏与感谢活动，在活动中提升学生的信心。
4. 利用片段时间，多渠道、多方法学习。

（四）我们的社区生活（表 4-29 至表 4-31）

表 4-29　目标 1：了解区域特点

7—8 岁	8—10 岁	10—12 岁
1. 有兴趣了解周围环境，喜欢接触新鲜事物。 2. 了解家乡的风景名胜、主要物产等有关知识，感受家乡的发展和变化。	1. 了解本地区交通情况，知道有关的交通常识，自觉遵守交通法规，注意安全。 2. 了解本地区生态环境，参与力所能及的环境保护活动，增强环境保护意识。	1. 能够识读本地区（区、县、市等）、旅游景区等小区域的平面示意图。正确辨认区域地图上的简单图例、方向、比例尺。 2. 了解本地区的自然环境和经济特点及其与人们生活的关系；感受本地区的变化和发展；了解对本地区发展有贡献、有影响的人物，萌发对家乡的热爱之情。

续表

7—8岁	8—10岁	10—12岁
		3. 了解本地区的民风、民俗和文化活动，体会其对人们生活的影响。能够识别不良的社会风气，不参与迷信活动。

注：资料来源为《义务教育品德与社会课程标准（2011年版）》《义务教育品德与生活课程标准（2011年版）》《中小学综合实践活动课程指导纲要》。

【教育建议】

1. 和家人一起在自己生活的周边走一走，看一看，了解自己生活的环境。

2. 和家人一起走进家乡的风景名胜。

3. 在地图上查找本地区（区、县、市、省）及省会城市的方位，开展认识地图的活动和查找地名的比赛。

4. 按主题分组查阅资料、调查访问、收集实物（有条件的学校可组织实地考察），并用报告、图片、实物展览等形式进行交流。

5. 列举本地区人们经常使用的交通工具，讨论为什么使用这种交通工具。通过观察、访问调查或知识竞赛，学习有关的交通知识、法规和安全小常识。

6. 列举本地区有特色的民俗活动，设计、举办模拟民俗表演活动。列举本地区现实存在的陈规陋习、迷信现象，分析其对人们的不良影响。

7. 进行实地调查，说明环境问题的产生原因及其危害，通过板报、标语、广播等形式进行环境保护宣传，并在校内开展诸如节水、节能等活动。向有关部门提出环境保护建议。

表4-30　目标2：遵守社会规范

7—8岁	8—10岁	10—12岁
1. 养成基本的文明行为习惯。 2. 爱护家庭和公共环境卫生。 3. 认识常见的交通标志和安全标志，遵守交通规则。不到危险的地方去玩，避免意外伤害。	1. 学习选购商品的初步知识，能够独立地购买简单物品，文明购物，具备初步的消费者自我保护意识。 2. 体验公共设施给人们生活带来的便利，形成爱护公共设施人人有责的意识，能够自觉爱护公共设施。	1. 自觉遵守公共秩序，注意公共安全。做讲文明、有教养的人。 2. 节约资源，为保护环境做力所能及的事。 3. 认真完成自己的任务。

注：资料来源为《义务教育品德与社会课程标准（2011年版）》《义务教育品德与生活课程标准（2011年版）》《中小学综合实践活动课程指导纲要》。

【教育建议】

1. 留心生活中常见的交通标志。

2. 观察和实地调查学校或家庭附近的商业场所,比较价格的变化情况,模拟或尝试实际购物活动,学习选择商品。

3. 观察生活中常见的公共设施及其使用、维护情况,提出一些改进的建议。

4. 在日常生活中,观察公共场所中的公共秩序和人们的言谈举止、行为表现,做出自己的评价。

表4-31 目标3:学会关爱他人

7—8岁	8—10岁	10—12岁
1. 关心他人,友爱同伴,乐于分享与合作。 2. 尊重社会各行各业的劳动者,珍惜他们的劳动成果。	1. 关心和了解周围不同行业的劳动者,感受并感激他们的劳动给人们生活带来的便利,尊重并珍惜他们的劳动成果。 2. 了解在公共生活中存在不同的社会群体,各种群体享有同等的公民权利,应相互尊重,平等相待,不歧视,不抱有偏见。	1. 体会社会对老年人和残疾人等弱势人群的关怀。对弱势人群有同情心和爱心,要有尊重和平等的观念,并愿意尽力帮助他们。积极参加力所能及的社会公益活动。 2. 学习用观察、比较、调查等方法进行简单的生活和社会探究活动。

注:资料来源为《义务教育品德与社会课程标准(2011年版)》《义务教育品德与生活课程标准(2011年版)》《中小学综合实践活动课程指导纲要》。

【教育建议】

1. 积极参与社区活动,在活动中乐于分享。

2. 观察或访问身边的劳动者,了解他们的劳动情况,互相交流。

3. 有条件的地方,可以组织考察本地区的公益设施和福利机构,了解发生在身边的关爱老年人和残疾人的事例。通过模拟活动体会残疾人在生活中的不便和他们为克服困难所付出的努力。

4. 可以选择班级、学校和社会上对来自某些地域、行业的人有歧视或偏见的言行,或者不同群体之间发生摩擦、冲突的现象,让学生展开辩论。

（五）我们的国家（表 4-32 至表 4-34）

表 4-32　目标 1：了解我国历史

7—8 岁	8—10 岁	10—12 岁
1. 知道中国全称叫作中华人民共和国。 2. 知道我国是一个统一的多民族国家。 3. 了解国旗、国徽，学唱国歌，为自己是中国人感到自豪。 4. 热爱革命领袖，了解英雄模范人物的光荣事迹。	1. 知道近代我国遭受过列强的侵略和中华民族的抗争史。敬仰民族英雄和革命先辈，树立奋发图强的爱国志向。 2. 利用网络、书籍等多种途径，了解要参观和考察的爱国主义教育基地、国防教育场所的基本情况、资源内容和特点；提出自己想研究的问题，在参观和考察中尝试解决问题，增强爱国主义情感和国家认同感。	1. 知道我国是有几千年历史的文明古国，掌握应有的历史常识，了解中华民族对世界文明的重大贡献，珍爱我国的文化遗产。 2. 知道中国共产党的成立，知道中华人民共和国成立和改革开放以来取得的成就，加深对社会主义祖国和中国共产党的热爱之情。

注：资料来源为《义务教育品德与社会课程标准（2011 年版）》《义务教育品德与生活课程标准（2011 年版）》《中小学综合实践活动课程指导纲要》。

【教育建议】

1. 通过班队会等活动了解我国的国旗、国徽，学唱国歌，了解革命领袖和英雄人物的事迹。

2. 选择、列举代表民族文化的实例（如传统节日、歌曲、民间传说、历史故事、服饰、建筑、饮食等），进行交流和展示。

3. 观看一些反映我国历史上重大发明或重要文化遗产的影视片；或收集有关资料，举行报告会；或讲述体现我国劳动人民聪明才智和发明创造的故事。

4. 有条件的地方可以参观历史博物馆，还可以观看有关影视片，学唱历史歌曲。

5. 在收集实物、照片和对家长等成年人采访的基础上，举办反映生活变化和祖国发展变化的小型展览。

表 4-33　目标 2：了解我国地理

7—8 岁	8—10 岁	10—12 岁
1. 爱护动植物，节约资源，为保护环境做力所能及的事。	知道我国的地理位置、领土面积、海陆疆域、行政区划。知道台湾是	1. 知道我国是一个地域辽阔、有着许多名山大川和名胜古迹的国家，体验热爱国土的情感。

续表

7—8 岁	8—10 岁	10—12 岁
2. 了解我国的风景名胜，热爱我国大好河山。	我国不可分割的一部分，祖国的领土神圣不可侵犯。	2. 了解我国曾经发生过的地震、洪水等重大自然灾害，知道大自然有不可抗拒的一面。感受人们在灾害中团结互助的可贵精神，学习在自然灾害中自护与互助的方法。 3. 了解我国不同地区自然环境的差异，知道并理解这些差异对人们的生产和生活方式的影响。 4. 初步了解我国的工农业生产，及工农业生产与人们生活的关系，知道工人、农民付出的辛勤劳动与他们的智慧，尊重他们的劳动。

注：资料来源为《义务教育品德与社会课程标准（2011 年版）》《义务教育品德与生活课程标准（2011 年版）》《中小学综合实践活动课程指导纲要》。

【教育建议】

1. 进行查找地图竞赛或拼图游戏。

2. 比较我国不同区域的气候、地形、资源等的差异，以及这些差异对生产和人们的衣食住行等的影响。

3. 列举一些能够代表中国的典型标志和象征，并说明理由。观看有关祖国风光的影视片；收集和整理图片、诗文、风景点门票等资料，互相交流。

4. 收集有关地震、洪水等重大自然灾害的典型事例，认识灾害的巨大破坏性。开展逃生模拟活动。

5. 了解当地一种农产品的来历，相互交流，有条件的学校可组织学生访问农户，或参加农业劳动、参观农业科技园。以常见的生活用品为例，通过各种途径了解这种产品的生产过程，相互交流。

表 4-34　目标 3：初步形成规则意识和民主、法制观念

7—8 岁	8—10 岁	10—12 岁
1. 懂礼貌，守秩序，爱护公物，行为文明。 2. 能初步分辨是非，做了错事，勇于承认和改正，诚实，不说谎。	1. 知道现代通信的种类和方式，体会现代传媒，尤其是网络与人们生活的关系。在有效获取信息的同时，增强对信息的辨别能力，遵守通信	1. 知道中国人民解放军是保卫祖国、维护和平的重要力量，热爱中国人民解放军。 2. 知道自己是中华人民共和国的公民，初步了解

续表

7—8岁	8—10岁	10—12岁
	的基本礼貌和网络道德、法律规范,做到文明上网。 2. 了解我国的交通发展状况,感受交通在人们生活中的重要作用,关注城乡交通存在的问题。	自己拥有的基本权利和义务。知道我国颁布的与少年儿童有关的法律、法规,学习运用法律保护自己,形成初步的民主与法制意识。

注:资料来源为《义务教育品德与社会课程标准(2011年版)》《义务教育品德与生活课程标准(2011年版)》《中小学综合实践活动课程指导纲要》。

【教育建议】

1. 利用班队课进行以"爱护公物"为主题的集中教育。

2. 设置情境,对比古今到达同一目的地所采用的交通工具和所选择的交通路线的巨大差别。

3. 分小组交流个人运用不同通信方式与人联系、沟通的经验,以及利用不同传媒获取或发布信息的体会;制定文明上网公约。

4. 有条件的学校可以和当地部队开展联谊活动,请部队官兵担任校外辅导员。

5. 介绍与小学生有关的法律,诸如《未成年人保护法》《义务教育法》《预防未成年人犯罪法》,围绕相关条文,结合生活中的案例,开展模拟法庭活动。

(六)我们共同的世界(表4-35至表4-37)

表4-35 目标1:了解世界文化

7—8岁	8—10岁	10—12岁
1. 能说出七大洲、四大洋的名称。 2. 能说出至少中国以外的3个国家的名称。	比较不同国家、地区、民族的生活习俗、传统节日、服饰、建筑、饮食等状况。	1. 从不同的角度,尝试探究文化差异产生的原因,尊重文化的多样性。 2. 初步了解一些人类的文化遗产,激发对世界历史文化的兴趣。

注:资料来源为《义务教育品德与社会课程标准(2011年版)》《义务教育品德与生活课程标准(2011年版)》《中小学综合实践活动课程指导纲要》。

【教育建议】

1. 观察地球仪,知道七大洲、四大洋的名称。

2. 开展环游世界的模拟活动。

3. 以小组为单位确定选题，然后收集某个国家、地区或民族具有特色的生产、生活方式的资料，加工整理后在全班做介绍。与同学交流自己收集的反映世界不同文化习俗的图片、邮票、明信片等。

表 4-36　目标 2：了解世界经济、科技的发展

7—8 岁	8—10 岁	10—12 岁
能说出一些知名的世界文化遗产。	初步了解科学技术与人们生产、生活及社会发展的关系，认识科技要为人类造福，崇尚科学，反对迷信。	初步了解全球环境恶化、人口急剧增长、资源匮乏等状况，以及各个国家和地区采取的相关对策，体会"人类只有一个地球"的含义。

注：资料来源为《义务教育品德与社会课程标准（2011 年版）》《义务教育品德与生活课程标准（2011 年版）》《中小学综合实践活动课程指导纲要》。

【教育建议】

1. 围绕文明古国及其他世界文化遗产，收集图片、影像等材料，开展交流活动。

2. 通过各种途径，调查和了解日常生活中的进出口产品。

3. 围绕科技发展给人类带来的积极、消极影响设置主题，召开辩论会。

表 4-37　目标 3：热爱和平

7—8 岁	8—10 岁	10—12 岁
知道战争给人类带来灾难，和平是各国人民的共同愿望。	初步了解全球环境恶化、人口急剧增长、资源匮乏等状况。	1. 体会"人类只有一个地球"的含义。 2. 知道我国所加入的一些国际组织和国际公约，了解这些国际组织的作用。知道我国在国际事务中的影响日益增强。

注：资料来源为《义务教育品德与社会课程标准（2011 年版）》《义务教育品德与生活课程标准（2011 年版）》《中小学综合实践活动课程指导纲要》。

【教育建议】

1. 通过搜集观看有关战争的图片、纪录片、电影等，分组交流自己的感受。

2. 围绕科技发展给人类带来的积极、消极影响设置主题，召开辩论会。

3. 分组选择不同的全球问题，收集资料，制作剪贴簿，办小展板，

交流展示。

4. 选择并收集有关联合国、国际奥委会、国际红十字会等国际组织，以及我国主办的大型国际活动的图片或文字资料。

5. 收集有关战争给人类带来的损失和人们谋求和平的资料，体验世界人民对和平的渴望。

四、科学

小学阶段的孩子好奇心和探究欲望强烈，是学习科学的最佳时期，也是培养学生科学素养的基础阶段。小学科学领域的学习是在大自然和生活的真实环境中去探究现象和解决问题，不断积累活动经验。通过该领域的学习，学生能够提升对自然科学的学习兴趣，培养科学性的思维与习惯，体验探究的乐趣，习得探究的方法，发展探究的能力，为深入学习其他领域奠定基础。

科学领域包含科学探究和数学认知两大板块，都属于自然科学领域。数学认知是科学探究之基础，数学认知的建立可以让学生在掌握基础理论知识和技能的基础之上，发展思维能力，从而正确解决问题。科学探究板块重在强调学生探究和实践能力的培养，譬如，获取和分析资料、对信息或数据的比较和分类能力等，从而让学生掌握科学化的手段和方法，解析身边的科学现象。可见，科学探究和数学认知之间是互为影响且相互支持的，二者紧密相连。

小学生现阶段的思维正处于从具体形象思维向抽象逻辑思维过渡的阶段，学习活动尽量从贴近生活的情景和事物入手，注重引导小学生在探究活动和解决问题的过程中，透过事物现象去抽象、概括本质属性；在关注知识与技能的同时，要注重方法习得和活动经验的积累，全面培养学生的观察理解、动手操作、分析推理能力，发展学生的抽象思维、探究及创新能力。

（一）科学探究（表4-38至表4-41）

表4-38　目标1：认识物质及其运动和变化规律

7—8岁	8—10岁	10—12岁
1. 初步认识材料。通过观察，描述物体的轻重、厚薄、颜色、表面粗糙程度、形状等特征。 2. 观察并描述出水和空气的颜色、状态、气味等	1. 进一步了解材料。能够运用简单的仪器测量物体并使用恰当的计量单位记录。 2. 描述出某些材料的性能，能根据物体的特征	1. 观察常用材料的漂浮能力、导热性等性能，说出它们的主要用途。 2. 知道有些物体发生了变化，构成物体的物质也发生了改变。

续表

7—8岁	8—10岁	10—12岁
特征，并知道有些物质能够溶解在一定的水里。 3. 简单描述物体所处位置。 4. 认识常见的力，知道力可以使物体的形状发生改变。 5. 初步认识磁铁的规律和作用。	或材料的性能分离混合物。 3. 认识水的三种状态和热、冷空气的流动现象。通过简单的实验活动，探究影响物质在水中溶解快慢的常见因素，证实空气的存在。 4. 知道可以用参照物描述位置，用速度描述快慢，并比较不同的运动。认识日常生活中常见的摩擦力、弹力、浮力。 5. 通过观察和实验，探索声音的产生与传播，声音的高低、强弱影响因素，影子的形成。 6. 初步感知热是一种能量表现形式；开展对电现象的探索；了解电路的基本构成；识别日常生活中的能量。	3. 知道温度是影响水结冰和沸腾的主要因素；空气是一种混合物质，氮气和氧气是空气的主要成分。 4. 通过观察和实验，了解光的传播、人眼看到物体的条件和光的反射现象。 5. 开展对热现象的探索；了解能量的各种形式，以及如何实现能量的转换。

注：资料来源为《义务教育小学科学课程标准》。

【教育建议】

1. 引导学生观察，认识物体具有的特征、材料具有一定的性能。

（1）收集身边常见的物体，观察和描述它们的特征，尝试对它们进行分类。

（2）观察常见的液体，尝试归纳和总结它们的共同特征。

2. 鼓励学生尝试设计简单的实验活动，通过观察常见物质在水中的溶解过程和热冷空气的流动现象，认识水和空气的特征。

（1）引导学生设计利用温度计测量在水变成冰、冰变成水的过程中温度的变化，观察并记录温度计的读数。

（2）鼓励学生设计对比实验，在相同条件下，比较食盐在不同温度的水中溶解的快慢。

3. 引导学生观察和实验，了解物体的运动可以用位置、快慢和方向来描述；感知常见的力，力作用于物体，可以改变物体的形状和运动状态。

（1）鼓励学生尝试使用不同的工具如线、直尺。测量物体的位置，比较不同交通工具的速度，尝试说明判断运动快慢的依据。

（2）引导学生实验，观察常见的力，了解力对物体的作用，以及对物体体积和形状的改变。尝试用推、拉的方式,让物体启动、加速、减速或停止,观察力如何改变物体的运动状态。

表 4-39 目标 2:探究生物,热爱生命,热爱大自然

7—8 岁	8—10 岁	10—12 岁
1. 知道植物和动物都是生物,并且知道生活中常见的动植物名称和它们的特征。 2. 能意识到动物有一些共同的特征。知道动物可通过眼、耳、鼻感知外界的环境。 3. 说出植物维持生存和生长需要水和阳光,植物能够适应其所在的环境。 4. 认识人体的感知器官(眼、耳、鼻、舌、皮肤)。	1. 知道生物区别于非生物的特点。能用简单的语言描述一个生物所具有的特征。 2. 能根据某些特征对常见的动物进行分类,并知道各类生物的特征。 3. 简要描述人体用于呼吸和摄取养分的器官,并知道如何保护这些器官。 4. 知道不同生物的生存环境有一定的差异,生物的繁殖方式也各有不同。	1. 对生物进行简单的分类,知道微生物。 2. 知道光合作用,知道生物体的基本单位是细胞。 3. 知道环境变化会给生物带来一定的影响。 4. 认识到人体的感知器官和脑的重要性,并知道如何保护它们。 5. 知道遗传。能简单描述我们地球上有些生物已经灭绝,但是它们和现在的某些生物有相似之处。 6. 认识到各种生物在食物链中的重要作用。

注:资料来源为《义务教育小学科学课程标准》。

【教育建议】

1. 教师可以引导学生通过对动物和植物的观察,学习观察和简单归类的方法,让学生意识到动植物与人类密切的关系。

(1)如果有条件可以组织学生集体参观动物园或养殖场,让学生能接触到活着的动物,通过活动来引导孩子思考动物与人类的关系。

(2)可以挑选一些容易存活、生长周期短、特征明显的植物种子交给孩子,让他们亲手种下,观察并记录其生长过程。

(3)在学习细胞、微生物内容的时候,一定要让孩子亲手用显微镜观察动植物细胞还有微生物,不能将教学停留在书本和 PPT 上。

2. 教师可以和学生一起,通过观察、调查、实验等多种途径,认识生物体形态、结构和功能与环境的关系,以及保健常识。

(1)通过各种感觉器官亲自感受不同的食物或物体,了解不同感觉器官的功能。

(2)引导孩子制订自己的作息计划,思考如何进行健康的家庭生活。

(3)教师可以引导学生,通过讨论、调查、收集资料等多种途径,认识到生物的繁殖特性和动植物的基本生存需要,以及它们与环境的关系。

可以由教师选一种简单、方便照顾的动植物让孩子拿回家去观察一段时间，记录其成长过程，并组织交流照顾动植物的经验和体会。

（4）可以组织小型辩论会，让孩子提前准备资料，讨论人类保护自然环境和维持生态平衡的重要性，以及人应该如何与自然和谐相处。

表 4-40　目标 3：初步建立科学的宇宙观和自然观

7—8 岁	8—10 岁	10—12 岁
1. 知道太阳能够发光发热，能够描述太阳位置变化及一年四季的变化，并举例说出季节变化对动植物的影响。 2. 描述太阳对动植物和人类生活的重要影响及月相的变化现象。 3. 知道基本的天气现象，能够描述天气变化对动植物和人类生活的影响；观察和描述土壤上生活着的动物和生长着的植物。 4. 在老师的引导下，能够说出人类离不开动植物的实例，初步树立珍惜动植物资源的意识。	1. 知道太阳是一颗恒星；描述一天中物体影子在阳光下的变化规律。 2. 知道地球是一个球体，是太阳系中的一颗行星；描述月球表面的概况；描述月相变化规律。 3. 能使用气温计测量气温，描述一天中气温变化的规律；知道气候和天气的概念不同。 4. 知道地球表面的海陆分布情况；知道土壤是地球上的重要资源；了解土壤的主要成分。 5. 观察并描述各种土壤的不同，举例说出适宜生长不同植物的土壤。 6. 举例说出水、土壤、矿产资源对人的重要性，树立保护资源的意识。	1. 知道地球自转轴（地轴）及自转的周期、方向等，知道昼夜交替和天体东升西落现象的成因。 2. 知道太阳系中有 8 颗行星，太阳是中心，描述它们的相对位置。 3. 知道宇宙中有无数星系，知道银河系的主要星座。 4. 能够描述各种天气形成的原因；描述地球上水是不断循环的，并举例说明水循环产生的天气现象及水流动过程塑造的地表形态；描述地球内部结构，知道地震、火山自然现象形成的原因。 5. 了解地球上海洋为人类提供多种资源，但资源是有限的，只有部分可回收，树立保护资源的意识；了解自然灾害对人类的影响，知道抗震防灾的基本常识。 6. 举例说出人类对自然不合理开发及人类保护环境的举措，树立保护环境的意识。

注：资料来源为《义务教育小学科学课程标准》。

【教育建议】

1. 经常带领孩子观察太阳和月球等天体，学习实地观察和观测的方法，初步认识一天内太阳在天空中位置变化的规律。

（1）观察、记录、描述太阳每天东升西落的现象，认识太阳每天的位置变化规律,学习观察的方法。

(2)观测、记录一天中不同时段阳光下影子的方向和长短,描述影子变化的规律。

2. 支持和鼓励学生用模拟实验和建构模型等方法,了解由于地球的自转和公转运动产生的昼夜交替、四季变化等自然现象及其规律。

(1)模拟地球自转和围绕太阳公转的运动状态,并将影子的变化与地球运动联系起来。

(2)持续观察、记录一段时间内(上半月)月球在天空中的位置变化和月相变化,学习长期观测的方法;用做游戏等方式,模拟日、地、月三球的运动模式。

3. 鼓励学生通过对地球上的大气、水体、土壤、生物、岩石等组成物质,以及自然现象和一些规律的观察,学习对事物从局部到整体进行观察并记录数据、分析数据等;通过对比实验、辩证分析和逻辑推理等,初步认识到因地球物质不断变化并且互相影响而形成了多种自然现象。

(1)使用气温计测量一天中不同时段或不同地点的气温,描述一天中气温变化的大致规律;观察、测量、记录一段时间的天气现象。

(2)运用地球仪或世界地图,简要说明地球上的海陆分布状况;认识到陆地上有不同类型的水体;做与地球水循环有关的成云致雨的模拟实验。

(3)观察土壤标本,知道土壤的基本成分,做对比实验,比较沙质土、黏质土和壤土的特征。

(4)利用图片和视频资料,或通过模拟实验,初步了解地震和火山喷发形成的原因。

4. 教师应指导学生,通过查阅和分析资料,学习分析与综合的思维方法,初步了解地球为人类生存提供的必需的资源和能源,知道保护它们的重要性。

(1)调查日常生活中垃圾分类、资源回收、物品重复使用等情况。

(2)查阅和分析资料,认识一些资源、能源及其形成过程;认识到我国是一个能源短缺的国家,我们需要节约能源,积极开发和利用新能源。

(3)看台风、洪涝、干旱、地震、火山喷发等自然灾害的图片或视频资料,了解防御各种灾害的措施。

(4)调查、考察当地水体或空气污染情况,提出一些防治水体或空气污染的合理化建议。

表 4-41　目标 4：会利用科学与技术创造丰富多彩的人工世界

7—8 岁	8—10 岁	10—12 岁
1. 通过观察，发现自然世界和人工世界的不同与联系。 2. 认识人工世界中的一些简单的科技产品的结构及功能，学会对比分析，发现不同。 3. 可以利用简单的材料和工具，通过绘画设计，表述自己的想法。	1. 了解一些科学家、工程师的研究事迹及其设计和发明过程。 2. 区分生活中的人造材料和天然材料，了解常见材料的运用。 3. 对生活中常见的科技产品分析，了解其功能及其运用的科学原理。 4. 识别常见的测量工具，能体会使用工具的优越性。	1. 寻找生活中常见的简单机械的应用，观察机械装置的结构和作用，并能利用其完成简单的任务。 2. 了解一项工程项目需要由多个系统组成。 3. 了解简单的工程项目，尝试设计和组装模型，测试、评估其可行性和使用效果。 4. 了解发明和科技给人工世界带来的影响、变化及对环境产生的负面影响。

注：资料来源为《义务教育小学科学课程标准》。

【教育建议】

1. 引导学生，通过观察、阅读、制作等活动了解工程师的职业特点，让学生意识到工程师和科学家的不同，科学家探索世界以发现科学原理，而工程师根据科学原理设计实际应用的产品，这些产品给人类生活带来便利和舒适。

2. 了解常见工具和器具的操作与使用，学习简单的加工方法，初步认识生活中常见的简单机械，以及身边可以操作使用的轻便器具。

3. 通过阅读等活动，了解一些著名工程师或发明家，如鲁班、蔡伦、詹天佑、瓦特、爱迪生、乔布斯、艾伦•图灵（计算机科学之父）等。

4. 通过检索分析工程师和发明家的研究过程，如爱迪生发明电灯灯丝的探索过程，体会设计和发明离不开创新的勇气、坚强的毅力和持续的努力。

5. 通过设计和制作一件作品或产品，了解设计作品、完成项目的基本过程；体会科技产品给生活带来的便利和舒适；认同创意设计能够改善生活质量；知道技术应用会带来某些不良的影响，如环境污染等问题。

(二) 数学认知（表 4-42 至表 4-45）

表 4-42　目标 1：认识数与量，掌握数的运算，理解数量关系

7—8 岁	8—10 岁	10—12 岁
1. 理解万以内数的意义，能认、读、写万以内的数，并能正确计算百以内的加减法和一位数乘除两位数，在对运算结果进行估计的过程中，发展数感。 2. 结合具体情境理解符号<、=、>的含义，能用符号和词语描述万以内数的大小，了解数学可以描述生活中的一些现象，感受数学与生活的紧密联系。 3. 认识人民币和钟表，并了解单位之间的关系，对身边与数学有关的事物有好奇心，从而参与数学活动。	1. 认识万以上的数，能读、写数并比较大小，了解计数单位和十进制计数法。 2. 初步认识分数和小数，会进行简单的加减运算。 3. 认识常见的时间、重量和面积单位，能进行简单的单位换算。 4. 理解多位数乘除法的算理，掌握算法，体会四则混合运算的意义；探索并了解运算定律，并能正确计算。 5. 了解常见的数量关系，运用数学的思维观察、分析问题，并能解决简单的实际问题。 6. 能运用数及适当的度量单位描述现实生活中的简单现象，体验数学表达的简洁性。	1. 认识负数，理解分数、百分数的意义。能结合生活情境，读懂数据背后的信息，具有一定数感。 2. 会进行简单的小数和分数的加、减、乘、除运算及四则混合运算。 3. 认识方程，会解方程，能用方程表示简单等量关系；体会数形结合思想。 4. 在实际情境中理解比和按比例分配的含义，认识成正比例的量和成反比例的量；认识事物变量关系在生活中的应用，体会数学的应用价值。 5. 探索给定情境中隐含的数的规律或变化趋势。

注：资料来源为《义务教育小学数学课程标准（2011 年版）》。

【教育建议】

1. 让学生在生动、具体的情境中认识数。应该注意从学生熟悉的生活情境或童话世界出发，选择学生身边的、生动有趣的、有利于学生主动探索的事物，创设鲜明的问题情境。

2. 理解数的意义要与数的读写和计算紧密结合起来。如认识整百数时让学生亲身经历数数的过程，真正感受 100 有多少。

3. 让学生在数学活动中形成数感。如可提问学生 1 200 张纸大约有多厚？你的 1 200 步大约有多长？

4. 理解算理，掌握算法。如在教学"两位数减两位数"时，教师出示例题后，让学生通过摆小棒展开探索。提供自主学习的机会，给学生充分思考的空间与时间，允许并鼓励他们有不同的算法，然后在小组相互交流。

5. 认识常见的量,重视体验的意义。例如:"毫米的认识"中的测量课本,"分米的认识"中的测量课桌,"千米的认识"中要求到校外走1千米的路程,"秒的认识"中要求学生通过踢毽子、走楼梯、写字等活动体验1分钟的长短,等等。目的就是让学生在活动中积累经验,从而形成相应的概念。

6. 理解数量关系,要联系生活实际,借助数学活动,依托数学语言。如联系生活实际,将数量关系意义现实化。例如:一年级要认识人民币,家长可以带学生去超市购物。不但可以让学生感悟人民币之间的进率,而且可以让学生理解"付出的钱""物品的钱""找回的钱"之间的关系。

表 4-43　目标 2:认识探究图形与空间的关系

7—8 岁	8—10 岁	10—12 岁
1. 认识长度单位,能进行简单的单位换算,并能准确测量给定物体的长度。 2. 能辨认简单的立体图形和平面图形,并进行简单的拼图,在此过程中与他人合作交流解决问题。 3. 能辨认从不同角度观察到的简单物体,会用基本的方位词描述物体的相对位置。在观察等活动中提出一些简单的猜想。	1. 认识线段、射线和直线,了解平面上两条直线的位置关系。 2. 认识角、三角形、平行四边形、梯形,了解它们的特征。 3. 探究长方形、正方形的周长和面积计算。 4. 感受平移、旋转、轴对称现象;认识物体的相对位置。 5. 掌握初步的测量、识图和画图技巧。 6. 在从物体中抽象出几何图形、想象图形运动和位置的过程中,发展空间观念。	1. 认识长方体、正方体、圆、圆柱和圆锥,了解它们的特征;寻找生活中与它们相关的物体,探究其应用价值与图形特征之间的联系。 2. 探究多边形和圆的面积计算公式,会计算相关图形的面积。 3. 探究长方体、正方体、圆柱、圆锥的体积计算公式,会计算其体积。 4. 认识比例尺,能根据比例尺确定物体的位置。

注:资料来源为《义务教育小学数学课程标准(2011年版)》。

【教育建议】

1. 用多种方法建立平面图形与立体图形的联系,认识图形的基本特征,探索平面图形的周长和面积及立体图形的表面积、体积的计算方法。

(1) 引导儿童观察,注重让学生用多种感官参与数学活动,眼、耳、口、手、脑并用,要注意为学生进行空间想象和抽象思维提供直观、形象的表象支持,让学生在对具体实物或模型的认识和描述中,丰富对立体图形的认识。

(2) 在实际观察、剪拼、测量和比较中探索平面图形的周长和面积及立体图形的表面积、体积的计算方法。

2. 要结合实际生活中学生熟悉的事物,使学生认识、感知旋转、平移与轴对称的现象。

(1) 重视学生的感性认识,让学生在观察中去比较和体会旋转、平移和轴对称现象的特点。结合课堂活动,让学生多做几个动作,多举一些例子,从而进一步感知旋转、平移和轴对称的特点。

(2) 重视观察和操作活动,引导学生用多种感官参与学习。学生对旋转、平移和轴对称现象的感知,很大程度上要依赖于观察活动。教学时,要指导学生观察的要点,即先看什么,后看什么,还要让学生把观察与想象结合起来。

3. 丰富儿童空间方位识别的经验,使其能正确辨别并用语言描述方位,引导儿童运用空间方位经验解决问题。辨别方位时参照点的变化具有育人功能,使儿童经历由"我"到"去我"的过程,有利于培养儿童从对方角度出发思考问题的思维模式。

(1) 用上下、前后、左右等方位来描述位置,以自我为观测中心,儿童此时的思维方式是"我怎么认为"。

(2) 用"东南西北"(上北下南左西右东)等方位来描述位置,是以我们为观测中心,儿童此时的思维方式是"我们怎么认为"。

(3) 用"数对"描述位置,教学中是以教师(对方)为观测中心,儿童此时的思维方式是"教师(对方)怎么认为"。

(4) 用"方向+角度+距离"来描述位置,观测点是以第三方A为观测中心,儿童此时的思维方式是"旁人怎么认为"。

表4-44 目标3:经历统计过程,感知概率问题

7—8岁	8—10岁	10—12岁
1. 能根据一定的标准进行分类,感受分类与分类标准的关系。 2. 经历简单的数据收集和整理过程,了解简单的数据整理方法,能用自己的方式呈现整理数据的结果,并对数据进行简单分析。 3. 能对调查过程中的简单数据进行归类,体验数据中蕴含的信息。	1. 经历简单的收集、整理、描述和分析数据的过程。 2. 认识条形统计图,能用它直观地表示数据。 3. 体会平均数的作用,能计算平均数。 4. 通过对数据的简单分析,体会运用数据进行表达与交流。	1. 会用折线和扇形统计图直观且有效地表示数据,能读懂统计图表。 2. 体会生活中的随机现象,感受随机现象发生的可能性的大小,能列出简单随机现象所有可能发生的结果。 3. 有数据分析意识,会运用数据预测功能推理事物发展变化的趋势。

注:资料来源为《义务教育小学数学课程标准(2011年版)》。

【教育建议】

1. 创设情境，激发学生的学习兴趣。

（1）在教学"分组整理数据"时，首先从学生熟悉的生活情境和感兴趣的事物出发，进行情景谈话引入，激发学生统计的愿望："要想知道我们班同学的身高情况，该怎么办呢？"学生们各抒己见说出了许多办法，如举手数数、站成几排、小组调查再汇总、写在纸条上再分类等。

（2）统计本班学生体重，或者收集、整理本班学生1分钟踢毽子的成绩或某年级同学参加体育活动情况统计等。这些与学生生活息息相关的活动情境，提供给学生参与收集相关数据、整理已收集的数据、用图表描述和分析数据等活动的平台，让学生乐于参与。

2. 让学生经历收集与整理、分析数据的过程，激发统计意识。

（1）为保证每个学生都能经历分类整理的过程，教学时可以给每位学生提供研究的材料。比如，分类时，每人一套图形卡片或数字卡片等，给出充足的时间，让学生按自己的标准分类。

（2）在学习中，要鼓励学生去经历收集数据的过程，通过对数据进行整理而得到结果。课堂上可以让学生用自己的方法先进行整理，并对整理方法进行比较，感受画"正"字方法整理数据的优越性。

3. 要注重统计与现实生活的联系，让学生感受到统计的价值。

（1）教学中把本班学生的身高测量记录单作为分析对象，引导学生开展讨论："从这张记录单里，你想了解哪些情况？"学生从中可以了解到：身高在哪个范围的人最多，自己是不是其中的一个；谁最高，谁最矮；自己偏高，还是偏矮……由于整理的是真实的数据，学生能体验到分组整理数据的优点，感受班级身高的总体情况。

（2）学习平均数，理解平均分，实际上就是"移多补少"的过程，从而掌握计算平均数的"模型"。教学前应关注学生对"平均"的基本认识。在此基础上，将平均数"上升"为一组数据的代表，在实际应用中，增加平均数的统计色彩，体会平均数的现实意义和作用。

4. 遵循学生认知规律，加强实际操作与课堂演示的结合。

（1）在教学活动中，根据学生的心理特点及认知规律，利用和开发教科书，寓教于丰富多彩的活动之中，如抛硬币、摸彩球、套圈等。可让学生在具体的游戏活动中做一做、想一想、说一说，通过实际参与、亲身体验去感受不确定现象与确定现象。

（2）通过摸球和转盘游戏，学生亲自经历游戏过程，容易发现每一号球都可能被摸出；也容易发现指针落在圆盘颜色面积大的区域次数多一些，并能体会到不同结果的可能性有大有小。在感性认识的基础上，就能提高对随机现象结果发生的可能性大小的理性认识。

表 4-45　目标 4：经历实践操作，感知数学的有用和有趣

7—8 岁	8—10 岁	10—12 岁
1. 经历实践操作的过程，感受数学在日常生活中的作用。 2. 在实践活动中，了解要解决的问题和解决问题的办法。 3. 能在教师的指导下，从日常生活中发现和提出简单的数学问题，并尝试解决。	1. 结合实际情景，体验发现和提出问题、分析和解决问题的过程。 2. 能用数学眼光观察问题，能用数学思维分析问题，能用数学办法解决问题，发展综合运用能力。 3. 经历实践操作的过程，获得数学活动经验，增强学习数学的兴趣。	1. 经历有目的、有设计、有步骤、有合作的实践活动。 2. 在给定目标下，感受针对具体问题提出设计思路、制定简单的方案解决问题的过程。 3. 通过应用和反思，进一步理解所用的知识和方法，了解所学知识之间的联系，体验用数学思维和方法解决问题的乐趣。

注：资料来源为《义务教育小学数学课程标准（2011 年版）》。

【教育建议】

1. 引导学生感知和体会生活中很多地方都会用到数学，关注与自己生活密切相关的数的信息，体会数可以代表不同的意义，感受数学与生活的紧密联系。

（1）和学生一起寻找和发现生活中用数字做标识的事物，如排队的人数、书的本数、教室的楼层数等。

（2）感受生活中一些不同的数字及其表示的意义，如三峡大坝各项目资金投入、城市的人口、土地的面积等，对身边有关数学的事物产生好奇心，并积极参与数学活动。

2. 引导学生观察和发现生活中按照一定规律排列的事物，体会其中的排列特点与规律，并尝试自己创造出新的排列规律。

（1）引导学生观察生活中数的排列规律，如按照时间顺序制作年历、按照时钟的数字排列顺序设计和制作钟面等。

（2）引导学生利用旋转、平移和轴对称设计生活中的图案，如花边设计大赛、制作风车等。

3. 引导学生注意事物的形状和特征，尝试用学过的图形来制作生活中的事物，体会数学知识的形象性和趣味性。

（1）引导学生利用学过的图形拼图，如用七巧板拼生活中常见的事物。

（2）引导学生利用表面积知识设计和制作生活物品，如包装盒、笔筒等。

4. 鼓励和支持学生发现、尝试解决日常生活中需要用到数学的问题，体会数学的用处。

5. 引导学生利用图形周长、面积等知识，解决生活中的实际问题。

五、艺术

艺术是人类文明的重要组成部分。随着信息时代的到来，艺术不再局限于传统的剧场、戏院、音乐厅、美术馆，而是更为广泛地进入电视、电脑等，成为现代人日常生活和学习不可分割的一部分。越来越多的人文学者、科学工作者和工程技术人员尝试从艺术中吸取灵感，将艺术的思维方式渗透到自己的工作和研究中。艺术的感受、想象、创造等能力，已成为现代社会需要的综合型人才所不可缺少的素质。

小学阶段是一个对外部世界和各种事物充满好奇的阶段，也是一个容易接受各种新事物的阶段。艺术教育一定要符合小学生活泼好动的天性，而艺术学习相比知识学习更加具有活动性、趣味性，正好迎合了儿童的心理特征。儿童艺术教育包括绘画、音乐、舞蹈等多种形式，无论哪种形式的艺术活动，都会让学生形成最初的审美印象，并可能会影响其一生。艺术本身就是一种想象力和创造力的结合，而想象力和创造力作为人类的两种宝贵的品性，是社会进步和发展的催化剂。

因此，必须利用这一特点，给予学生更多的发挥空间，在小学阶段多激发学生主动学习艺术的兴趣，建立一个良好的艺术学习环境，培养学生自信、勇于尝试及创新的精神。

（一）感受与欣赏（表 4-46 至表 4-50）

表 4-46　美术目标 1：喜欢自然界与生活中美的事物

7—8 岁	8—10 岁	10—12 岁
感知周边自然环境及日常生活用品之美，用自己的语言与同伴交流，形成初步的发现美、感知美、欣赏美的意识。	观察生活中的事物，认识其线条、形状、色彩等特征。	用美术术语对美的事物进行感知与体验，提升审美情趣。

注：资料来源为《义务教育小学美术课程标准（2011 年版）》。

【教育建议】

1. 和学生一起观赏周边自然景色和动植物，从线条、形状、色彩、肌理等方面感知其中的美，体会美存在于我们身边的环境之中。

2. 支持学生积极开展探究、讨论和交流，鼓励学生用自己的语言充分表达感受与认识。

表 4-47 美术目标 2：喜欢欣赏多种多样的艺术形式和作品

7—8 岁	8—10 岁	10—12 岁
观赏感兴趣的美术作品，用简短的话语大胆表达感受。	1. 欣赏符合学生认知水平的中外美术作品，搜集并了解我国民间艺术作品的特点或寓意。 2. 了解以人为本的设计理念，改善和美化我们的生活。	欣赏中外优秀美术作品，了解有代表性的美术家，通过描述、分析与讨论，用简单的美术术语表达对美术作品的感受与理解。

注：资料来源为《义务教育小学美术课程标准（2011 年版）》。

【教育建议】

1. 识别学生学校或社区公共场所中常见的符号，了解其用途、创意和传递的信息。

2. 和学生一起欣赏剪纸、皮影、年画、泥塑、刺绣等中国民间艺术作品，了解其所使用的材料与用途，感受中国民间艺术的魅力。

3. 创造机会和条件，运用电影、录像、参观、访问等方式，引导学生去比较中外著名艺术家的绘画、雕塑、建筑、摄影、设计、媒体艺术作品，运用美术语言，通过讨论和写作，表达自己的感受与理解。

表 4-48 音乐目标 1：了解音乐要素与培养聆听习惯

7—8 岁	8—10 岁	10—12 岁
1. 感受自然界和生活中的各种声音，能够用自己的声音或打击乐器模仿喜欢的音响。 2. 能够听辨歌唱中的童声、女声和男声音色。 3. 感受乐器的声音。能够听辨常见打击乐器的音色，并能用打击乐器奏出强弱、长短不同的声音。 4. 能够感受并描述音乐中力度、速度的变化，并对二拍子、三拍子的音乐做出相应的体态反应。	1. 能发现自然界和生活中的各种音响，用自己的声音模仿喜欢的音响。 2. 能够听辨歌唱中不同类型的女声和男声音色。 3. 能够初步判别节拍的不同，体验二拍子、三拍子的律动。	1. 探索自然界和生活中的各种音响，能够用不同方式模仿不同的声音。 2. 能听辨音乐的基本要素，并能用体态或线条做出相应的反应。

注：资料来源为《义务教育小学音乐课程标准（2011 年版）》。

【教育建议】

1. 积极引导学生进行聆听活动。在音乐课堂中，利用音响、音像资料与网络资源等多开展聆听活动。如在课堂上，利用多媒体，播放《野蜂飞舞》的动画，组织学生观看视频和聆听音乐。

2. 要尊重学生的独立感受和见解，鼓励学生勇于表达自己的审美体验。如对杜鹃鸟的声音进行模仿时，可以是"咕咕""叽叽""喳喳"等多种声音。

3. 采用多种形式引导学生积极参与音乐体验，引发他们的联想与想象。如同一首乐曲使用不同的乐器进行演奏让他们进行分辨；用PPT动画线条的形象让学生具体感知音乐变化部分；播放视频让学生观看演奏，将声音具体化。

表4-49　音乐目标2：感知音乐的感性特征

7—8岁	8—10岁	10—12岁
1. 体验不同情绪的音乐，能够自然流露出相应表情或做出体态反应。 2. 体验并说出音乐情绪的相同与不同之处。	1. 能听辨不同情绪的音乐，并做简要描述。 2. 能聆听不同体裁的歌曲并随歌曲轻声哼唱或默唱。 3. 能聆听不同体裁的乐曲，并通过身体的律动等对所听音乐做出反应。	1. 听辨不同情绪的音乐，并能简要描述。 2. 能够有意识地体验音乐的各种情感并能表达出来。 3. 能初步分辨小型的音乐体裁与形式。

注：资料来源为《义务教育小学音乐课程标准（2011年版）》。

【教育建议】

1. 音乐课堂上多引导学生感知音乐情绪，如播放音乐《龙咚锵》，让学生感受新年欢快的氛围。

2. 用多种形式引导学生积极参与音乐体验，引发他们的联想和想象。听见音乐可以不自觉地做出身体的律动。

3. 鼓励学生勇于表达自己的审美体验。课前3分钟可以让学生欣赏并让学生上台说说情感变化并用线条、动作等表现出来。让学生与音乐一起合奏或合唱歌曲，体验分辨各种不同的音乐形式。

表4-50　音乐目标3：喜欢民族音乐文化与了解国外音乐文化

7—8岁	8—10岁	10—12岁
1. 聆听不同国家、地区、民族的儿歌、童谣及小型器乐曲或乐曲片段，初步感受其不同的风格。 2. 聆听儿童歌曲，聆听音乐形象鲜明、结构较为简短的进行曲、舞曲及其他体裁的音乐段落。	能了解有代表性的地区和民族歌曲、民间歌舞等，体验其不同的风格。	1. 聆听中国民族民间音乐，简单描述不同地区、不同民族的音乐的风格特征。 2. 聆听世界上不同国家的优秀的音乐作品，并说出其主要特征。

注：资料来源为《义务教育音乐课程标准（2011年版）》。

【教育建议】

1. 在国内外音乐教学的课堂中，除了教唱与聆听音乐以外，还要让学生了解不同民族、国家的特点。如在"其多列"一课中，可以让学生了解少数民族的穿衣风格、风俗习惯等。

2. 可以因地制宜，先了解富有本地区域特点的歌曲，再慢慢了解其他具有鲜明特点的民族音乐。

3. 鼓励学生对所听音乐表达独立的感受，养成聆听的习惯，逐步积累欣赏音乐的经验。如每次聆听音乐要求坐端正、安静聆听，播放国内外特色乐曲时可以借助图片或者实物表演，加深学生对乐曲的印象。

（二）表现与创造（表4-51至表4-54）

表4-51　美术目标1：喜欢进行艺术活动并大胆表现

7—8岁	8—10岁	10—12岁
尝试使用各种媒材，通过看看、画画、做做等方法大胆、自由地表现所见所闻、所感所想。	学会用不同的媒材，借助线条、色彩和肌理等造型元素去进行有意图的造型活动。	运用造型元素和形式原理，描绘事物，表达思想与情感；尝试用多种表现方法有意识地创作。

注：资料来源为《义务教育美术课程标准（2011版年）》。

【教育建议】

1. 带领学生尝试不同的造型表现方法，运用造型元素如线条、色彩、肌理等描绘事物，并进行创作练习。

2. 支持学生的美术表现意图，尝试用毛笔、水性颜料、墨、宣纸等工具、材料，开展趣味性造型活动。

3. 鼓励学生利用参观、访问、调查市场和查找网络等方法了解作品。利用摄影、绘画或文字记录等方式收集资源，对各种作品进行分析、表现与评价。

表4-52　美术目标2：具有初步的艺术表现与创造能力

7—8岁	8—10岁	10—12岁
体验不同工具和媒材的表现效果，开展造型表现活动，并借助语言表达自己的想法。	选择各种易于加工的媒材，进行有意图的造型活动，在作品中表现自己所观察到的事物的特征。	根据不同媒材的特点，结合自己的创作意图，灵活运用所学的方法创作作品。

注：资料来源为《义务教育美术课程标准（2011年版）》。

【教育建议】

1. 引导学生了解各种材质的特性，选择易于加工的综合材料，如面材、线材、纸材等，结合学校和当地生活，运用撕、剪贴、折叠、切挖和编织组合的方法制作工艺品，如剪纸、小挂饰、中国结等。

2. 引导学生围绕关爱主题、环保主题等，创作头饰、面具、布景等，利用集体生日、和平、环保、过新年等主题班会，创设教室美术馆等各种情境，结合舞蹈、戏剧、动画等形式进行展演。

3. 帮助学生合理而巧妙地运用媒材的质感、肌理与形状，体验设计创意。

表 4-53　音乐目标 1：喜欢进行艺术实践活动并享受活动乐趣

7—8 岁	8—10 岁	10—12 岁
1. 学唱儿歌、童谣及其他简短的歌曲，能够用正确的姿势、自然的声音，有表情地独唱或参与齐唱，并能够对指挥动作做出反应。 2. 学习常见的课堂打击乐器，能够用打击乐器或其他声音材料合奏或为歌曲伴奏，参与演奏活动。	1. 乐于参加各种演唱和演奏活动。 2. 能够用正确的姿势和呼吸方法唱歌，培养良好的唱歌习惯。 3. 能够用自然的声音、准确的节奏和音调，有表情地独唱或参与齐唱、轮唱等。 4. 能够用口风琴、竖笛等课堂乐器参与歌曲、乐曲的演奏。	1. 能主动地参与各种演唱，养成良好的唱歌习惯。 2. 能够自信地、有感情地演唱歌曲。 3. 能够简单分析歌曲的特点和风格。 4. 能选择课堂乐器每学期演奏 1~2 首乐曲。 5. 能与他人合作表演情景剧或曲艺片段。

注：资料来源为《义务教育音乐课程标准（2011 年版）》。

【教育建议】

1. 在课堂上多开展音乐实践活动，给学生上台表演的机会。如开展期末音乐会，让学生上台展示与表演，增强学生的自信心。

2. 重视课程内容中对演唱姿势、呼吸方法、节奏、音准等方面的要求。如多次练习和展示，发现不足并改正。

3. 培养学生进行综合性艺术表演的能力。如课堂中每段时间开展小剧院活动，根据表现给学生打分或加分。每次表演完毕，请其他学生点评。

表4-54 音乐目标2：具有初步的艺术表现与创造能力

7—8岁	8—10岁	10—12岁
1. 能够配合歌曲、乐曲用身体做动作。 2. 能够与他人合作，进行律动及集体舞等表演活动。 3. 认识简单的节奏符号，能够用声音、语言、身体动作表现简单的节奏。 4. 能够运用人声、乐器或其他声音材料，在教师的指导下，编创1~2小节的节奏音型。	1. 能够运用人声、乐器声模仿自然界或生活中的声音。 2. 能够即兴创编舞蹈，并参与表演。 3. 能够在教师的指导下，尝试运用图谱或乐谱记录声音和音乐。	1. 能独自或小组创编节奏或歌词。 2. 能够对自己或他人的创编或声音探索活动做出评价。 3. 能够依据歌曲、乐曲内容进行创编。 4. 能够在教师的指导下独自或与他人合作创编。

注：资料来源为《义务教育音乐课程标准（2011年版）》。

【教育建议】

1. 多开展音乐创编活动，培养学生的创造力与想象力。如在"口哨与小狗"一课中，可以让学生根据音乐要素自主创编动作，体会音乐。

2. 应重视音乐实践中的创造过程，充分发挥学生的想象力和创造力。如节奏创编时，允许有多个答案，不要用统一模式束缚学生。

3. 鼓励学生发掘创造性思维能力。如学完歌曲后以小组为单位，为歌曲进行旋律或者节奏创编，鼓励学生课前3分钟自己创编歌曲并上台展示。

（三）音乐相关文化（表4-55、表4-56）

表4-55 目标1：社会生活中的音乐

7—8岁	8—10岁	10—12岁
1. 感受生活中的音乐，乐于与他人共同参与音乐活动。 2. 能够通过广播、影视、网络、磁带、CD等传播媒体欣赏音乐。 3. 积极开展音乐与其他学科相结合的活动，初步形成知识的迁移。	1. 关注生活中的音乐，喜欢从影视、广播、网络中收集喜欢的音乐。 2. 综合探索音乐与其他学科相结合解决问题的方式，初步形成综合解决问题和迁移的能力。	1. 养成关注音乐的习惯，并能从各种场景的音乐中提取与音乐相关的信息，积累音乐素材。 2. 能对音乐做出自己的评价。 3. 与其他学科相结合，提高综合解决问题和迁移的能力。

注：资料来源为《义务教育音乐课程标准（2011年版）》。

【教育建议】

1. 提倡学生到大剧院观看音乐剧，培养音乐素养。如在学校的夏令营活动中，可由老师带领到剧院观看，并写下观后感。

2. 要利用现代教育技术视听结合与快速传播的优点，加强学生对影视、广播、网络上音乐的感知与学习，如可与时俱进地学习一些符合当下主旋律的歌曲。

3. 在教学中播放其他音乐可以提高学生的文化素养，有助于拓宽学生的视野，如播放学生喜欢的音乐。

表4-56 目标2：音乐与其他学科的联系

7—8岁	8—10岁	10—12岁
1. 能够用简单的形体动作配合音乐节奏。 2. 能够用简明的表演动作表现音乐情绪。 3. 能够用色彩或线条表现对音乐的不同感受。 4. 列举声音与日常生活及自然现象的联系。	1. 能欣赏戏剧和舞蹈，初步认识音乐在其中的作用。 2. 能选用合适的背景音乐，为儿歌、童话故事或诗歌朗诵配乐。	1. 能简单表述音乐对情绪的影响。 2. 能说出中国和世界上部分国家的代表性音乐及相关风土人情。

注：资料来源为《义务教育音乐课程标准（2011年版）》。

【教育建议】

1. 音乐与各个学科均可结合。如音乐与语文学科融合，创作《咏鹅》《游子吟》等歌曲。歌词是古诗词，由作曲家谱曲。一首首家喻户晓的古诗变成脍炙人口的歌曲，提高学生的学习兴趣与文化、音乐素养。

2. 多多欣赏不同音乐在不同场景下的运用，使学生真正理解音乐的作用。如播放不同国家不同地区具有代表性的歌曲。

大一小小学生心理健康状况调查研究

吴 婷

一、问题提出

小学阶段的学生正处于个体心理发展的关键时期，此阶段个体不仅需要面对青春发育的生理变化，还会遇到人格的形成与情绪的波动变化。随着社会的快速发展、人们生活节奏的日益加快、竞争的日趋激烈，小学生的心灵受到了极大的冲击，小学生由于种种心理压力而出现心理异常现象，心理健康现状不容乐观。据2011年重庆市主城区小学生心理健康调查，至少存在1项心理问题的学生占50.1%，这个比例包含沙坪坝区样本与数据。为进一步了解小学生心理健康水平，促进心理健康教育发展，有必要对小学生心理健康现状进行调查研究。

二、研究对象与工具

（一）研究对象

根据方便抽样的原则，本次调查选取城乡结合区域典型代表——大一小的学生为调查对象，采用分层抽样的方式，在全校6个年级、50个教学班中抽取400名学生完成调查问卷的填写。本次研究发放调查问卷共计400份，回收问卷400份，有效问卷398份，问卷回收率为100%，问卷有效率为99.5%。

（二）研究工具

采用华东师范大学心理学系周步成等人修订的含中国常模的《心理健康诊断测验》（MHT），适用对象是中小学生。该量表采用二级记分方法，除了一个测试量表之外，还有8个内容量表，即学习焦虑、对人焦虑、孤独倾向、自责倾向、过敏倾向、身体症状、恐怖倾向、冲动倾向。按照常模将量表的总分转换为标准分，分数越高，表明焦虑程度越高。

（三）数据处理

使用spss19.0进行独立样本T检验和单因素方差分析。

三、研究结果与分析

（一）小学生心理健康的发展特点（表4-57）

1. 整体心理健康水平

表4-57 小学生心理健康的发展特点

	Mean	Std. Deviation	n（标准分>8）	百分比/%
学习焦虑	8.03	3.05	182	45.72
对人焦虑	4.22	2.28	7	1.75
孤独倾向	2.65	1.87	3	0.75
自责倾向	5.21	2.48	36	9.04
过敏倾向	5.87	2.27	45	11.31
身体症状	4.76	2.44	3	0.75
恐怖倾向	3.45	2.51	29	7.28
冲动倾向	3.15	1.79	11	2.76
总分	37.38	12.63	4（标准分>65）	1.01

从描述性统计分析的结果来看，学校小学生全量表标准分为37.38，低于65分，说明学校学生整体心理素质较好。

2. 心理健康各维度得分

学生在学习焦虑维度上的平均分高于8，说明学生整体上处于高度的焦虑状态，并且学习焦虑>过敏倾向>自责倾向>身体症状>对人焦虑>恐怖倾向>冲动倾向>孤独倾向。

3. 心理健康问题检出率

根据量表评分标准，筛选出学校小学生在各个维度及总分上大于常模的人数，初步了解小学生整体的心理健康问题检出率及其表现。从筛选统计结果来看，量表总分的标准分高于65的有4位同学，所占比重为1.01%，再次说明了学校学生整体心理素质较好。其中，学习焦虑的检出率最高，其次是过敏倾向、自责倾向、恐怖倾向。

（二）小学生心理健康的影响因素分析

1. 年级对小学生心理健康的影响（图4-1）

就量表总分来看，不同年级之间的心理健康水平差异显著，六年级>五年级>三年级>二年级>四年级>一年级，说明六年级学生整体焦虑水平最高，一年级学生整体焦虑水平最低。

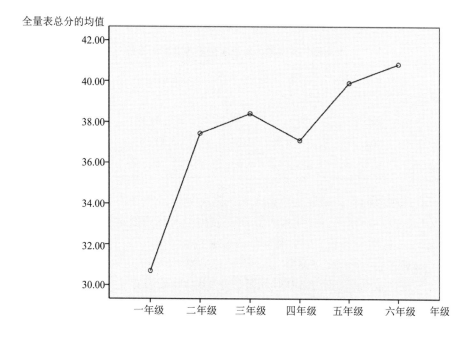

图 4-1 年级对小学生心理健康的影响

2. 父母婚姻状态对小学生心理健康的影响（图 4-2）

就量表总分来看，已经离婚>正在离婚>共同生活。小学生的心理健康水平在总分及其他维度上均未呈现出显著差异。

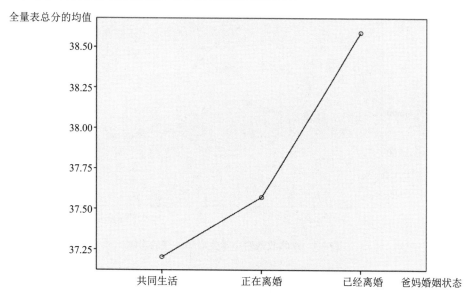

图 4-2 父母婚姻状态对小学生心理健康的影响

3. 父母学历对小学生心理健康的影响（表4-58）

表4-58　父母学历对小学生心理健康的影响

维度	小学及初中 ($n=113$)	高中 ($n=160$)	大学 ($n=117$)	研究生及以上 ($n=8$)	F	P
	M±SD	M±SD	M±SD	M±SD		
孤独倾向	2.46±1.74	2.70±1.96	2.69±1.87	3.87±1.64	1.563	0.042*
恐怖倾向	3.94±2.70	3.62±2.64	2.72±1.97	3.87±1.95	5.204	0.001**

在孤独倾向上，研究生及以上＞小学及初中，并且得分差异显著，说明父母为高学历水平的学生孤独倾向明显高于父母为低学历水平的学生。

4. 家庭收入对小学生心理健康的影响（图4-3）

从量表总分来看，3 000元及以下＞3 000—6 000元＞6 000元及以上。结合多重比较结果显示，3 000元及以下＞6 000元及以上，并且得分差异显著，说明低收入家庭学生的心理健康水平明显低于高收入家庭学生的心理健康水平。

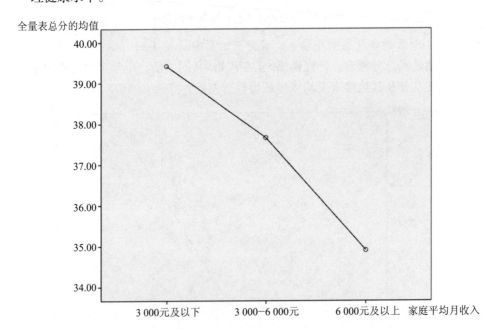

图4-3　家庭收入对小学生心理健康的影响

四、调查结果讨论

(一)小学生的心理健康发展特点

1. 心理健康整体水平良好

这与学校开展的心理健康教育工作密切相关。学校自 2015 年建成心理辅导室以来,针对不同类别学生,采用分类引导办法,实施心理健康教育与辅导。通过每周"心灵蜜语"、班级团体心理辅导课、定期心理专题讲座、"悄悄话信箱""有温度的家访"等活动,提升普通学生心理健康水平;通过建立特殊学生档案,利用谈话、卡牌、沙盘、绘画、舞动等心理辅导技术,改善特殊学生心理状态;通过常规性个性化康复训练与辅导、专题汇报活动、融合运动会等方式大力促进特殊学生心理品质发展。

2. 心理健康各维度得分差异显著

小学生学习焦虑得分最高,一方面,可能是因为目前小学生学业任务较重,学习压力偏大;另一方面,现阶段家长和老师对学生学习成绩的重视和敏感程度较高,会给学生造成心理负担。

小学生孤独倾向得分最低,一方面,可能是因为学生家庭背景比较相似,学生之间在各个方面的同质性水平较高,同伴之间存在很多共同点;另一方面,可能是因为学校环境宜人,校园活动丰富多样,小学生友伴需求简单。还有可能是因为孤独倾向量表的内容多是针对学生的校园生活而设计的,在学校这种集体生活中,同学之间的相互陪伴容易得到满足。

3. 心理健康问题检出率低

从筛选统计结果来看,量表总分的标准分高于 65 分的有 4 位同学,所占比重为 1.01%,再次说明了小学生整体心理素质较好。其中,学习焦虑的检出率最高,其次是过敏倾向、自责倾向、恐怖倾向。

(二)小学生的心理健康影响因素分析

1. 年级对心理健康水平的影响

从量表总分来看,不同年级之间的心理健康水平差异显著,六年级>五年级>三年级>二年级>四年级>一年级,说明六年级学生整体焦虑水平最高,一年级学生整体焦虑水平最低,这与大多数研究结论相一致。一方面,可能是因为六年级学生正处于毕业季,会面临升学和择校的压力,因此六年级学生的整体焦虑水平最高;另一方面,一年级的学生较为天真,内心单纯,因此呈现出较为良好的状态,焦虑水平最低。

2. 父母婚姻状态对心理健康水平的影响

就量表总分来看,已经离婚>正在离婚>共同生活,得分差异不显著,大一小学生的心理健康水平在其他维度上均未呈现出显著差异,说明父母婚姻状态对学生的心理健康水平有一定的影响。研究表明，个体的心理健康水平会受到家庭氛围、家庭结构的显著影响，而离婚家庭在家庭氛围和家庭结构方面普遍不及完整的家庭，因此与父母共同生活的学生在心理健康水平上的均分低于离婚家庭的学生，即心理健康水平高于离婚家庭学生。

3. 父母学历水平对心理健康水平的影响

在孤独倾向维度上，研究生及以上>小学及初中，并且得分差异显著，说明父母为高学历水平的学生孤独倾向明显高于父母为低学历水平的学生。一方面，这可能与父母陪伴孩子的时间长短有关，高学历水平的父母一般工作较忙，不能随时陪伴在孩子身边，因此孩子容易产生孤独感；另一方面，可能是因为高学历水平的父母更倾向于选择优生优育，生育时间偏晚，生育数量少，这也会导致父母为高学历水平的学生孤独倾向明显高于父母为低学历水平的学生。

在恐怖倾向维度，小学及初中>大学，并且得分差异显著，说明父母为高学历水平的学生恐怖倾向明显低于父母为低学历水平的学生。恐怖倾向的形成，主要是由家庭教育中的某些不正确的教养方式所致，如过分娇惯和照料、父母对孩子疏远或管教过严等，使儿童形成依赖心理强、缺乏独立性、应变性或敌对心理强等性格特点。一般而言，高学历水平的父母会结合自己的教育经历，对孩子采取更加合理的教养方式，因此父母为高学历水平的学生恐怖倾向明显低于父母为低学历水平的学生。

4. 家庭月均收入对心理健康水平的影响

收入越高，心理健康水平也就越高，尤其表现在孤独倾向和恐怖倾向这几个方面。收入越高，家庭条件越好，学生拥有的资源也更多。在心理健康教育方面，更多的资源意味着更广泛的社会支持。社会支持作为影响人们身心健康的一个重要因素，是个体出现心理问题后，有效化解压力、解决心理危机的一个重要资源。心理健康水平和社会支持紧密相关，社会支持水平越高，心理健康水平也就越高。因此，在孤独倾向和恐怖倾向这几个方面，中、高收入家庭的学生心理健康水平均高于低收入家庭的学生。

五、教育建议

1. 加强对小学高年级学生的心理健康教育

小学高年级学生正处于埃里克森心理发展理论的"勤奋—自卑"阶段。因此，小学高年级心理健康教育需要解决三个方面的问题：一是学习方面，需要帮助学生掌握一定的方法，增强学习的信心，培养良好的学习习惯;二是生活方面,培养学生良好的生活习惯的同时,还要让学生学会管理时间,掌握一定的技能,提高生活自理能力,并树立集体主义价值观;三是人格发展方面,培养学生灵活、敏捷的思维能力、积极乐观的情绪、开朗的性格以及坚强、勇敢等良好的意志品质。

2. 重视家庭对学生心理健康的影响

除了父母婚姻状态、学历水平和收入影响学生心理健康之外,研究表明,父母的过度期望、教育方式不当、家庭氛围不和谐等均会影响学生心理健康发展。因此,学校除了对学生开展心理健康教育之外,还应该针对性地对家长开展相关培训,让家长掌握学生心理发展规律,在家庭教育过程中渗透心理健康教育,形成学校、家庭协同的整体教育环境。

3. 利用信息技术开展传媒教育

在互联网信息技术的推动下,基础教育教学模式不断变革与创新。学校心理健康教育可借力互联网开展,学生及家长将不受时间和空间的限制,在互联网上寻找自己喜欢的教师进行心理咨询;重症、难症还可以在网上寻找著名专家诊治;通过互联网还可以向其他同伴倾诉心中的烦恼。

"心之桥"上遇见我——重庆大学城第一小学校心理健康教育课程创新基地建设

大一小小学生心理健康现状测查后测报告

小学生正处在身心发展的重要时期，随着生理、心理的发育和发展，社会阅历的增加、思维方式的变化及社会竞争压力的增加，他们在学习、生活、自我意识、情绪调适、人际交往和升学就业等方面，会遇到各种各样的心理困扰或问题。《纲要》明确指出，在中小学开展心理健康教育，这是学生身心健康成长的需要，也是全面推进素质教育的必然要求。自2018年5月成功申报沙坪坝区第二批课程创新基地以来，学校积极推进"心之桥"课程创新基地建设，通过多种途径着力培育"心康体健、品美行雅"的靓美桥娃。经过3年的努力，"心之桥"课程创新基地建设已取得了一定的成果。为更好地检验课程创新基地建设的有效性，对学校学生目前的心理健康现状再次进行调查研究势在必行。

一、调查对象与方法

（一）调查对象

根据方便抽样的原则，本次调查选取大一小的学生为调查对象，采用分层抽样的方式，在全校6个年级、51个教学班中各随机抽取8名学生完成调查问卷的填写。问卷有效的标准为：① 无未填答题项；② 无明显的规律性填答；③效度量表分数大于8分。

本次回收问卷共计408份，有效问卷399份，问卷回收率为100%，问卷有效率为97.79%。调查对象的基本信息如表4-59所示。

表4-59 调查对象的基本信息

被试基本信息	组别	人数	百分比/%
年级	一年级	72	18
	二年级	63	15.8
	三年级	62	15.5
	四年级	62	15.5
	五年级	78	19.5
	六年级	62	15.5
性别	男	190	47.6
	女	209	52.4

续表

被试基本信息	组别	人数	百分比/%
民族	汉族	392	98.2
	少数民族	7	1.8
户籍所在地	重庆本地	387	97
	外地	12	3
户口性质	城镇户口	313	78.4
	农村户口	86	21.6
是否为独生子女	是	182	45.6
	否	217	54.4
父母婚姻状态	共同生活	355	89
	离婚	33	8.3
	再婚	11	2.8
主要照顾者	爸爸妈妈	337	84.5
	爷爷奶奶或外公外婆	59	14.8
	其他	3	0.8
父母最高学历	初中及以下	107	26.8
	高中	141	35.3
	大学	148	37.1
	研究生及以上	3	0.8
家庭平均月收入	3 000元及以下	37	9.3
	3 000—6 000元	163	40.9
	6 000元及以上	199	49.9
是否上过心理团辅课	是	170	42.6
	否	229	57.4
是否接受过个别化的心理辅导	是	198	49.6
	否	201	50.4
是否参加过心理健康教育活动	是	184	46.1
	否	215	53.9

(二) 研究工具

本研究采用华东师范大学心理学系周步成等人修订的含中国常模的《心理健康诊断测验》(MHT),具有较高的信效度,主要适用对象是中小学生。该量表采用二级记分方法,除了一个测试量表(I 效度量表)外,有8个内容量表,即学习焦虑、对人焦虑、孤独倾向、自责倾向、过敏倾向、身体症状、恐怖倾向、冲动倾向。各内容量表分别由 10—15 个题目组成，总共有 100 道题，答案有"是"和"不是"两种，回答"是"的记"1"分，回答"不是"的记"0"分（个别题除外）。按照常模将量表的总分转换为标准分，分数越高，表明焦虑程度越高，高于 65 分以上，说明被试的总体焦虑程度较高，需要制订个人诊断和个人指导计划，以及时消除焦虑或降低焦虑水平，促进其身心的健康成长；64 分以下者，需要进一步了解各内容量表得分情况，如果某项标准分超过 8 分，说明被试在此项目焦虑程度较高。

（三）统计处理

使用 spss19.0 对上述量表在性别、年级、民族、籍贯、户籍所在地等人口学变量上进行差异检验（独立样本 T 检验和单因素方差分析）。

二、调查数据分析

（一）大一小学生在 MHT 量表上的得分统计

本研究选用《心理健康诊断测验》来考察大一小学生的心理健康发展水平，通过把学生在 8 个维度上的原始分转换为相应的标准分，并计算出量表总分，进行描述性统计分析，观察大一小学生的整体心理健康水平，结果如表 4-60 所示。

表 4-60　大一小学生的整体心理健康水平

	Min	Max	Mean	Std. Deviation
学习焦虑	0	15	7.28	3.66
对人焦虑	0	10	3.79	2.31
孤独倾向	0	10	1.64	1.48
自责倾向	0	10	5.08	2.93
过敏倾向	0	10	4.95	2.44
身体症状	0	14	3.99	2.64
恐怖倾向	0	10	3.04	2.49
冲动倾向	0	9	1.86	1.98
总分	1	77	31.64	14.88

表 4-60 显示了大一小学生在心理健康诊断测验总分及 8 个维度上的测试结果，按照量表的使用说明，心理健康诊断测验的结果是以 8 个内容量表的标准分和全量表总的焦虑倾向标准分来表示的。根据评分标准，全量表标准分高于 65 分为高焦虑水平，低于 35 分为低焦虑水平，在 35—65 分

之间为中等焦虑水平；每个内容量表都以 8 分为临界点，如果得分在 8 分以上，说明该学生在此项目上有困扰或障碍，需要制订特别的个人计划，并接受专业的心理辅导。

从描述性统计分析的结果来看，大一小学生全量表标准分为 31.64，低于 65 分，学生整体上处于低焦虑水平。从各维度得分情况来看，学生在 8 个维度上的得分均小于 8，就维度得分情况来看，学习焦虑>自责倾向>过敏倾向>身体症状>对人焦虑>恐怖倾向>冲动倾向>孤独倾向。

（二）大一小学生心理健康问题检出率

根据量表评分标准，筛选出大一小学生在各个维度及总分上大于常模的人数，据此可初步了解大一小学生整体的心理健康问题检出率及其表现。筛选统计结果如表 4-61 所示。

表 4-61　大一小学生心理健康问题检出率

	Mean	Std. Deviation	n（标准分>8）	百分比/%
学习焦虑	7.28	3.66	158	39
对人焦虑	3.79	2.31	14	3.51
孤独倾向	1.64	1.48	1	0.25
自责倾向	5.08	2.93	54	13.53
过敏倾向	4.95	2.44	32	8.02
身体症状	3.99	2.64	30	7.52
恐怖倾向	3.04	2.49	7	1.75
冲动倾向	1.86	1.98	4	1
总分	31.64	14.88	5（标准分>65）	1.25

从筛选统计结果来看，量表总分的标准分高于 65 的有 5 位同学，所占比重为 1.25%，再次说明了大一小学生整体心理素质较好。其中，学习焦虑的检出率最高，其次是自责倾向、过敏倾向、身体症状、对人焦虑。

（三）心理团辅课对大一小学生心理健康水平的影响

为了解心理团辅课对大一小学生心理健康水平的影响，采用独立样本 T 检验进行差异性分析。由表 4-62 可知，除了恐怖倾向和冲动倾向以外，在总分和其他维度上面，心理团辅课对大一小学生心理健康水平的影响显著。

表 4-62　心理团辅课对大一小学生心理健康水平的影响

维度	未上过心理团辅课 ($n=229$)		上过心理团辅课 ($n=170$)		t 值	p 值
	M	SD	M	SD		
学习焦虑	6.83	3.64	7.9	3.61	-2.927	0.004
对人焦虑	3.44	2.12	4.26	2.47	-3.526	0.000
孤独倾向	1.49	1.25	1.84	1.71	-2.237	0.026
自责倾向	4.48	3.93	5.9	2.74	-4.934	0.000
过敏倾向	4.69	2.38	5.31	2.49	-2.525	0.012
身体症状	3.72	2.51	4.37	2.77	-2.460	0.014
恐怖倾向	2.83	2.37	3.32	2.64	-1.889	0.06
冲动倾向	1.73	1.90	2.02	2.08	-1.447	0.149
总分	29.21	13.85	34.92	15.61	-3.855	0.000

（四）个别化心理辅导对大一小学生心理健康水平的影响

为了解个别化心理辅导对大一小学生心理健康水平的影响，采用独立样本 T 检验对其进行差异性分析。由表 4-63 可知，除了孤独倾向、过敏倾向、身体症状、恐怖倾向、冲动倾向以外，在总分和学习焦虑、对人焦虑、自责倾向这 3 维度上面，个别化心理辅导对大一小学生心理健康水平的影响显著。

表 4-63　个别化心理辅导对大一小学生心理健康水平的影响

维度	未接受过个别化心理辅导 ($n=201$)		接受过个别化心理辅导 ($n=198$)		t 值	p 值
	M	SD	M	SD		
学习焦虑	6.88	3.64	7.69	3.64	-2.196	0.029
对人焦虑	3.55	2.21	4.03	2.39	-2.097	0.037
孤独倾向	1.54	1.42	1.75	1.53	-1.423	0.155
自责倾向	4.51	2.92	5.67	2.83	-4.021	0.000
过敏倾向	4.74	2.35	5.17	2.52	-1.764	0.078
身体症状	3.94	2.66	4.05	2.63	-0.416	0.678
恐怖倾向	3.05	2.41	3.03	2.59	0.078	0.938
冲动倾向	1.84	1.99	1.87	1.97	0.778	0.908
总分	30.05	14.45	33.25	15.17	-2.157	0.032

（五）心理健康教育活动对大一小学生心理健康水平的影响

为了解心理健康教育活动对大一小学生心理健康水平的影响，采用独立样本 T 检验对其进行差异性分析。由表 4-64 可知，在自责倾向上面，心理健康教育活动对大一小学生心理健康水平的影响显著。

表 4-64　心理健康教育活动对大一小学生心理健康水平的影响

维度	未参加过心理健康教育活动（$n=215$）		参加过心理健康教育活动（$n=184$）		t 值	p 值
	M	SD	M	SD		
学习焦虑	7.27	3.75	7.29	3.57	−0.079	0.937
对人焦虑	3.77	2.31	3.82	2.32	−0.086	0.853
孤独倾向	1.63	1.43	1.65	1.53	−0.132	0.895
自责倾向	4.79	3.02	5.42	2.79	−2.125	0.034
过敏倾向	4.99	2.36	4.90	2.54	0.360	0.719
身体症状	4.12	2.79	3.85	2.45	1.028	0.304
恐怖倾向	3.20	2.49	2.85	2.49	1.125	0.155
冲动倾向	1.92	2.02	1.77	1.94	0.745	0.457
总分	31.71	14.97	31.56	14.81	0.102	0.919

（六）大一小各年级学生心理健康水平的差异

为了解大一小各年级学生心理健康水平的差异，采用单因素方差分析对其得分进行差异检验。检验结果如表 4-65 所示，除了恐怖倾向、冲动倾向以外，大一小各年级学生的心理健康水平在总分和其他维度上均呈现出显著差异。

表 4-65　大一小各年级学生心理健康水平的差异

维度	一年级（$n=72$）	二年级（$n=63$）	三年级（$n=62$）	四年级（$n=62$）	五年级（$n=78$）	六年级（$n=62$）	F 值	P 值
	M±SD	M±SD	M±SD	M±SD	M±SD	M±SD		
学习焦虑	6.46±3.88	6.82±3.85	7.18±3.22	6.82±3.80	8.04±3.56	8.32±3.31	2.863	0.015
对人焦虑	3.75±1.85	3.81±2.35	2.90±1.92	3.61±2.36	4.37±2.72	4.16±2.29	3.305	0.006
孤独倾向	1.29±0.95	1.46±1.19	1.37±1.10	1.82±1.63	1.97±1.94	1.90±1.61	2.848	0.015
自责倾向	4.15±2.93	4.71±3.02	4.76±2.96	5.55±2.75	5.45±3.02	5.93±2.57	3.509	0.004

续表

维度	一年级 ($n=72$) M±SD	二年级 ($n=63$) M±SD	三年级 ($n=62$) M±SD	四年级 ($n=62$) M±SD	五年级 ($n=78$) M±SD	六年级 ($n=62$) M±SD	F值	P值
过敏倾向	4.01±2.01	4.54±2.49	5.03±2.35	5.32±2.52	5.36±2.59	5.48±2.39	3.943	0.002
身体症状	3.11±2.03	3.78±2.47	3.76±2.51	4.24±2.79	4.72±2.97	4.32±2.74	3.353	0.006
恐怖倾向	2.86±2.12	3.01±2.57	3.00±2.48	3.13±2.66	3.31±2.68	2.89±2.49	0.317	0.903
冲动倾向	1.40±1.62	1.67±1.67	1.81±2.15	1.97±1.89	2.56±2.24	2.02±2.15	1.647	0.147
总分	27.04±11.74	29.81±14.74	29.81±13.35	32.47±16.3	35.47±17.13	35.03±13.81	3.587	0.003

就量表总分来看，大一小不同年级之间的心理健康水平差异显著。五年级>六年级>四年级>二年级>三年级>一年级，说明五年级学生整体焦虑水平最高，一年级学生整体焦虑水平最低。（图4-4）

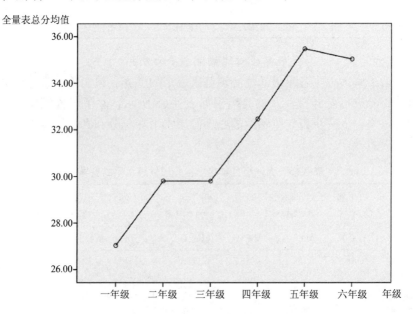

图4-4　大一小各年级全量表总分均值走向

在学习焦虑上，大一小不同年级之间的得分差异显著。六年级>五年级>三年级>二年级>四年级>一年级，说明六年级学生学习焦虑水平最高，一年级学生学习焦虑水平最低。（图4-5）

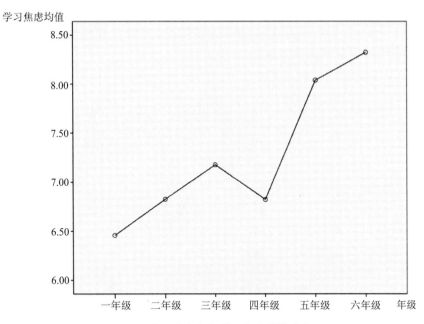

图 4-5 大一小各年级学习焦虑均值走向

在对人焦虑上,大一小不同年级之间的得分差异显著。五年级>六年级>二年级>一年级>四年级>三年级,说明五年级学生对人焦虑水平最高,三年级学生对人焦虑水平最低。(图 4-6)

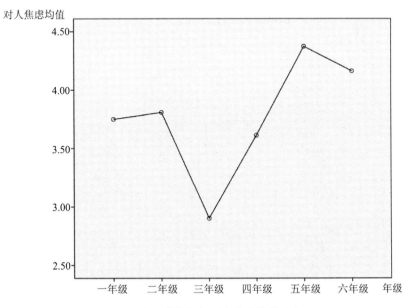

图 4-6 大一小各年级对人焦虑均值走向

在孤独倾向上，大一小不同年级之间的得分差异显著。五年级>六年级>四年级>二年级>三年级>一年级，说明五年级学生孤独倾向水平最高，一年级学生孤独倾向水平最低。（图 4-7）

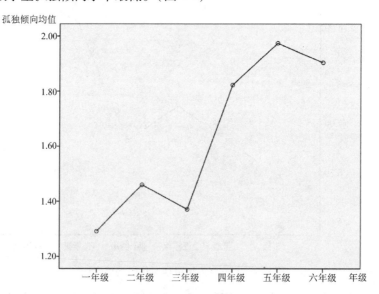

图 4-7　大一小各年级孤独倾向均值走向

在自责倾向上，大一小不同年级之间的得分差异显著。六年级>四年级>五年级>三年级>二年级>一年级，说明六年级学生自责倾向水平最高，一年级学生自责倾向水平最低。（图 4-8）

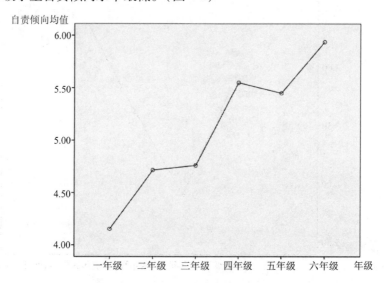

图 4-8　大一小各年级自责倾向均值走向

在过敏倾向上,大一小不同年级之间的得分差异显著。六年级>五年级>四年级>三年级>二年级>一年级,说明六年级学生过敏倾向水平最高,一年级学生过敏倾向水平最低。(图 4-9)

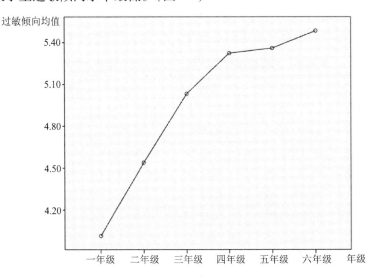

图 4-9　大一小各年级过敏倾向均值走向

在身体症状上,大一小不同年级之间的得分差异显著。五年级>六年级>四年级>二年级>三年级>一年级,说明五年级学生身体症状得分最高,一年级学生身体症状得分最低。(图 4-10)

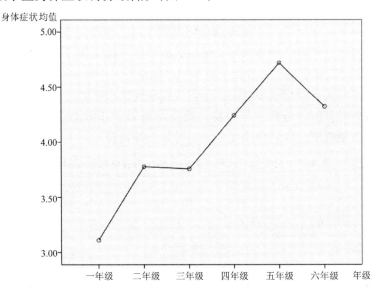

图 4-10　大一小各年级身体症状均值走向

（七）父母婚姻状态对大一小学生心理健康水平的影响

为了解父母婚姻状态对大一小学生的心理健康水平的影响，采用单因素方差分析对其得分进行差异检验。检验结果如表 4-66 所示，就量表总分来看，再婚>离婚>共同生活。从 8 个维度看，大一小学生的心理健康水平在自责倾向和身体症状这两个维度上的得分呈现出显著差异。

表 4-66　父母婚姻状态对大一小学生心理健康水平的影响

维度	共同生活 （$n=355$） M±SD	离婚 （$n=33$） M±SD	再婚 （$n=11$） M±SD	F 值	P 值
学习焦虑	7.15±3.67	8.42±3.06	8.00±4.47	2.042	0.131
对人焦虑	3.79±2.29	3.39±2.09	4.91±3.11	1.782	0.170
孤独倾向	1.64±1.45	1.48±1.48	2.27±2.24	1.194	0.304
自责倾向	4.94±2.95	6.21±2.67	6.18±2.31	3.666	0.026
过敏倾向	4.87±2.46	5.79±2.33	5.09±1.97	2.174	0.115
身体症状	3.83±2.52	5.12±3.36	5.82±3.03	6.436	0.002
恐怖倾向	3.01±2.47	3.03±2.82	4.09±2.38	1.003	0.368
冲动倾向	1.81±1.95	2.39±2.19	1.82±2.18	1.322	0.268
总分	31.05±14.78	35.85±14.16	38.18±17.65	2.688	0.069

在自责倾向维度上，离婚>再婚>共同生活，说明父母离婚家庭的学生自责倾向得分最高，父母共同生活家庭的学生自责倾向得分最低。

在身体症状维度上，再婚>离婚>共同生活，说明父母再婚家庭的学生身体症状得分最高，父母共同生活家庭的学生身体症状得分最低。

（八）父母学历水平对大一小学生心理健康水平的影响

为了解父母学历水平对大一小学生心理健康水平的影响，采用单因素方差分析对其得分进行差异检验。检验结果如表 4-67 所示，除了对人焦虑外，在量表总分和其他维度上学生得分差异显著。

表 4-67　父母学历水平对大一小学生心理健康水平的影响

维度	初中及以下 （$n=107$） M±SD	高中 （$n=141$） M±SD	大学 （$n=148$） M±SD	研究生及以上 （$n=3$） M±SD	F 值	P 值
学习焦虑	8.34±3.56	7.27±3.43	6.58±3.81	5.00±1.73	5.324	0.001
对人焦虑	4.21±2.36	3.65±2.23	3.59±2.31	5.33±2.89	2.216	0.086
孤独倾向	1.89±1.69	1.76±1.46	1.35±1.28	1.67±0.58	3.349	0.022

续表

维度	初中及以下 (n=107) M±SD	高中 (n=141) M±SD	大学 (n=148) M±SD	研究生及以上 (n=3) M±SD	F值	P值
自责倾向	6.03±2.73	5.21±2.80	4.26±2.98	6.00±3.46	8.232	0.000
过敏倾向	5.72±2.24	4.96±2.34	4.34±2.49	6.67±4.04	7.407	0.000
身体症状	4.68±2.72	3.99±2.55	3.47±2.57	5.33±2.89	4.715	0.003
恐怖倾向	3.53±2.46	2.98±2.53	2.69±2.39	5.67±4.04	3.565	0.014
冲动倾向	2.15±2.16	1.95±2.05	1.52±1.71	3.67±2.31	3.192	0.024
总分	36.55±14.55	31.78±13.80	27.80±14.99	39.33±21.94	7.822	0.000

就量表总分来说，研究生及以上>初中及以下>高中>大学，说明父母学历水平为大学的学生总体心理健康水平最高。

（九）家庭平均月收入对大一小学生心理健康水平的影响（表4-68）

为了解家庭平均月收入对大一小学生心理健康水平的影响，采用单因素方差分析对其得分进行差异检验。检验结果如表4-68所示。

表4-68 家庭平均月收入对大一小学生心理健康水平的影响

维度	3 000元及以下 (n=37) M±SD	3 000—6 000元 (n=163) M±SD	6 000元及以上 (n=199) M±SD	F值	P值
学习焦虑	8.54±3.17	7.72±3.68	6.69±3.63	6.062	0.003
对人焦虑	4.92±2.70	3.73±2.34	3.63±2.25	5.027	0.007
孤独倾向	2.00±1.58	1.68±1.43	1.54±1.49	1.599	0.203
自责倾向	6.13±2.71	5.50±3.02	4.60±2.41	7.677	0.001
过敏倾向	6.19±2.02	5.09±2.47	4.60±2.41	7.265	0.001
身体症状	5.05±2.56	4.15±2.95	3.67±2.32	4.869	0.008
恐怖倾向	3.97±2.29	3.05±2.56	2.86±2.45	3.138	0.044
冲动倾向	2.43±2.20	1.93±2.12	1.69±1.79	2.415	0.091
总分	39.24±13.39	32.86±15.09	29.23±14.42	8.280	0.000

除了孤独倾向和冲动倾向以外，在量表总分和其他维度上学生得分差异显著。就量表总分来说，3 000元及以下>3 000—6 000元>6 000元及以上，说明低收入家庭学生的心理健康水平显著低于高收入家庭学生的心理健康水平。

三、调查结果讨论

（一）大一小学生心理健康的整体水平

本次调查结果显示，大一小学生整体上处于低焦虑水平，学生整体心理素质较好，这与学校"心之桥"课程创新基地的建设工作密切相关。学校持续推进心理辅导工作全方位、多角度开展。在做好常态化心理辅导的同时，我们还有机融入学科教育，创新开发心理健康教育校本资源。近一年，学校心理重点预警对象的发生率从初筛的18位（1.01%）下降至2位（1‰），同比降低90%。一级心理预警对象大幅度减少，16位一级干预对象的核心症状得到改善，降二级预警对象。下一步学校还将持续加强心理健康教育，织牢防御之网，医教结合，家校结合，师生结合，关怀、了解、洞察每一个学生。对已有不同程度心理预警的学生，更要争取家长理解与支持，和家长共同关注与干预。不忽视每一个孩子，不放弃每一个辅导干预的机会，不允许任何一起悲剧在学生身上上演！

（二）大一小学生心理健康问题的检出率

大一小学生在心理健康各维度上的得分存在差异，学习焦虑>自责倾向>过敏倾向>身体症状>对人焦虑>恐怖倾向>冲动倾向>孤独倾向。其中学习焦虑得分最高，检出率占比39%，孤独倾向得分最低，检出率占比0.25%。不仅与前测结果相近，也与宁源对重庆市4所学校中小学生心理健康水平调查结果大体一致。

大一小学生学习焦虑得分最高，可能是因为家长们过分关注学习成绩，一旦成绩下降便指责孩子，并且加大孩子的学习量，这会让学生对考试怀有恐惧的心理。大一小学生孤独倾向得分最低，一方面，可能是因为学生来源比较相似，学生之间在各个方面的同质性水平较高，同伴之间存在很多共同点；另一方面，可能是因为学校人文环境宜人，校园活动丰富多样，小学生友伴需求简单；还有可能是因为孤独倾向量表的内容多是针对学生的校园生活而设计的，在这种集体生活中，同学之间的相互陪伴容易得到满足。

（三）大一小学生心理健康水平的影响因素分析

1. 心理团辅课对心理健康水平的影响

除了恐怖倾向和冲动倾向以外，在总分和其他维度上面，心理团辅课对大一小学生心理健康水平的影响显著，上过心理团辅课的学生的心理健康水平显著高于未上过心理团辅课的学生。团体心理辅导比个体心理辅导有更高的效率和更好的辅导效果，符合中小学生健康教育的迫切需要。学校针对各学段学生的发展特点，开展了不同的心理健康教育课程：一是针对一年级新生创造性开设"上课铃声响"新生入学课程,加强有关入学适应和人际交往的班级团体心理辅导;二是针对高学段学生开设"游心而愈"班级团体心理辅导课,五年级每周一节,六年级每两周一节,旨在帮助学生正确认识自我,培养学习兴趣和学习能力,建立和维持良好的同伴关系,学会恰当地表达情绪,逐步认识自己与社会、国家和世界的关系,为初中阶段学习生活做好准备。通过深入开展心理团辅课,力求帮助学生在健康、快乐成长的同时,增强心理安全的意识和能力。

2. 个别化心理辅导对心理健康水平的影响

在总分和学习焦虑、对人焦虑、自责倾向这3个维度上面,个别化心理辅导对大一小学生心理健康水平的影响显著,即接受过个别化心理辅导学生的心理健康水平显著高于未接受过个别化心理辅导的学生。小学生个体心理辅导是农村小学开展心理健康教育的途径,能够使学生在充分认识自己个性特点的基础上认识自我、完善自我,使其心理潜能得到有效发挥,个性得到和谐发展。为满足不同学生的心理健康需求,学校坚持开展"五个一"心理健康教育活动:针对学生开放"悄悄话信箱"和每天定时的咨询接待服务,开设每周一次的"心灵蜜语"活动,组织每月一次的心理主题沙龙、每学期一次的"有温度的家访"、每年一次的"5·25"心理健康周活动,为学生的心理健康发展保驾护航。

3. 心理健康教育活动对心理健康水平的影响

在自责倾向维度上面,心理健康教育活动对大一小学生心理健康水平的影响显著,即参加过心理健康教育活动的学生的自责倾向明显低于未参加过心理健康教育活动的学生。学生在学习、考试或日常生活中犯了错误,如果教师、家长教导方式不正确,经常采取质疑、斥责等方式,会导致儿童产生自卑心理,缺乏自信,继而产生自责倾向。学校通过开展丰富多彩的心理健康教育活动,如"心灵蜜语""悄悄话信箱"等系列活动帮助学生形成客观的自我认知,进而形成积极的自我评价。

4. 年级对心理健康水平的影响

除了恐怖倾向、冲动倾向以外,不同年级的大一小学生心理健康水平在总分及其他维度上均呈现出显著差异。就量表总分来看,不同年级之间的心理健康水平差异显著,五年级>六年级>四年级>二年级>三年级>一年级,说明五年级学生整体焦虑水平最高,一年级学生整体焦虑水平最低。五年级正处于高年段,相比较中年段来说,学生的负担明显加重,睡眠、休闲、运动时间被挤占,对前途的焦虑使学生紧张、不安。

5. 父母婚姻状态对心理健康水平的影响

就量表总分来看,再婚>离婚>共同生活。就8个维度看,大一小学生的心理健康水平在自责倾向和身体症状这两个维度上的得分呈现出显著差异，在自责倾向维度上，离婚>再婚>共同生活，说明父母离婚家庭的学生自责倾向得分最高，父母共同生活家庭的学生自责倾向得分最低。在身体症状维度上，再婚>离婚>共同生活，说明父母再婚家庭的学生身体症状得分最高，父母共同生活家庭的学生身体症状得分最低。单亲/再婚家庭的小学生既是父母婚变过程的见证者，也是破裂婚姻的直接受害者，小学生缺乏应对和缓解重大家庭变故的能力，这使得大部分孩子在情绪、精力、性格甚至智力上受到了不同程度的影响。

6. 父母学历水平对心理健康水平的影响

除了对人焦虑维度之外，在量表总分和其他维度上学生得分差异显著。就量表总分来说，研究生及以上>初中及以下>高中>大学，说明父母学历水平为大学的学生总体心理健康水平最高。在本次调查中，父母学历为研究生的学生样本量较少，仅有3名，因此在统计学上容易出现极端结果。父母学历水平为大学的学生总体心理健康水平最高，可能是因为高学历水平的父母的教养方式更加合理，对学生的心理健康更加重视。

7. 家庭月均收入对心理健康水平的影响

除孤独倾向和冲动倾向以外，在量表总分和其他维度上学生得分差异显著。就量表总分来说，3 000元及以下>3 000—6 000元>6 000元及以上，说明低收入家庭学生的心理健康水平明显低于高收入家庭学生的心理健康水平。因为家庭贫困，大部分贫困生的自我控制、自我体验及自我认识能力相对不高，进而导致学生出现评价偏差，出现自卑心理。针对家庭经济困难的学生，不仅要加紧做好物质资助工作，也要从家庭经济困难学生的"心理贫困"出发，实现精准化的心理援助。

大一小教师心理健康状况测评报告

SCL-90量表又叫症状自评量表,是世界上最著名的心理健康测试量表之一,同时也是当前使用颇为广泛的精神障碍和心理疾病门诊检查量表。该量表共90个自我评定项目,分别从身体状况、强迫症状、人际关系敏感、抑郁、焦虑、敌对、恐怖、偏执、精神病性、其他(睡眠、饮食)这些维度来测查对象的心理健康状况。采用5级评分,得分越高,表明个体的心理健康状况越差。

MBI量表又称职业倦怠量表,用于评定工作压力所带来的职业倦怠感。本研究中使用的是教师版的MBI量表,共22个项目,采用5级评分,其中3、6、9、12、15、17、18、20为反向题,对上述反向题进行反向计分后,与其他题项的分数相加,得到MBI总分。总分越高,表示教师的职业倦怠感越强。

一、对象与方法

(一)对象

在大一小教师群体中发放SCL-90和MBI量表,回收有效问卷87份,问卷有效的标准为:① 无未填答题项;② 无明显的规律性填答。其中样本的分布情况如表4-69所示。

表4-69 样本分布情况

基本信息	分类	人数	比例/%
性别	男	23	26.40
	女	64	73.60
民族	汉族	82	94.30
	少数民族	5	5.70
籍贯	重庆	75	86.20
	外地	12	13.80
是否为班主任	是	50	57.50
	否	37	42.50
健康状况	非常好	11	12.60
	比较好	45	51.70

续表

基本信息	分类	人数	比例/%
健康状况	一般	27	31
	不好	3	3.40
	非常不好	1	1.10
任教学科	核心学科	67	77
	一般学科	20	23
任教年级	一年级	13	14.90
	二年级	19	21.80
	三年级	15	17.20
	四年级	13	14.90
	五年级	14	16.10
	六年级	13	14.90

（二）方法

使用spss19.0对上述量表在性别、民族、籍贯、是否为班主任、健康状况、任教学科、任教年级上进行差异检验，同时对教师的健康状况进行描述性分析。

二、结果

（一）教师健康状况分析

由表4-70可知，我校教师的健康状况较好，多数处于比较好的情况，极少存在健康状况差或非常差的情况。

表4-70 教师健康状况

选项	健康状况				
	非常好	比较好	一般	不好	非常不好
百分比/%	12.60	51.70	31.00	3.40	1.10

（二）SCL-90差异检验

根据表4-71可知，SCL-90在症状总评、身体状况、强迫症状、人际关系敏感、抑郁、焦虑、敌对、恐怖、偏执、精神病性、其他（睡眠、饮食）这些维度上，女性教师得分均高于男性教师，但二者之间并无显著差异；在精神病性、睡眠饮食这两个维度上，男性平均得分高于女性，但二者之间并无显著差异。

表 4-71　SCL-90 总体得分及其各维度在性别上的差异检验

内容	男 M±SD	女 M±SD	t
症状总评	1.576±0.515	1.623±0.375	−0.555
身体状况	1.561±0.508	1.738±0.501	−1.445
强迫症状	1.947±0.537	2.093±0.551	−1.096
人际关系敏感	1.551±0.619	1.651±0.449	−0.827
抑郁	1.638±0.728	1.699±0.460	−0.374
焦虑	1.495±0.532	1.581±0.406	−0.796
敌对	1.637±0.697	1.653±0.451	−0.125
恐怖	1.167±0.291	1.312±0.342	−1.806
偏执	1.463±0.497	1.487±0.409	−0.22
精神病性	1.513±0.568	1.492±0.389	0.194
其他（睡眠、饮食）	1.788±0.691	1.674±0.459	0.739

根据表 4-72 数据可知，SCL-90 在症状总评、身体状况、强迫症状、抑郁、焦虑、敌对、恐怖这几个维度上，班主任得分均高于非班主任，但二者之间并无显著性差异；在人际关系敏感、偏执、精神病性、其他（睡眠、饮食）这几个维度上，班主任得分均低于非班主任，但二者之间并无显著差异。

表 4-72　SCL-90 总体得分及其各维度在是否为班主任上的差异检验

内容	是班主任 M±SD	不是班主任 M±SD	t
症状总评	1.623±0.398	1.610±0.441	0.144
身体状况	1.730±0.555	1.639±0.432	0.853
强迫症状	2.082±0.598	2.018±0.478	0.546
人际关系敏感	1.624±0.485	1.624±0.521	−0.002
抑郁	1.706±0.519	1.652±0.572	0.453
焦虑	1.574±0.417	1.537±0.476	0.376
敌对	1.656±0.460	1.639±0.604	0.149
恐怖	1.297±0.341	1.243±0.326	0.742
偏执	1.476±0.394	1.486±0.483	−0.104
精神病性	1.469±0.402	1.535±0.490	−0.683
其他（睡眠、饮食）	1.688±0.467	1.725±0.608	−0.323

由表 4-73 可知，五年级和六年级教师在身体状况维度上的得分明显

高于二年级教师。原因可能是五、六年级面临着升学等问题，教师的教学压力增大，工作量相对较大，教师缺乏对自身健康的关注和锻炼。

表 4-73　SCL-90 总体得分及其各维度在任教年级上的差异检验

内容	一年级 M±SD	二年级 M±SD	三年级 M±SD	四年级 M±SD	五年级 M±SD	六年级 M±SD	F	LSD
症状总评	1.615±0.410	1.626±0.565	1.521±0.315	1.553±0.322	1.765±0.455	1.645±0.311	0.521	
身体状况	1.677±0.437	1.504±0.522	1.633±0.468	1.590±0.482	1.974±0.568	1.875±0.472	1.875*	2<5 2<6
强迫症状	2.125±0.644	2.042±0.646	1.966±0.525	1.941±0.488	2.261±0.487	1.983±0.404	0.630	
人际关系敏感	1.590±0.419	1.719±0.695	1.533±0.420	1.537±0.363	1.769±0.552	1.564±0.389	0.567	
抑郁	1.721±0.530	1.724±0.792	1.589±0.441	1.557±0.284	1.846±0.564	1.634±0.356	0.498	
焦虑	1.543±0.416	1.573±0.563	1.473±0.402	1.450±0.342	1.769±0.493	1.541±0.320	0.853	
敌对	1.510±0.382	1.693±0.807	1.522±0.361	1.638±0.475	1.730±0.433	1.847±0.417	0.827	
恐怖	1.241±0.332	1.240±0.285	1.276±0.307	1.250±0.371	1.395±0.413	1.261±0.349	0.414	
偏执	1.447±0.411	1.508±0.542	1.411±0.332	1.472±0.465	1.602±0.443	1.444±0.378	0.324	
精神病性	1.506±0.441	1.547±0.593	1.386±0.306	1.391±0.372	1.641±0.460	1.508±0.362	0.622	
其他（睡眠、饮食）	1.794±0.659	1.706±0.606	1.419±0.364	1.702±0.295	1.835±0.597	1.797±0.441	1.214	

根据表 4-74 可知，核心学科教师得分均高于一般学科教师得分，且在症状总评、身体状况、强迫症状、人际关系敏感、抑郁、焦虑、敌对、恐怖、其他（睡眠、饮食）这几个方面差异显著。可能是因为核心学科教师相比一般学科教师而言，面临着更多的教学任务和考核压力，且核心教师基本上要担任班主任工作，除了日常教学任务之外，还要负责班上的其他学生工作，因此核心学科教师的心理健康水平明显低于一般学科教师。

表 4-74　SCL-90 总体得分及其各维度在任教学科上的差异检验

内容	核心学科 M±SD	一般学科 M±SD	t
症状总评	1.671±0.436	1.442±0.273	2.810*
身体状况	1.756±0.528	1.475±0.354	2.750**
强迫症状	2.132±0.571	1.795±0.366	3.139**
人际关系敏感	1.678±0.532	1.444±0.301	2.494*
抑郁	1.757±0.564	1.434±0.361	2.412*
焦虑	1.611±0.463	1.380±0.303	2.623*
敌对	1.726±0.538	1.391±0.375	2.592*
恐怖	1.319±0.348	1.121±0.228	2.985**
偏执	1.522±0.451	1.341±0.331	1.660
精神病性	1.533±0.474	1.380±0.283	1.778
其他（睡眠、饮食）	1.718±0.533	1.657±0.525	0.453*

*$p<0.05$，**$p<0.01$。

（三）MBI 量表差异检验

根据表 4-75 可知，MBI 得分在男、女教师之间并不存在明显的差异，所以职业倦怠感在性别维度上不存在差异。

表 4-75　MBI 在性别上的差异检验

内容	男 M±SD	女 M±SD	t
MBI 得分	2.018±0.538	2.099±0.456	-0.684

根据表 4-76 可知，MBI 得分在是否担任班主任上并不存在明显的差异，所以职业倦怠感并不因为是否担任班主任而存在差异。

表 4-76　MBI 在是否班主任上的差异检验

内容	是班主任 M±SD	不是班主任 M±SD	t
MBI 得分	2.12±0.488	2.018±0.460	0.987

根据表 4-77 可知，MBI 得分在任教学科上存在显著差异，核心学科教师的职业倦怠感明显高于一般学科教师。

表 4-77　MBI 在任教学科上的差异检验

内容	核心学科 M±SD	一般学科 M±SD	t
MBI 得分	2.152±0.491	1.818±0.310	2.806**

** $p<0.01$。

根据表 4-78 可知，一年级和五年级教师的职业倦怠感明显高于四年级教师。

表 4-78　MBI 在任教年级上的差异检验

内容	一年级 M±SD	二年级 M±SD	三年级 M±SD	四年级 M±SD	五年级 M±SD	六年级 M±SD	F	LSD
MBI 得分	2.244±0.435	2.086±0.578	2.000±0.522	1.765±0.297	2.246±0.488	2.128±0.283	2.005	1>4 5>4

根据表 4-79 可知，MBI 得分在健康状况上并不存在显著差异，表明该校教师的职业倦怠感并不因为健康状况的不同而存在差异。

表 4-79　MBI 在健康状况上的差异检验

内容	非常好 M±SD	比较好 M±SD	一般 M±SD	不好 M±SD	非常不好 M±SD	F	LSD 法
MBI 得分	1.785±0.422	2.079±0.472	2.143±0.466	2.590±0.454	2.000±0.136	2.149	

三、结论及建议

大一小教师的整体心理健康状况良好。大一小女教师的心理健康状况从总体上来说略低于男教师。在身体状况、强迫症状、抑郁、焦虑、敌对、恐怖这几个维度上，班主任得分均高于非班主任；在人际关系敏感、偏执及精神病性、其他（睡眠、饮食）这几个维度上，班主任得分均低于非班主任。五、六年级教师所觉察到的身体状况水平低于二年级教师。一般学科教师的心理健康水平明显高于核心学科教师。核心学科教师的职业倦怠感明显高于一般学科教师。一年级和五年级教师的职业倦怠感明显高于四年级教师。

学校应继续关注女教师的心理健康水平，为她们提供多方面的心理健康辅导及心理关怀；适当为班主任教师及核心学科教师减压，并且为其提供释放职业压力的途径，提供更多的支持，或者是加大激励措施；帮助一年级教师及新教师做好职业生涯规划，帮助其尽快适应岗位。

# 附录

大 事 记

2018年5月　筹备重庆市沙坪坝区第二批课程创新基地的申报。

2018年7月　邀请重庆市沙坪坝区心理健康教育教研员（徐立）对全校班主任开展心理健康教育培训体验活动。

2018年9月　参加重庆市沙坪坝区课程创新基地建设培训会议。

2018年10月　参加重庆市沙坪坝区第二批课程创新基地论证，"心之桥"心理健康教育课程创新基地成功获批。

2018年11月　参加重庆市沙坪坝区中小学班级团体心理辅导现场操作竞赛。

2018年12月　开展心理健康教育主题讲座。

2019年1月　举办"心之桥"心理健康教育课程创新基地项目启动大会暨专家指导现场会；参加重庆市沙坪坝区第三届"小沙粒"心理健康教育志愿者面试选拔。

2019年3月　参加重庆市沙坪坝区第三届"小沙粒"心理健康教育志愿者培训。

2019年3月　接待重庆市沙坪坝区教委领导，汇报心理健康教育工作开展情况。

2019年4月　邀请优秀教师（温中珍）开展重庆市"红樱桃行动"未成年人心理健康教育讲座。

2019年5月　参加重庆市沙坪坝区教育科学规划"教师成长科研"拟立项课题负责人培训活动。

2019年6月　参加重庆市沙坪坝区心理健康教育教材培训。

2019年7月　德育心理名优工作室工作总结。

2019年12月　参加重庆市第一届中小学班级团体心理辅导实务操作竞赛。

2020年4月　开设新冠肺炎疫情线上心理疏导室，将心理健康课纳入空中课堂。

2020年5月　开展"5·25"心理健康周活动。

2020年6月　邀请校外专家开展亲子关系主题工作坊；德育心理名优工作室成员进行个人三年成长规划汇报。

2020年9月　承办重庆市沙坪坝区小学心理健康教育主题教研活动；邀请中国人民解放军陆军军医大学许宸博士入校开展四、五年级专题讲座。

2020年10月　参加重庆市沙坪坝区"课程育德"赛课活动；湛留洋老师参加心理健康教育国培，获"优秀学员"荣誉称号。

2020年11月　举办单亲家庭亲子活动主题工作坊；开展全校师生的心理健康体检工作；筹备"沙磁杯"共同体心理赛课。

2021年1月　德育心理名优工作室年终总结。

2021年3月　开展学校"跨越杯"心理团辅课赛课活动。

2021年4月　开展学生心理健康体检工作。

2021年9月　为沙坪坝区幼小衔接心理健康教育教研活动献课。

2021年10月　开展"呵护心灵，珍爱自我"心理健康宣传活动月活动。

2021年11月　收集课题研究资料，梳理课题研究成果，参加教师成长课题优秀成果申报。

2021年12月　专职心理教师湛留洋参加教育家论坛；开展2021年4—6年级学生心理健康体检工作；邀请沙坪坝区学生健康促进中心"阳光健康课堂"进校园巡讲。

2022年1月　整理7—12岁小学生学习与发展要点；邀请重庆师范大学王韬教授进校园开展"小学生常见心理问题的识别与干预"讲座。

2022年3月　开展第五届"跨越杯"德育优质课（心理团辅）比赛。